एक दिन, एक श्लोक, एक कर्म

मार्गदर्शन श्रीमद्भगवद्गीता

श्री अनिरुद्धाचार्य जी

इंविंसिबल पब्लिकेशन प्राइवेट लिमिटेड

प्रकाशक:

इंविंसिबल पब्लिकेशन प्राइवेट लिमिटेड,

201A, एसएएस टॉवर, सेक्टर 38, गुरुग्राम, हरियाणा 122003

वेबसाइट: www.invinciblepublishers.com

बिक्री कार्यालय: - 4760-61/23, बेसमेंट, प्रताप स्ट्रीट, अंसारी रोड,

दरियागंज, नई दिल्ली 110002

ईमेल: invinciblepublishers@gmail.com

ISBN: 978-93-5886-395-6

पुस्तक का नाम: मार्गदर्शन श्रीमद्भगवद्गीता

लेखक: श्री अनिरुद्धाचार्य जी

पहला संस्करण: 2024

जो दूसरों की खुशी के लिए अपनी हार मान लेता हो, उससे कोई कभी भी नहीं जीत सकता...

श्री अनिरुद्धाचार्य जी महाराज

परम पूज्य श्री अनिरुद्धाचार्य जी महाराज का जन्म 27 सितंबर 1989 को जबलपुर मध्यप्रदेश के शहर में, भाद्रपद मास में कृष्ण पक्ष की त्रियोदशी तिथि को दिन बुधवार को माँ नर्मदा के किनारे पर स्थित विष्णु वराह भगवान की नगरी से मात्र 9 कि.मी. की दूरी पर रिवझा नामक ग्राम के एक ब्राह्मण परिवार में हुआ था। माता-पिता के दैवीय संस्कारों की देखरेख में पले बढ़े महाराज जी अत्यंत सरल, मृदुभाषी और कुशाग्र बुद्धि वाले थे।

बाल्यकाल से ही महाराज श्री अपने गाँव के ही श्री राधाकृष्ण मंदिर पर नित्य जाकर ठाकुर जी की सेवा पूजा में लगे रहते थे। और अपने पारंपरिक गौ भक्त परिवार होने के कारण गौ माता की सेवा करने में आनंदित होते थे। गौ माता के बछड़ों के साथ खेलना बहुत अच्छा लगता था। जब महाराज श्री गाय चराने जाते तो अपने साथ श्री हनुमान चालीसा और गीता ले जाते थे, जिसका नित्य प्रति सस्वर पाठ किया करते थे और अपने सहपाठियों से भी पाठ करवाया करते थे। इस प्रकार बचपन से ही सेवा और धार्मिक ग्रंथों में रुचि होने के कारण महाराज श्री को श्रीधाम वृन्दावन में ठाकुर जी की कृपा से वेद-पुराण और शास्त्रों का अध्ययन करने का सौभाग्य प्राप्त हुआ। अपनी अल्पायु में ही महाराज श्री जी ने बहुत कम समय में शास्त्रों को कंठस्थ कर लिया। महाराज श्री जी की दीक्षा श्रीधाम वृन्दावन में ही रामानुजाचार्य सम्प्रदाय से ही ठाकुर जी के परम कृपा पात्र परम तपस्वी और तेजस्वी गृहस्थी संत श्री गिर्राज शास्त्री जी महाराज से प्राप्त हुई। साथ ही महाराज श्री जी ने अयोध्या से श्री राम कथा का अध्ययन अंजनी गुफा वाले गुरु जी से प्राप्त किया और तत्पश्चात् अध्ययन सम्पूर्ण करने के बाद अपनी जन्मभूमि में ही प्रथम बार अपनी मधुर वाणी में श्री हनुमान जी महाराज से आशीर्वाद लेने हेतु कथा सुनाई। फिर श्री हनुमान जी महाराज का आशीर्वाद लेकर, संपूर्ण भारत में सनातन धर्म का ध्वज फहराते हुए, धर्म का प्रचार-प्रसार करने और लोगों के जीवन की दिशा और दशा को परिवर्तित करते हुए, इस भक्ति मार्ग पर आगे बढ़े। महाराज जी जब बाहर निकले और उन्होंने समाज में मातृशक्ति

को उनके अपने ही लोगों द्वारा दुःखी और पीड़ित होते देखा, तो उनके हृदय में मातृशक्ति की सेवा का गहरा भाव जागृत हुआ। उन्होंने ऐसा सोचा कि एक ऐसा स्थान हो, जहाँ सभी माताएँ मिलकर सुखमय जीवन व्यतीत कर सकें और भक्ति के माध्यम से अपने जीवन को सफल बना सकें। फिर एक दिन इसी भाव ने एक जीवंत रूप ले लिया और मई 2019 को श्रीधाम वृन्दावन में वृद्धाश्रम की ऐसी नींव रखी गयी। जहाँ सम्पूर्ण विश्व सेवा से जुड़कर माताओं की सेवा कर सकें और वृन्दावन में आकर पुण्य भी अर्जित कर सकें। उसके बाद भी सेवा का ये भाव रुका नहीं बल्कि कोरोना जैसी भीषण आपदा में लोगों की आर्थिक और सामाजिक मदद के लिए आगे आए और सभी ज़रूरतमंदों के घरों में जा जा कर ज़रूरत का सभी खाद्य समान पहुँचाया और वृंदावन में गौ माताओं, बन्दरों और अन्य जीवों के लिए नित्य खाने का समान वितरित किया। इसके साथ ही फिर वृंदावन में नित्य हज़ारों संत और ज़रूरतमंदों के लिए प्रारम्भ हुआ गौरी गोपाल अन्नक्षेत्र। जहाँ से नित्य सबको भोजन प्रसाद मिलने लगा। ये सब करने के बाद भी महाराज जी को संतुष्टि नहीं मिली तो उन्होंने एक ऐसी रसोई की सेवा प्रारंभ कर दी जिसमें सुबह से लेकर शाम तक हज़ारों लोगों के लिए भोजन प्रसादी की अति उत्तम व्यवस्था निःशुल्क होने लगी। इसके अलावा अन्य सेवाओं के साथ पूज्य महाराज जी जन-मानस का कल्याण करते हुए पूरी दुनिया को सनातन धर्म से जोड़ने का अनूठा प्रयास कर रहे हैं। आइये हम भी इस पावन मुहिम का हिस्सा बनें जो स्वर्णिम अक्षरों में एक दिन इतिहास में जरूर लिखा जायेगा।

आश्रम सेवा

श्रीधाम वृंदावन की पावन पवित्र भूमि पर पूज्य महाराज श्री द्वारा जन-मानस के कल्याण और परमार्थ कार्य के लिए सेवा के प्रकल्प चलाए जा रहे हैं। जिनसे जुड़कर आप भी पुण्य के भागीदार तो बनेंगे ही साथ ही आप हमारे गौरी गोपाल परिवार के सदस्य भी बन जाएँगे। आइए सेवा करके हाथ आगे बढ़ाते हुए भव्य आश्रम के निर्माण कार्य में अपना योगदान प्रदान करें और धन को धर्म से जोड़ते हुए पुण्य कमाएँ।

गौरी गोपाल गौशाला

अनादि काल से ही मानवजाति गौवंश की सेवा कर अपने जीवन को सुखी, समृद्ध, निरोगी और सौभाग्यशाली बनाती आ रही है। क्योंकि गौमाता साक्षात जागृत भगवान का स्वरूप हैं। जिसके अंदर सभी देवी देवताओं का वास है और कहते हैं कि एक मात्र गौ सेवा करने से मनुष्य अपनी समस्त मंगल कामनाओं की पूर्ति कर सकता है, सभी देवों को प्रसन्न भी कर सकता है। बस इसी आस्था के पथ पर चलते हुए पूज्य श्री महाराज जी द्वारा संपूर्ण गौवंश की सेवा का संकल्प लेते हुए गौरी गोपाल गौशाला की नींव रखी गयी। जिसमें आज बड़ी देखरेख के साथ सुंदर गौ माताओं की सेवा हो रही है। आप भी इन माताओं की सेवा से अपने आप को जोड़कर पुण्य कमा सकते हैं।

गौरी गोपाल अन्नक्षेत्र सेवा

अन्न दानं समं दानम् न भूतो न भविष्यति।
देवर्षि-पितृ-भूतानां तृप्तिरन्नेन जायते॥

(गर्ग सहिंता)

अर्थात: अन्नक्षेत्र जैसा महान दान न तो पहले कभी हुआ है, न वर्तमान में है, और न ही भविष्य में होगा, क्योंकि अन्न से ही देवताओं, ऋषियों, पितरों और सभी प्राणियों की तृप्ति होती है।

अतः यह स्पष्ट है कि अन्नदान से बड़ा कोई दान नहीं हो सकता। इसी कारण पूज्य महाराज श्री ने श्रीधाम वृंदावन में ठाकुर जी की भक्ति में लगे साधु-संतों और ज़रूरतमंदों की सेवा को ध्यान में रखते हुए, नित्य अन्नक्षेत्र की सेवा करने का संकल्प लिया। जिसमें हज़ारों लोग आज प्रसादी पाते हैं और आशीर्वाद देते हुए जाते हैं। आप भी गौरी गोपाल अन्नक्षेत्र की पावन सेवा से अपने आप को जोड़ सकते हैं और अन्नक्षेत्र की सेवा श्रीधाम वृंदावन में करवा सकते हैं।

गौरी गोपाल रसोई

श्रीधाम वृंदावन में नित्य चल रही पवित्र गौरी गोपाल अन्नक्षेत्र सेवा के साथ-साथ अब गौरी गोपाल जी की रसोई की सेवा भी प्रारंभ की गई है। जहाँ अन्नक्षेत्र में तो लोग प्रसादी पाते ही हैं, साथ ही गौरी गोपाल जी की रसोई में नित्य प्रातःकालीन बेला से लेकर रात्रिकालीन बेला तक श्रीधाम वृंदावन में पधारने वाले भक्त, साधु-संत और ज़रूरतमंद लोग कभी भी आकर प्रसादी पा सकते हैं। ऐसी सेवा का प्रकल्प पूज्य महाराज जी द्वारा चलाया गया है। आप भी गौरी गोपाल जी की पावन रसोई की सेवा से अपने आप को जोड़ सकते हैं और हज़ारों लोगों को अपने हाथों से प्रसाद वितरित कर सकते हैं।

बंदर सेवा

पूज्य महाराज श्री जी के द्वारा चलाए जा रहे सेवा प्रकल्पों में बंदरों की भी सेवा नित्य होती है। जहाँ पूज्य महाराज श्री जी अपने हाथों से इन बंदरों को चने, केले और रोटी इत्यादि खिलाते हैं। आप भी इन बंदरों की सेवा से अपने आप को जोड़ सकते हैं और अपना योगदान प्रदान कर सकते हैं।

वृद्धाश्रम

पूज्य महाराज जी के पावन सानिध्य में श्रीधाम वृंदावन की पावन पवित्र भूमि पर एक ऐसे आश्रम की नींव रखी गई जहाँ सम्पूर्ण मातृशक्ति को सम्मान तो मिलेगा ही साथ ही वहाँ अपनों का प्यार भी पूज्य महाराज श्री जी से मिलेगा और उस आश्रम का नाम रखा गया **गौरी गोपाल वृद्धाश्रम।**

बदलते समाज की अवधारणा ने एक ऐसा भीषण रूप ले लिया है जहाँ अपने सगे पुत्र ही अपने माता-पिता को दर-दर भटकने के लिए मजबूर कर देते हैं, उन्हें हाथ पकड़ कर घर से बाहर धकेल देते हैं। जब यह पीड़ा पूज्य महाराज श्री तक पहुँची तब उन्होंने ऐसा संकल्प लिया कि हम ऐसे अपनों के द्वारा ठुकराए हुए, सताए हुए वृद्धजनों की सेवा करेंगे। और इस संकल्प के साथ में आश्रम की नींव रखी गई। जहाँ लगभग 200 से कहीं ज्यादा वृद्ध माताएँ अभी रह रही हैं। पूज्य महाराज श्री का सपना है कि हम 1000 से कहीं ज्यादा वृद्ध माताओं को आश्रय देते हुए आदर भाव, सम्मान सहित सभी माताओं की सेवा करें। इस पवित्र कार्य में आप भी अपना सहयोग देकर इन माताओं का सहारा बन सकते हैं और उनके आशीर्वाद के पात्र बन सकते हैं।

वृक्षारोपण

प्रकृति के संरक्षण के लिए पूज्य महाराज श्री जी ने एक बीड़ा उठाया है कि हम और आप सभी लोग मिलकर श्रीधाम वृंदावन और संपूर्ण ब्रज चौरासी कोस में एक करोड़ वृक्षों का रोपण करेंगे ताकि प्रकृति का सुंदर संरक्षण हो सके। आइये हम और आप सभी लोग सेवा के सुंदर हाथ आगे बढ़ाते हुए इस प्रकृति के सुंदर संरक्षण में अपने आप को जोड़ें और एक वृक्ष अपने नाम का अवश्य लगवाएँ।

श्री गौ गौरी गोपाल सेवा संस्था समिति

GAURI GOPAL VRIDHA ASHRAM TRUST

A/c No. : 41055762186

IFSC : SBIN0016533

HDFC BANK

A/c No. : 50200058545692

IFSC : HDFC0000942

आध्यात्मिक मार्गदर्शन

Day-1

संस्कृत

गुरूनहत्वा हि महानुभावान्श्रेयो भोक्तुं भैक्ष्यमपीह लोके।
हत्वार्थकामांस्तु गुरूनिहैव भुञ्जीय भोगान् रुधिरप्रदिग्धान्॥

लिप्यांतरण

gurūn ahatvā hi mahānubhāvānśreyo
bhoktuṁ bhaikṣyam apīha loke
hatvārtha-kāmāṁs tu gurūn ihaiva
bhuñjīya bhogān rudhira-pradigdhān

अनुवाद

इन महानुभाव गुरुजनों को मारने के बजाय मैं इस लोक में भिक्षा के अन्न से निर्वाह करना भी अधिक उचित समझता हूँ। क्योंकि इन गुरुजनों को मारकर मैं उनके रक्त से सने इस लोक के अर्थ और काम रुपी भोगों को ही तो भोगने वाला बनूँगा।

व्याख्या

इस श्लोक में अर्जुन कहते हैं कि अपने आदरणीय गुरुजनों को मारने के बजाय, इस संसार में भीख मांगकर जीना बेहतर है। वे मानते हैं कि अगर वह अपने गुरुजनों को मार देंगे, तो जो भी सुख या संपत्ति प्राप्त होगी, वह उनके रक्त से सनी होगी और पवित्र नहीं होगी। अर्जुन के लिए गुरुजनों की हत्या करना अत्यंत कठिन और अमान्य है, और इस प्रकार का जीवन व्यर्थ और पापमय होगा।

कर्म

आज के दिन पक्षियों के लिए पानी और दाना रखें। इससे पक्षियों को सहारा मिलेगा और आपके मन को शांति मिलेगी।

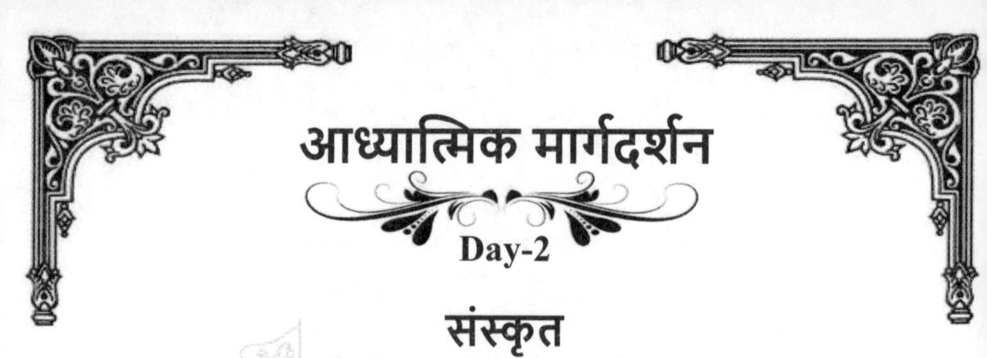

आध्यात्मिक मार्गदर्शन

Day-2

संस्कृत

देहिनोऽस्मिन्यथा देहे कौमारं यौवनं जरा।
तथा देहान्तरप्राप्तिर्धीरस्तत्र न मुह्यति॥

लिप्यांतरण

dehino 'smin yathā dehe kaumāraṁ yauvanaṁ jarā
tathā dehāntara-prāptir dhīras tatra na muhyati

अनुवाद

जैसे जीवात्मा की इस देह में बाल्यावस्था, युवावस्था और वृद्धावस्था होती है, वैसे ही एक देह से दूसरी देह की भी प्राप्ति होती है – धैर्यवान मनुष्य इस विषय में विचलित नहीं होते।

व्याख्या

इस श्लोक में भगवान कृष्ण अर्जुन को समझा रहे हैं कि जैसे इस शरीर में आत्मा बाल्यावस्था, युवावस्था और वृद्धावस्था का अनुभव करती है, वैसे ही मृत्यु के बाद आत्मा एक शरीर को छोड़कर दूसरे शरीर में प्रवेश करती है। समझदार व्यक्ति इस बदलाव से भ्रमित या दुःखी नहीं होता क्योंकि वह जानता है कि आत्मा अमर है और केवल शरीर बदलता है, आत्मा नहीं। यह परिवर्तन प्राकृतिक और अनिवार्य है, जैसे बचपन के बाद जवानी और फिर बुढ़ापा आता है।

कर्म

आज के दिन किसी गरीब को भोजन कराएँ। इससे उनकी भूख मिटेगी और आपका मन संतोष से भरेगा।

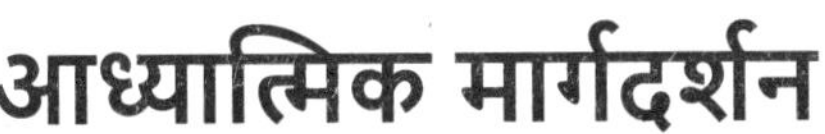

आध्यात्मिक मार्गदर्शन

Day-3

संस्कृत

मात्रास्पर्शास्तु कौन्तेय शीतोष्णसुखदुःखदाः।
आगमापायिनोऽनित्यास्तांस्तितिक्षस्व भारत॥

लिप्यांतरण

mātrā-sparśās tu kaunteya śītoṣṇa-sukha-duḥkha-dāḥ
āgamāpāyino 'nityās tāṁs titikṣasva bhārata

अनुवाद

हे कुन्तीपुत्र! सर्दी-गर्मी, और सुख-दुःख को देने वाले इन्द्रिय और विषयों के संयोग तो अस्थायी और अनित्य हैं, इसीलिए हे भारत! तू उन्हें सहन कर।

व्याख्या

इस श्लोक में भगवान कृष्ण अर्जुन से कहते हैं कि हमारे स्पर्श आदि इन्द्रियों से उत्पन्न होने वाले अनुभव, जैसे ठंड, गर्मी, सुख और दुःख, सब अस्थायी हैं और समय के साथ बदलते रहते हैं। इसलिए, हमें इन परिस्थितियों को सहन करना चाहिए और उनसे प्रभावित नहीं होना चाहिए। भगवान कृष्ण अर्जुन को धैर्य और सहनशीलता का महत्व समझा रहे हैं, ताकि वह जीवन की अस्थिरताओं से विचलित न हो और स्थिरता बनाए रख सके।

कर्म

आज के दिन किसी जरूरतमंद को वस्त्र दान करें। आपके इस कार्य से उनकी मदद होगी और आप पुण्य के भागी बनेंगे।

आध्यात्मिक मार्गदर्शन

Day-4

संस्कृत

यं हि न व्यथयन्त्येते पुरुषं पुरुषर्षभ।
समदुःखसुखं धीरं सोऽमृतत्वाय कल्पते॥

लिप्यांतरण

yaṁ hi na vyathayanty ete puruṣaṁ puruṣarṣabha
sama-duḥkha-sukhaṁ dhīraṁ so 'mṛtatvāya kalpate

अनुवाद

हे पुरुषश्रेष्ठ! सुख-दुःख को एक समान समझने वाले जिस धीर मनुष्य को इन्द्रिय और विषयों के ये संयोग व्याकुल नहीं करते वही मोक्ष के, अमरत्व (मृत्यु से मुक्ति) के योग्य होता है।

व्याख्या

इस श्लोक में भगवान कृष्ण अर्जुन से कहते हैं कि जो व्यक्ति धैर्यवान और स्थिर बुद्धि का होता है, जिसे सुख और दुःख समान रूप से प्रभावित नहीं करते, वही मोक्ष (अमृतत्व) पाने के योग्य होता है। भगवान कृष्ण यहाँ अर्जुन को यह सिखा रहे हैं कि जीवन में सुख-दुःख और अन्य द्वंद्व आते-जाते रहेंगे, लेकिन जो व्यक्ति इनसे विचलित नहीं होता और समभाव बनाए रखता है, वही सच्चे आध्यात्मिक ज्ञान और मुक्ति का अधिकारी होता है।

कर्म

आज के दिन किसी वृद्ध व्यक्ति की सेवा करें। उनके अनुभवों से सीखें और उनके चेहरे पर मुस्कान लाएं।

आध्यात्मिक मार्गदर्शन

Day-5

संस्कृत

नासतो विद्यते भावो नाभावो विद्यते सतः।
उभयोरपि दृष्टोऽन्तस्त्वनयोस्तत्त्वदर्शिभिः॥

लिप्यांतरण

nāsato vidyate bhāvo nābhāvo vidyate sataḥ
ubhayor api dṛṣṭo'ntas tvanayos tattva-darśibhiḥ

अनुवाद

अरात् की रात्ता नहीं, और सत् का अभाव नहीं है। तत्व ज्ञानियों द्वारा इसी प्रकार इन दोनों का सत्य तात्विक रूप से देखा गया है।

व्याख्या

असत्य का कोई अस्तित्व नहीं है और सत्य का कभी नाश नहीं होता। जिन्होंने इस सच्चाई का ज्ञान प्राप्त किया है, उन्होंने ही वास्तविकता को समझा है।

कर्म

आज के दिन किसी बीमार व्यक्ति की देखभाल करें। उनकी स्वास्थ्य की चिंता करें और उन्हें आराम पहुंचाएं।

आध्यात्मिक मार्गदर्शन

Day-6

संस्कृत

यः एनं वेत्ति हन्तारं यश्चैनं मन्यते हतम्।
उभौ तौ न विजानीतो नायं हन्ति न हन्यते॥

लिप्यांतरण

ya enaṁ vetti hantāraṁ yaś cainaṁ manyate hatam
ubhau tau na vijānīto nāyaṁ hanti na hanyate

अनुवाद

जो इस (आत्मा) को मारने वाला समझता है और जो इसे मरा मानता है वे दोनों ही नहीं जानते कि यह (आत्मा) न तो किसी को मारता है, न किसी के द्वारा मारा जा सकता है।

व्याख्या

इस श्लोक में भगवान कृष्ण अर्जुन को आत्मा के शाश्वत और अविनाशी भाव के बारे में समझा रहे हैं। वे कहते हैं कि जो यह सोचता है कि आत्मा किसी को मार सकती है या मारी जा सकती है, वह सच्चाई को नहीं जानता। आत्मा न मारती है, न मारी जाती है; यह शाश्वत, अमर और अपरिवर्तनीय है। भगवान कृष्ण अर्जुन को यह बोध करा रहे हैं कि युद्ध में किसी का शरीर नष्ट हो सकता है, लेकिन आत्मा अमर रहती है, इसलिए उसे किसी के वध का अपराधबोध नहीं होना चाहिए।

कर्म

आज के दिन किसी अनाथ बच्चे को खिलौने या कपड़े दें। इससे उनके जीवन में खुशी आएगी।

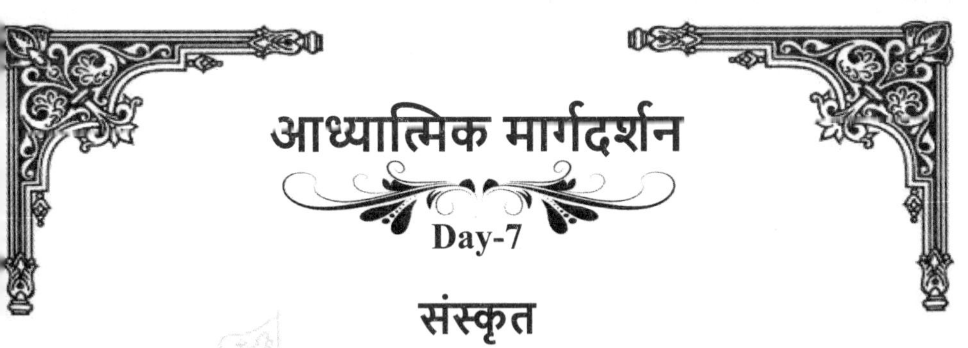

आध्यात्मिक मार्गदर्शन

Day-7

संस्कृत

न जायते म्रियते वा कदाचिन्नायं भूत्वा भविता वा न भूयः।
अजो नित्यः शाश्वतोऽयं पुराणो न हन्यते हन्यमाने शरीरे॥

लिप्यांतरण

na jāyate mriyate vā kadācin nāyaṁ bhūtvā bhavitā vā na bhūyaḥ
ajo nityaḥ śāśvato'yaṁ purāṇo na hanyate hanyamāne śarīre

अनुवाद

यह (आत्मा) किसी भी काल में न तो जन्मता है, न मरता है, तथा न ही कभी उत्पन्न होकर फिर उत्पन्न होने वाला ही है। क्योंकि यह अजन्मा, नित्य, शाश्वत और पुरातन है जो शरीर के नष्ट होने पर भी नष्ट नहीं होता।

व्याख्या

आत्मा न कभी जन्म लेता है और न मरता है। यह सदा से है और सदा रहेगा। यह अजर-अमर, शाश्वत और प्राचीन है। शरीर के नष्ट होने पर भी आत्मा नष्ट नहीं होता।

कर्म

आज के दिन किसी भूखे कुत्ते को रोटी खिलाएँ। इससे उसकी भूख मिटेगी और वह खुश रहेगा।

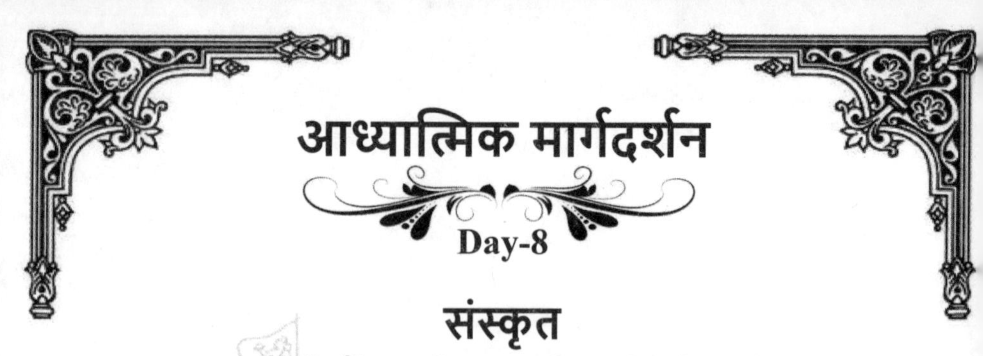

आध्यात्मिक मार्गदर्शन

Day-8

संस्कृत

वासांसि जीर्णानि यथा विहाय नवानि गृह्णाति नरोऽपराणि ।
तथा शरीराणि विहाय जीर्णानि अन्यानि संयाति नवानि देही॥

लिप्यांतरण

vāsāṁsi jīrṇāni yathā vihāya navāni gṛhṇāti naro 'parāṇi
tathā śarīrāṇi vihāya jīrṇāni anyāni saṁyāti navāni dehī

अनुवाद

जैसे मनुष्य पुराने वस्त्रों को त्याग कर दूसरे नए वस्त्र ग्रहण करता है, वैसे ही जीवात्मा पुराने शरीरों को त्याग कर दूसरे नए शरीरों को प्राप्त होता है।

व्याख्या

इस श्लोक में भगवान कृष्ण अर्जुन को समझाते हैं कि आत्मा अमर है और शरीर नश्वर। जैसे मनुष्य पुराने, घिसे-पिटे कपड़ों को त्यागकर नए कपड़े पहनता है, वैसे ही आत्मा पुराने शरीर को छोड़कर नया शरीर धारण करती है। आत्मा का यह परिवर्तन स्वाभाविक है और इसे मृत्यु नहीं कहा जा सकता। भगवान कृष्ण अर्जुन को यह बोध करा रहे हैं कि मृत्यु केवल शरीर की होती है, आत्मा की नहीं। इस ज्ञान से अर्जुन को युद्ध के मैदान में अपने कर्तव्यों का पालन करने के लिए प्रेरित किया जा रहा है, क्योंकि आत्मा की अमरता के कारण कोई वास्तव में किसी की हत्या नहीं कर सकता।

कर्म

आज के दिन किसी गरीब छात्र को शिक्षा सामग्री दें। इससे उसकी पढ़ाई में मदद होगी और उसका भविष्य उज्ज्वल बनेगा।

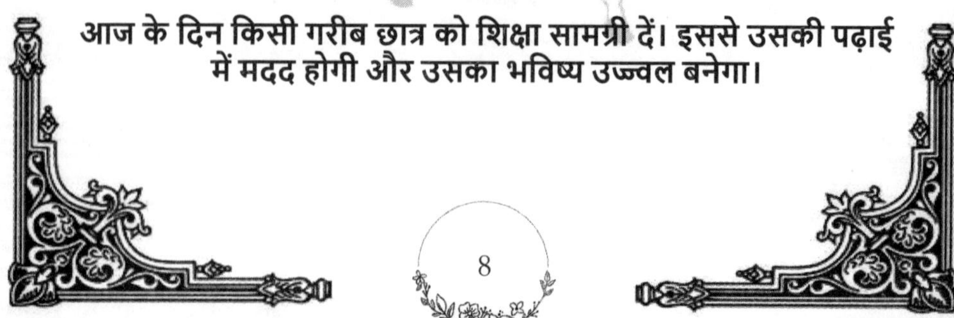

आध्यात्मिक मार्गदर्शन

Day-9

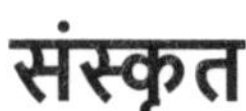

संस्कृत

नैनं छिन्दन्ति शस्त्राणि नैनं दहति पावकः।
न चैनं क्लेदयन्त्यापो न शोषयति मारुतः॥

लिप्यांतरण

nainaṁ chindanti śastrāṇi nainaṁ dahati pāvakaḥ
na cainaṁ kledayanty āpo na śoṣayati mārutaḥ

अनुवाद

इस आत्मा को शस्त्र नहीं काट सकते, इसे अग्नि जला नहीं सकती, जल इसे गला नहीं सकता और वायु इसे सुखा नहीं सकती।

व्याख्या

आत्मा को किसी भी शस्त्र से काटा नहीं जा सकता, आग इसे जला नहीं सकती, पानी इसे भिगो नहीं सकता और वायु इसे सुखा नहीं सकती। यह आत्मा अमर और अजर है।

कर्म

आज के दिन अपने घर के आसपास सफाई करें। स्वच्छता से वातावरण शुद्ध रहेगा और बीमारियां कम होंगी।

आध्यात्मिक मार्गदर्शन

Day-10

संस्कृत

अव्यक्तोऽयमचिन्त्योऽयमविकार्योऽयमुच्यते ।
तस्मादेवं विदित्वैनं नानुशोचितुमर्हसि॥

लिप्यांतरण

avyakto 'yam acintyo 'yam avikāryo 'yam ucyate
tasmād evaṁ viditvainaṁ nānuśocitum arhasi

अनुवाद

यह आत्मा अव्यक्त है, यह अचिन्त्य है, और इसे विकार-रहित भी कहा गया है। अतः हे अर्जुन! इसे इस प्रकार से जान कर तू शोक करने के योग्य नहीं है अर्थात फिर इसके लिए तेरा शोक करना उचित नहीं है।

व्याख्या

इस श्लोक में भगवान कृष्ण अर्जुन को आत्मा के गुणों के बारे में बताते हैं। वे कहते हैं कि आत्मा अव्यक्त (दृष्टिगोचर नहीं), अचिन्त्य (सोचा नहीं जा सकता) और अविकारी (गुण दोष रहित) है। आत्मा न दिखाई देती है, न इसके बारे में सोचा जा सकता है, और न ही इसे किसी भी प्रकार से बदला जा सकता है। इसलिए, भगवान कहते है की अर्जुन को शोक नहीं करना चाहिए। भगवान कृष्ण अर्जुन को यह समझाने का प्रयास कर रहे हैं कि आत्मा की अमरता और अपरिवर्तनीयता को जानकर, उसे किसी के शरीर के नाश पर दुःखी नहीं होना चाहिए, क्योंकि आत्मा को कोई नष्ट नहीं कर सकता। इस ज्ञान से अर्जुन को अपने कर्तव्य का पालन करने की प्रेरणा दी जा रही है।

कर्म

आज के दिन किसी जरूरतमंद की आर्थिक मदद करें। इससे उसकी समस्याएं हल होंगी और आपका मन शांत रहेगा।

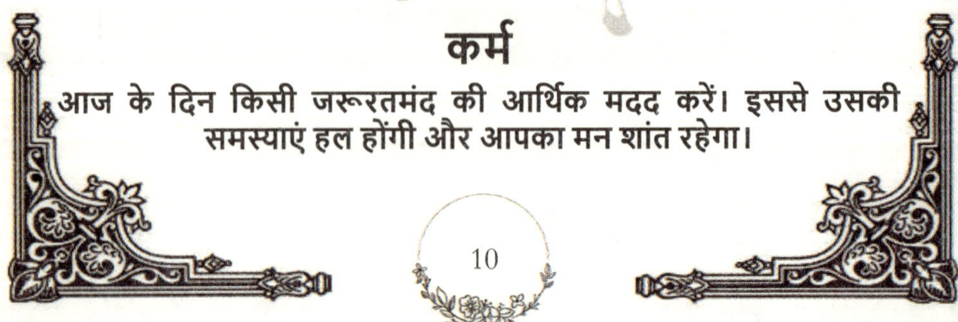

आध्यात्मिक मार्गदर्शन

Day-11

संस्कृत

जातस्य हि ध्रुवो मृत्युर्ध्रुवं जन्म मृतस्य च।
तस्मादपरिहार्येऽर्थे न त्वं शोचितुमर्हसि॥

लिप्यांतरण

jātasya hi dhruvo mṛtyur dhruvaṁ janma mṛtasya ca
tasmād aparihārye ‘rthe na tvaṁ śocitum arhasi

अनुवाद

जो जन्मा है, उसकी मृत्यु निश्चित है और मरे हुए का जन्म भी निश्चित है। इसलिए इस बिना उपाय के विषय में (जो अवश्यम्भावी है उसके लिए) तू शोक करने के योग्य नहीं है।

व्याख्या

इस श्लोक में भगवान कृष्ण अर्जुन को जीवन और मृत्यु के चक्र के बारे में बता रहे हैं। वे कहते हैं कि जो भी जन्म लेता है, उसकी मृत्यु निश्चित है, और जो मर जाता है, उसका पुनर्जन्म भी निश्चित है। यह एक अपरिवर्तनीय और अटल सत्य है। इसलिए, अर्जुन को इस स्वाभाविक और अपरिहार्य सत्य के लिए शोक नहीं करना चाहिए। भगवान कृष्ण अर्जुन को यह समझाने की कोशिश कर रहे हैं कि जीवन और मृत्यु का यह चक्र स्वाभाविक है और इसे स्वीकार करके उसे अपने कर्तव्यों का पालन करना चाहिए।

कर्म

आज के दिन किसी पेड़ को पानी दें। इससे पर्यावरण सुरक्षित रहेगा और हमें शुद्ध हवा मिलेगी।

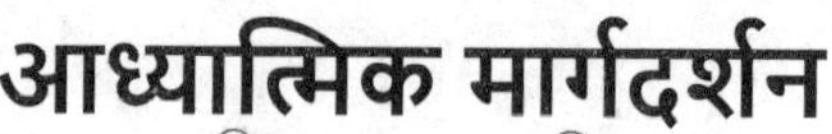

आध्यात्मिक मार्गदर्शन

Day-12

संस्कृत

देही नित्यमवध्योऽयं देहे सर्वस्य भारत।
तस्मात्सर्वाणि भूतानि न त्वं शोचितुमर्हसि॥

लिप्यांतरण

dehī nityam avadhyo 'yaṁ dehe sarvasya bhārata
tasmāt sarvāṇi bhūtāni na tvaṁ śocitum arhasi

अनुवाद

हे अर्जुन! यह आत्मा सभी (प्राणियों) के शरीरों में सदा ही अवध्य रहता है। इस कारण सभी प्राणियों के लिए तू शोक करने के योग्य नहीं है।

व्याख्या

इस श्लोक में भगवान कृष्ण अर्जुन से कहते हैं कि आत्मा प्रत्येक जीव के शरीर में निवास करती है और यह आत्मा नित्य (सदा) अविनाशी और अवध्य है। इसे नष्ट नहीं किया जा सकता। इसलिए, हे अर्जुन, तुम्हें किसी भी जीव के लिए शोक नहीं करना चाहिए। भगवान कृष्ण अर्जुन को यह समझा रहे हैं कि आत्मा अमर और अजेय है, और शरीर केवल एक बाहरी वस्त्र है जिसे आत्मा बदलती रहती है। इस सत्य को समझकर अर्जुन को अपने कर्तव्यों का पालन निर्भयता से करना चाहिए, क्योंकि आत्मा को कोई हानि नहीं पहुंचा सकता।

कर्म

आज के दिन किसी महिला की सुरक्षा के लिए कदम उठाएँ। उनकी मदद करें और उन्हें सुरक्षित महसूस कराएँ।

आध्यात्मिक मार्गदर्शन

Day-13

संस्कृत

स्वधर्ममपि चावेक्ष्य न विकम्पितुमर्हसि।
धर्म्याद्धि युद्धाच्छ्रेयोऽन्यत्क्षत्रियस्य न विद्यते॥

लिप्यांतरण

svadharmam api cāvekṣya na vikampitum arhasi
dharmyād dhi yuddhāc chreyo 'nyat kṣatriyasya na vidyate

अनुवाद

और भी, निज-धर्म को देखते हुए भी तुझे कोई भय नहीं होना चाहिए – क्योंकि एक क्षत्रिय के लिए धर्मयुक्त युद्ध से बढ़कर दूसरा कोई कल्याणकारी कर्त्तव्य नहीं है।

व्याख्या

इस श्लोक में भगवान कृष्ण अर्जुन को उनके क्षत्रिय (योद्धा) धर्म का स्मरण कराते हैं। वे कहते हैं कि अपने स्वधर्म (कर्तव्य) के दृष्टिकोण से भी तुम्हें विचलित नहीं होना चाहिए, क्योंकि एक क्षत्रिय के लिए धर्म युद्ध (धर्म की रक्षा के लिए युद्ध) से बढ़कर कोई और शुभ कार्य नहीं है। भगवान कृष्ण अर्जुन को यह समझाने का प्रयास कर रहे हैं कि एक योद्धा के रूप में उनका सबसे बड़ा कर्तव्य धर्म की रक्षा करना है, और धर्म युद्ध लड़ना उनके लिए सबसे श्रेष्ठ कार्य है। इसलिए, उन्हें अपने धर्म का पालन करते हुए इस युद्ध में संलग्न होना चाहिए।

कर्म

आज के दिन किसी पुस्तकालय में किताबें दान करें। इससे ज्ञान का प्रसार होगा और लोग लाभान्वित होंगे।

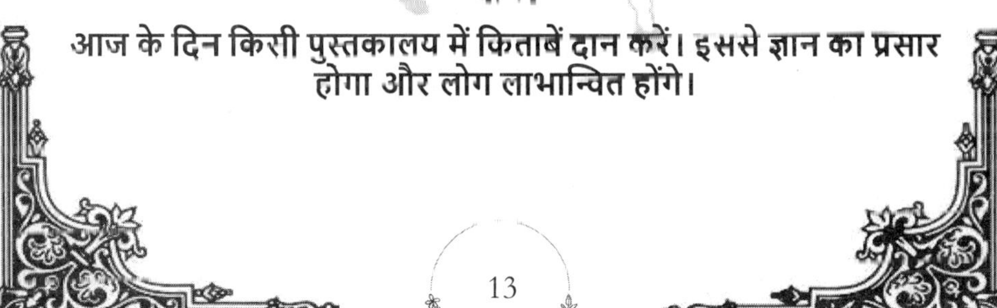

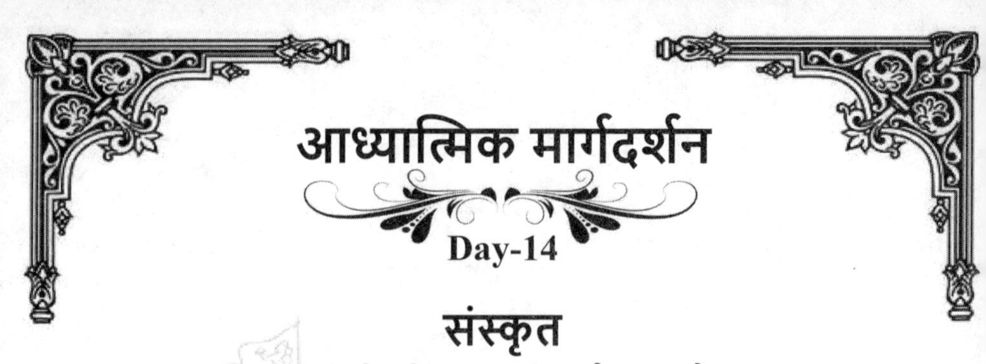

आध्यात्मिक मार्गदर्शन

Day-14

संस्कृत

सुखदुःखे समे कृत्वा लाभालाभौ जयाजयौ।
ततो युद्धाय युज्यस्व नैवं पापमवाप्स्यसि॥

लिप्यांतरण

sukha-duḥkhe same kṛtvā lābhālābhau jayājayau
tato yuddhāya yujyasva naivaṁ pāpam avāpsyasi

अनुवाद

जय-पराजय, लाभ-हानि और सुख-दुःख को समान समझ कर, तत्पश्चात् युद्ध के लिए प्रस्तुत हो जा - इस प्रकार युद्ध करने से तू पाप को प्राप्त नहीं होगा।

व्याख्या

इस श्लोक में भगवान कृष्ण अर्जुन को सिखाते हैं कि जीवन की द्वंद्वात्मक परिस्थितियों जैसे सुख-दुःख, लाभ-हानि, और जीत-हार को समान भाव से स्वीकार करना चाहिए। इन परिस्थितियों से प्रभावित हुए बिना, अपने कर्तव्यों का पालन करते रहना चाहिए। अर्जुन को युद्ध में उतरने का आदेश देते हुए, भगवान कहते हैं कि अगर वह इन सभी को समान दृष्टि से देखेगा और निष्पक्षता से अपने धर्म (कर्तव्य) का पालन करेगा, तो वह पाप का भागी नहीं बनेगा। यह निष्काम कर्म का सिद्धांत है, जिसमें फल की इच्छा किए बिना अपने कर्तव्य का पालन करना सिखाया जाता है।

कर्म

आज के दिन किसी धार्मिक स्थान पर साफ-सफाई करें। इससे पूजा स्थल की सुंदरता बढ़ेगी।

आध्यात्मिक मार्गदर्शन

Day-15

संस्कृत

एषा तेऽभिहिता सांख्ये बुद्धिर्योगे त्विमां श्रृणु।
बुद्ध्या युक्तो यया पार्थ कर्मबन्धं प्रहास्यसि॥

लिप्यांतरण

eṣā te 'bhihitā sāṅkhye buddhir yoge tvimāṁ śṛṇu
buddhyā yukto yayā pārtha karma-bandhaṁ prahāsyasi

अनुवाद

हे पार्थ! इस प्रकार ज्ञान योग के विषय में तुझे यह बुद्धि दी गई और अब तू इसे कर्म योग (सांख्य) के विषय में भी सुन – जिससे बुद्धि-युक्त हुआ तू कर्मों के बंधनों को भली भाँति त्याग देगा अर्थात उनसे सर्वथा मुक्त हो जाएगा।

व्याख्या

इस श्लोक में भगवान कृष्ण अर्जुन से कहते हैं कि अब तक मैंने तुम्हें सांख्य योग (ज्ञान योग) की शिक्षा दी है, जो आत्मा और शरीर के अंतर को समझाने वाली है। अब तुम कर्म योग (कर्म के मार्ग) की शिक्षा सुनो, जिससे तुम अपने कर्मों के बंधनों से मुक्त हो सकते हो। भगवान कृष्ण यहां अर्जुन को यह सिखा रहे हैं कि केवल ज्ञान प्राप्त करना पर्याप्त नहीं है; उस ज्ञान को अपने कर्मो में भी उतारना चाहिए, इसीलिये अपने कर्तव्यों का पालन निष्काम (फल की इच्छा के बिना) भाव से करना चाहिए। इस तरह कर्म करने से कोई भी मनुष्य अपने कर्मो के बंधन से मुक्त हो सकता है।

कर्म

आज के दिन अपने परिवार के साथ समय बिताएँ। इससे रिश्तो में मजबूती आएगी और आपसी समझ बढ़ेगी।

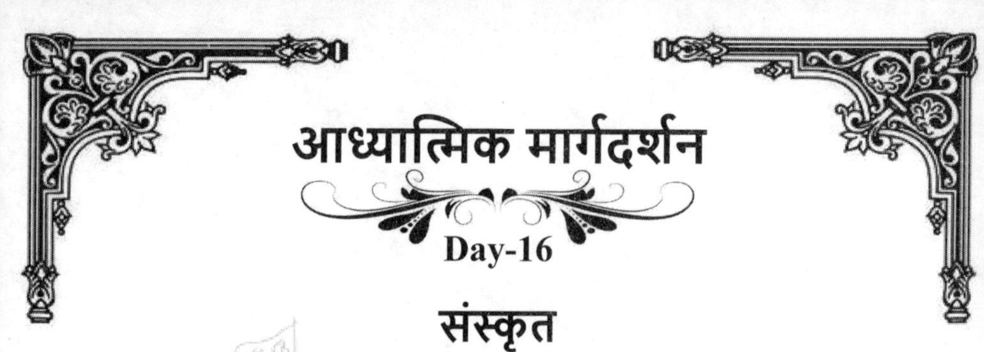

आध्यात्मिक मार्गदर्शन

Day-16

संस्कृत

यामिमां पुष्पितां वाचं प्रवदन्त्यविपश्चितः।
वेदवादरताः पार्थ नान्यदस्तीति वादिनः॥
कामात्मानः स्वर्गपरा जन्मकर्मफलप्रदाम्।
क्रियाविशेषबहुलां भोगैश्वर्यगतिं प्रति॥

लिप्यांतरण

yām imāṁ puṣpitāṁ vācaṁ pravadanty avipaścitaḥ
veda-vāda-ratāḥ pārtha nānyad astīti vādinaḥ
kāmātmānaḥ svarga-parā janma-karma-phala-pradām
kriyā-viśeṣa-bahulāṁ bhogaiśvarya-gatiṁ prati

अनुवाद

हे अर्जुन! जो भोगों में तन्मय मनुष्य केवल कर्मफलों के प्रशंसक कुछ वेद-वाक्यों में ही प्रीति रखते हैं, जिनकी बुद्धि में स्वर्ग (सुख) ही परम प्राप्य वस्तु है, जो 'स्वर्ग से बढ़कर दूसरी कोई प्राप्य वस्तु नहीं है' ऐसा कहने वाले हैं, वे अविवेकी मनुष्य ऐसी ही दिखावटी बातें करते हैं - जो कि लुभावनी किन्तु बहुत प्रकार के कर्मफल देने वाली होती हैं।

व्याख्या

भगवान कृष्ण अर्जुन को बताते हैं कि कर्मकांडी वाक्य केवल स्वर्ग और भौतिक सुख की कामना को संबोधित करते हैं, वे सच्चे ज्ञान की ओर नहीं ले जाते। इसलिए कर्मकांडीय शिक्षा से परे जाकर आत्मा की वास्तविकता और परमात्मा के साथ संबंध को समझना अधिक महत्वपूर्ण है।

कर्म

आज के दिन किसी छोटे बच्चे को नैतिक शिक्षा दें। इससे वह अच्छे संस्कार पाएगा और समाज के लिए अच्छा बनेगा।

आध्यात्मिक मार्गदर्शन

Day-17

संस्कृत

भोगैश्वर्यप्रसक्तानां तयापहृतचेतसाम्।
व्यवसायात्मिका बुद्धिः समाधौ न विधीयते॥

लिप्यांतरण

bhogaiśvarya-prasaktānāṁ tayāpahṛta-cetasām
vyavasāyātmikā buddhiḥ samādhau na vidhīyate

अनुवाद

इस प्रकार की लुभावनी बातों से जिनमें भोगों और ऐश्वर्य की प्राप्ति कराने वाली अनेकों क्रियाओं का वर्णन हो, उनसे जिनका चित्त हरण कर लिया जा चुका हो, और जो ऐश्वर्य-भोगों में अत्यन्त आसक्त हो चुके हों, ऐसे मनुष्यों की बुद्धि परमात्मा में स्थिर नहीं होती।

व्याख्या

इस श्लोक में भगवान कृष्ण बताते हैं कि जो लोग भौतिक सुख और ऐश्वर्य में अत्यधिक लिप्त रहते हैं, उनकी बुद्धि परमात्मा की ओर स्थिर नहीं हो पाती। वे सच्चे आध्यात्मिक ज्ञान की ओर अग्रसर नहीं हो सकते क्योंकि उनका ध्यान भौतिक इच्छाओं और सुखों में व्यस्त रहता है। इसलिए, अर्जुन को यह समझाया जाता है कि भोग और ऐश्वर्य की ओर आकर्षित होकर उनकी बुद्धि को स्थिर रखना कठिन हो जाता है और आत्मसाक्षात्कार में सफलता प्राप्त करना मुश्किल होता है।

कर्म

आज के दिन किसी असहाय जानवर की मदद करें। उसकी देखभाल करें और उसे सहारा दें।

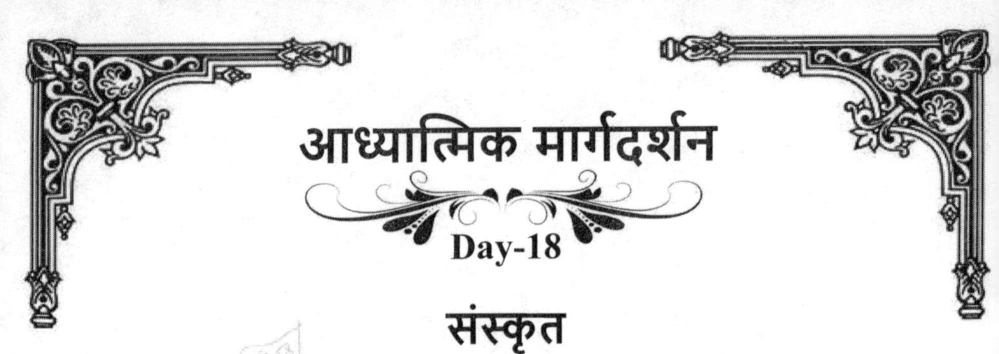

आध्यात्मिक मार्गदर्शन

Day-18

संस्कृत

कर्मण्येवाधिकारस्ते मा फलेषु कदाचन।
मा कर्मफलहेतुर्भूर्मा ते सङ्गोऽस्त्वकर्मणि॥

लिप्यांतरण

karmaṇy-evādhikāras te mā phaleṣu kadācana
mā karma-phala-hetur bhūr mā te saṅgo 'stvakarmaṇi

अनुवाद

कर्म करने में ही तेरा अधिकार है, उसके फलों में कदापि नहीं। अतः तू कर्मों के फलों का हेतु मत हो, तथा कर्मों के न करने में भी तेरी आसक्ति न हो।

व्याख्या

इस श्लोक में भगवान कृष्ण अर्जुन को सिखाते हैं कि उसे केवल कर्म करने का अधिकार है, फलों का आश्रय नहीं लेना चाहिए। कर्मों के फल का चिन्तन करने से मनुष्य उनके प्रति बंध जाता है और यह भी आसक्ति नहीं होनी चाहिए कि कर्म का फल क्या होगा। इस श्लोक में ज्ञान और कर्म की समन्वय की बात की गई है, जिसमें कर्म के फल का चिन्तन किए बिना भी कर्म का पालन करना सिखाया जा रहा है। यह सिद्धांत आत्मज्ञान और मुक्ति के मार्ग में अत्यंत महत्वपूर्ण है।

कर्म

आज के दिन किसी विकलांग व्यक्ति की सहायता करें। उनकी जरूरतों का ध्यान रखें और उन्हें सहज महसूस कराएँ।

आध्यात्मिक मार्गदर्शन

Day-19

संस्कृत

योगस्थः कुरु कर्माणि सङ्गं त्यक्त्वा धनञ्जय।
सिद्ध्यसिद्ध्योः समो भूत्वा समत्वं योग उच्यते॥

लिप्यांतरण

yoga-sthaḥ kuru karmāṇi saṅgaṁ tyaktvā dhanañjaya
siddhy-asiddhyoḥ samo bhūtvā samatvaṁ yoga ucyate

अनुवाद

हे धनञ्जय! तू आसक्ति को त्याग कर सिद्धि और असिद्धि (सफलता और असफलता) में समान बुद्धि वाला हो कर, योग में स्थित होकर अपने कर्त्तव्य-कर्मों को कर, यह समत्व ही योग कहलाता है।

व्याख्या

इस श्लोक में भगवान कृष्ण अर्जुन से कहते हैं कि उसे योग (कर्म योग) में स्थित रहकर कर्म करना चाहिए। वह संग (आसक्ति) को त्यागकर कर्म करे। सिद्धि और असिद्धि के समान भाव रखकर, योग में स्थित रहकर उसे समता को प्राप्त करना चाहिए। यहाँ 'समता' का अर्थ है कि उसे सिद्धि और असिद्धि के प्रति समान भाव रखना चाहिए। यह शिक्षा दी जा रही है कि कर्म योग में योग्यता उसके भाव में है, न कि कर्म के फल में। अर्जुन को यह शिक्षा दी जा रही है कि वह कर्म को आसक्ति के बिना और समान भाव से करें, जिससे उसे आत्मा के स्वरूप का ज्ञान हो सके।

कर्म

आज के दिन किसी वृद्धाश्रम में जाकर बुजुर्गों से मिलें। उनसे बातें करें और उनका मन बहलाएँ।

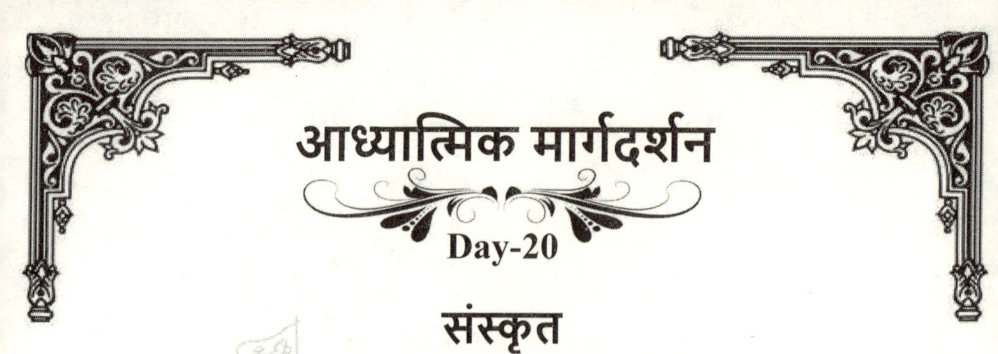

आध्यात्मिक मार्गदर्शन

Day-20

संस्कृत

बुद्धियुक्तो जहातीह उभे सुकृतदुष्कृते।
तस्माद्योगाय युज्यस्व योगः कर्मसु कौशलम्॥

लिप्यांतरण

buddhi-yukto jahātīha ubhe sukṛta-duṣhkṛte
tasmād yogāya yujyasva yogaḥ karmasu kauśhalam

अनुवाद

सम-बुद्धि वाला मनुष्य पाप और पुण्य दोनों को इसी लोक में त्याग देता है अर्थात् उनसे मुक्त हो जाता है। अतः तू भी समत्व रुपी योग में रत हो (लग जा), क्योंकि योग ही कर्मों में कुशलता है अर्थात् बंधन से छूटने का उपाय है।

व्याख्या

इस श्लोक में भगवान कृष्ण अर्जुन से कहते हैं कि जो व्यक्ति बुद्धि युक्त होकर सुख और दुःख में समान भाव रखता है, वही योगी है। इसलिए तू कर्मयोग का अभ्यास कर, कर्म में कुशल हो। यहाँ 'योग' का अर्थ है कर्मयोग, जिसमें कर्म करते समय आत्मा के साथ एकता को स्थापित करने की शिक्षा दी जाती है। अर्जुन को यह सिखाया जा रहा है कि वह कर्मयोग के अभ्यास में लग जाए और कर्म में कुशल होकर संसार में अपने कर्तव्य का पालन करे।

कर्म

आज के दिन किसी अंधे व्यक्ति को सड़क पार कराएँ। उनकी मदद करें और उन्हें सुरक्षित पार कराएँ।

आध्यात्मिक मार्गदर्शन

Day-21

संस्कृत

यदा ते मोहकलिलं बुद्धिर्व्यतितरिष्यति।
तदा गन्तासि निर्वेदं श्रोतव्यस्य श्रुतस्य च॥

लिप्यांतरण

yadā te moha-kalilaṁ buddhir vyatitariṣhyati
tadā gantāsi nirvedaṁ śhrotavyasya śhrutasya cha

अनुवाद

जब तेरी बुद्धि मोह रूपी दलदल से पार हो जाएगी, उस समय तू सुने गए या सुनने में आए हुए इस लोक अथवा परलोक सम्बन्धी सभी भोगों आदि से मुक्त होकर वैराग्य को प्राप्त हो जायेगा।

व्याख्या

इस श्लोक में भगवान कृष्ण अर्जुन से कहते हैं कि जब तेरी बुद्धि मोह के अज्ञान रूपी दलदल से पार हो जाएगी, तब तू कही और सुनी हुई बातो के प्रति उदासीन हो जाएगा। इसका अर्थ है कि जब तू अपने मन को वास्तविकता की ओर मोड़ेगा और मोह के अज्ञान को दूर कर लेगा, तब तू सत्य की ओर बढ़ेगा और शास्त्रों की समझ और श्रवण के प्रति वास्तविकता को प्राप्त करेगा।

कर्म

आज के दिन किसी गरीब बच्चे की फीस भरें। इससे उसकी पढ़ाई जारी रहेगी और वह आगे बढ़ सकेगा।

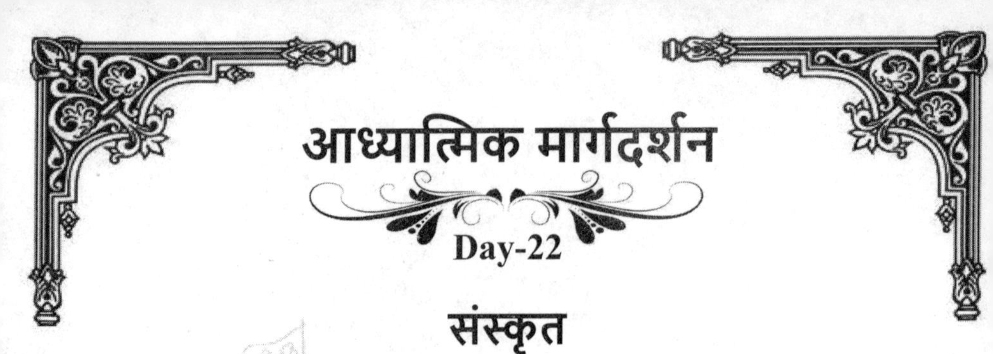

आध्यात्मिक मार्गदर्शन

Day-22

संस्कृत

श्रुतिविप्रतिपन्ना ते यदा स्थास्यति निश्चला।
समाधावचला बुद्धिस्तदा योगमवाप्स्यसि॥

लिप्यांतरण

śhruti-vipratipannā te yadā sthāsyati niśhchalā
samādhāv achalā buddhis tadā yogam avāpsyasi

अनुवाद

तरह तरह के वचनों को सुनने से विचलित हुई तेरी बुद्धि जब अचल और स्थिर होकर (परमात्मा में) ठहर जायेगी, तब तू योग को प्राप्त हो जायेगा (अर्थात् तेरा परमात्मा से संयोग हो जाएगा)।

व्याख्या

इस श्लोक में भगवान कृष्ण अर्जुन से कहते हैं कि जब तेरी बुद्धि सुने गए ज्ञान से स्थिर हो जाएगी, तब तू समाधि में स्थिर हो सकने वाली बुद्धि को प्राप्त करेगा। अर्जुन को यह सिखाया जा रहा है कि जब वह श्रवण, मनन और चिन्तन के द्वारा अपने अंतःकरण को शुद्ध करके आत्मा के साक्षात्कार के योग्य हो जाएगा, तब वह समाधि में स्थिर होने वाली बुद्धि को प्राप्त करेगा।

कर्म

आज के दिन किसी अस्पताल में रक्तदान करें। इससे किसी की जान बच सकती है और आपका मन संतोष से भरेगा।

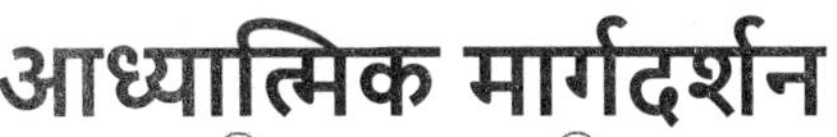

आध्यात्मिक मार्गदर्शन

Day-23

संस्कृत

श्रीभगवानुवाच।
प्रजहाति यदा कामान्सर्वान्पार्थ मनोगतान्।
आत्मन्येवात्मना तुष्टः स्थितप्रज्ञस्तदोच्यते॥

लिप्यांतरण

śhrī-bhagavān uvācha
prajahāti yadā kāmān sarvān pārtha mano-gatān
ātmanyevātmanā tuṣhṭaḥ sthita-prajñas tadā uchyate

अनुवाद

हे अर्जुन! जिस समय व्यक्ति मन में स्थित सभी कामनाओं को पूरी तरह त्याग देता है और अपनी आत्मा से आत्मा ही में संतुष्ट रहता है, उस स्थिति में वह स्थितप्रज्ञ कहलाता है।

व्याख्या

इस श्लोक में भगवान कृष्ण अर्जुन से कहते हैं कि जब व्यक्ति समस्त इच्छाओं को मन में ही संयमित करके त्याग देता है और अपने आप में ही संतुष्ट रहता है, तब वह स्थितप्रज्ञ कहलाता है। अर्जुन को यहाँ समझाया जा रहा है कि एक व्यक्ति को अपनी इच्छाओं के बल पर नहीं चलना चाहिए, बल्कि उसे अपने आप में संतुष्ट रहकर जीवन को उच्च दृष्टिकोण से देखना चाहिए।

कर्म

आज के दिन किसी गरीब महिला को रोजगार के साधन उपलब्ध कराएँ। इससे उसकी आर्थिक स्थिति सुधरेगी।

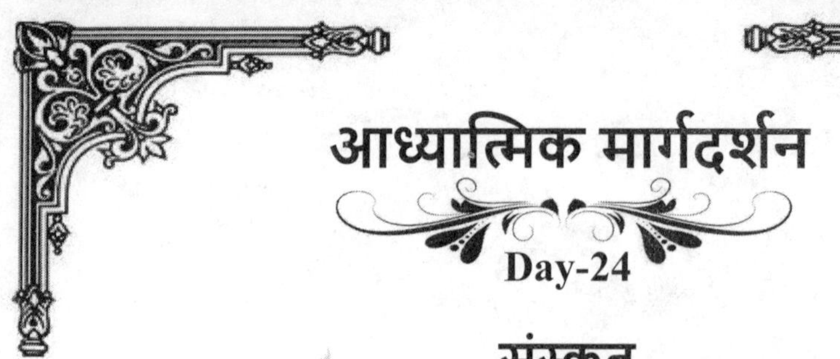

आध्यात्मिक मार्गदर्शन

Day-24

संस्कृत

दुःखेष्वनुद्विग्नमनाः सुखेषु विगतस्पृहः।
वीतरागभयक्रोधः स्थितधीर्मुनिरुच्यते॥

लिप्यांतरण

duḥkheṣv anudvigna-manāḥ sukheṣu vigata-spṛhaḥ
vīta-rāga-bhaya-krodhaḥ sthita-dhīr munir uchyate

अनुवाद

दुःखों की प्राप्ति होने पर जिसके मन में उद्वेग नहीं होता, सुखों की प्राप्ति में जो सर्वथा निष्काम बना रहता है तथा जो राग, भय और क्रोध से पूरी तरह मुक्ति पा चुका है, ऐसा व्यक्ति स्थिरबुद्धि मुनि कहलाता है।

व्याख्या

इस श्लोक में भगवान कृष्ण बताते हैं कि वह व्यक्ति जो दुःख में मन को विचलित नहीं करता और सुख की इच्छा से रहित रहता है, तथा राग (मोह), भय और क्रोध से मुक्त रहता है, वही स्थिर बुद्धि वाला मुनि कहलाता है। अर्जुन को यहाँ यह सिखाया जा रहा है कि सच्चा योगी वह है जो जीवन की हर परिस्थिति में समभाव बनाए रखता है। दुःख और सुख दोनों में समान रूप से संतुलित रहना ही स्थितप्रज्ञ (स्थिर बुद्धि) की निशानी है।

कर्म

आज के दिन किसी गरीब बस्ती में जाकर स्वच्छता अभियान चलाएँ। इससे वहाँ के लोग स्वस्थ रहेंगे।

आध्यात्मिक मार्गदर्शन

Day-25

संस्कृत

यः सर्वत्रानभिस्नेहस्तत्तत्प्राप्य शुभाशुभम्।
नाभिनन्दति न द्वेष्टि तस्य प्रज्ञा प्रतिष्ठिता॥

लिप्यांतरण

yaḥ sarvatrānabhisnehas tat-tat prāpya śhubhāśhubham
nābhinandati na dveṣhṭi tasya prajñā pratiṣṭhitā

अनुवाद

जो व्यक्ति सर्वथा आसक्ति से रहित हुआ, उस-उस शुभ या अशुभ वस्तु को प्राप्त करके न तो उल्लसित होता है और न द्वेष रखता है, उसकी बुद्धि स्थिर है।

व्याख्या

इस श्लोक में भगवान कृष्ण अर्जुन को बताते हैं कि वह व्यक्ति जिसकी बुद्धि स्थिर है, सभी परिस्थितियों में अनासक्त रहता है। उसे जब शुभ (अच्छी) या अशुभ (बुरी) परिस्थितियाँ मिलती हैं, तो वह न तो अत्यधिक खुश होता है और न ही दुःखी होता है। यहाँ भगवान कृष्ण यह सिखा रहे हैं कि एक स्थिर बुद्धि वाला व्यक्ति जीवन की ऊँच-नीच, सुख-दुःख, सफलता-असफलता जैसी परिस्थितियों में समभाव बनाए रखता है। ऐसा व्यक्ति अपनी आंतरिक शांति और संतुलन को बनाए रखता है, जो सच्चे ज्ञान और योग का लक्षण है।

कर्म

आज के दिन किसी गरीब किसान की मदद करें। उनकी फसल का उचित मूल्य दिलाने में सहायता करें।

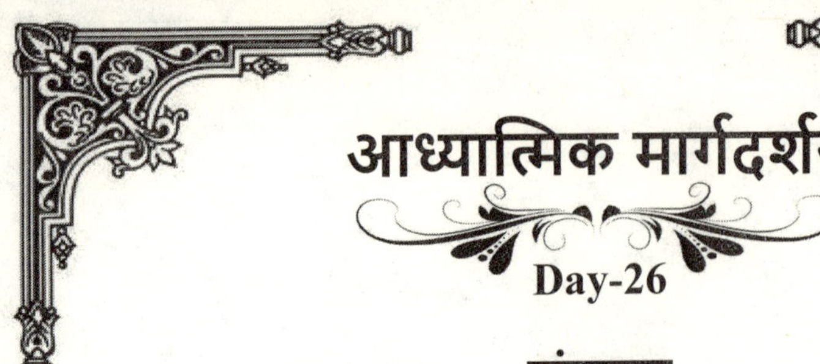

आध्यात्मिक मार्गदर्शन

Day-26

संस्कृत

तानि सर्वाणि संयम्य युक्त आसीत मत्परः।
वशे हि यस्येन्द्रियाणि तस्य प्रज्ञा प्रतिष्ठिता॥

लिप्यांतरण

tāni sarvāṇi saṁyamya yukta āsīta mat-paraḥ
vaśe hi yasyendriyāṇi tasya prajñā pratiṣṭhitā

अनुवाद

उन सभी इन्द्रियों को संयम पूर्वक वश में करके समाहित चित्त से जो मेरे परायण हो जाए, उसी की बुद्धि स्थिर कही जाती है।

व्याख्या

इस श्लोक में भगवान कृष्ण अर्जुन से कहते हैं कि जो व्यक्ति अपनी सभी इन्द्रियों को संयमित कर लेता है और अपना मन मुझमें (भगवान में) लगा देता है, उसकी बुद्धि स्थिर होती है। इसका मतलब यह है कि व्यक्ति को अपनी इन्द्रियों को अनुशासन में रखना चाहिए और अपनी चेतना को भगवान में स्थिर करके संयम पूर्वक जीवन जीना चाहिए।

कर्म

आज के दिन किसी अनाथालय में जाकर बच्चों के साथ समय बिताएँ। उन्हें प्यार और स्नेह दें।

आध्यात्मिक मार्गदर्शन

Day-27

संस्कृत

रागद्वेषवियुक्तैस्तु विषयानिन्द्रियैश्चरन्।
आत्मवश्यैर्विधेयात्मा प्रसादमधिगच्छति॥

लिप्यांतरण

rāga-dveṣa-vimuktais tu viṣayān indriyaiś caran
ātma-vaśyair vidhēyātmā prasādam adhigacchati

अनुवाद

अपने अधीन किये हुए अंतःकरण वाला, राग द्वेष से रहित इन्द्रियों द्वारा विषयों में विचरण करता हुआ साधक अन्तः-प्रसन्नता को प्राप्त होता है।

व्याख्या

इस श्लोक में भगवान कृष्ण अर्जुन को बताते हैं कि जो व्यक्ति राग (मोह) और द्वेष (घृणा) से मुक्त होकर अपनी इन्द्रियों को नियंत्रित रखता है, वह शांति प्राप्त करता है। इसका अर्थ है कि व्यक्ति को इन्द्रियों के विषयों से प्रभावित नहीं होना चाहिए। जब व्यक्ति अपने मन और इन्द्रियों को नियंत्रित कर लेता है और राग-द्वेष से मुक्त हो जाता है, तब वह आंतरिक शांति और प्रसन्नता प्राप्त करता है।

कर्म

आज के दिन किसी गरीब व्यक्ति को चिकित्सा सुविधा दिलाएँ। उसकी बीमारी का इलाज कराएँ और उसका दर्द कम करें।

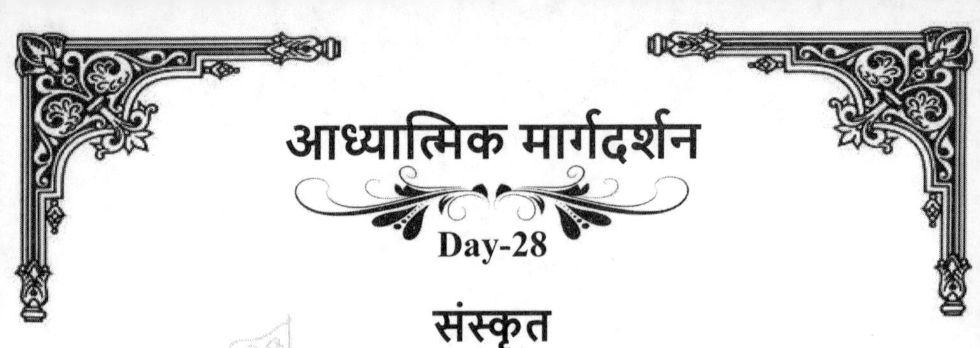

आध्यात्मिक मार्गदर्शन

Day-28

संस्कृत

या निशा सर्वभूतानां तस्यां जागर्ति संयमी।
यस्यां जाग्रति भूतानि सा निशा पश्यतो मुनेः॥

लिप्यांतरण

yā niśā sarva-bhūtānāṁ tasyāṁ jāgarti saṁyamī
yasyāṁ jāgrati bhūtāni sā niśā paśyato muneḥ

अनुवाद

समस्त प्राणियों के लिए जो रात्रि है, वह संयम पूर्वक ध्यान में मग्न मुनि के लिए जागृति है और जिसे सांसारिक प्राणी जागृति कहते हैं उसे (परमतत्व को जानने वाला) मुनि रात्रि के रूप में देखता है।

व्याख्या

इस श्लोक में भगवान कृष्ण कहते हैं कि जब साधारण लोग अज्ञान के अंधकार में सोते रहते हैं, तब एक योगी जागृत रहता है। इसका अर्थ है कि एक योगी और ज्ञानी व्यक्ति उस सत्य को देखता और समझता है जिसे साधारण लोग नहीं देख पाते। इसके विपरीत, जो चीजें साधारण लोगों को महत्वपूर्ण और स्पष्ट लगती हैं, वे ज्ञानी मुनि के लिए अज्ञान के समान होती हैं। यह श्लोक योगी और साधारण व्यक्ति के दृष्टिकोण में अंतर को दर्शाता है, जहाँ योगी आत्मज्ञान की ओर जागृत रहता है और संसारिक विषयों से उदासीन रहता है; वही साधारण मनुष्य इन्ही बातों को सर्वाधिक महत्त्व देता है।

कर्म

आज के दिन किसी गरीब महिला को सिलाई मशीन दें। इससे वह आत्मनिर्भर बन सकेगी।

आध्यात्मिक मार्गदर्शन

Day-29

संस्कृत

आपूर्यमाणमचलप्रतिष्ठं समुद्रमापः प्रविशन्ति यद्वत्।
तद्वत्कामा यं प्रविशन्ति सर्वे स शान्तिमाप्नोति न कामकामी॥

लिप्यांतरण

āpūryamāṇam achala-pratiṣṭhaṁ samudram āpaḥ praviśanti yadvat
tadvat kāmā yaṁ praviśanti sarve sa śhāntim āpnoti na kāma-kāmī

अनुवाद

जैसे (विभिन्न नदियों के जल) पहले से ही परिपूर्ण, अचल प्रतिष्ठा वाले समुद्र में उसे आलोड़ित किये बिना ही समा जाते हैं, वैसे ही जिस स्थितप्रज्ञ व्यक्ति में सभी भोग किसी प्रकार का विकार उत्पन्न किये बिना समा जाते हैं, वही पुरुष परम शान्ति को प्राप्त होता है – भोगों को चाहने वाला नहीं।

व्याख्या

इस श्लोक में भगवान कृष्ण कहते हैं कि जैसे नदियाँ निरंतर स्थिर समुद्र में मिलती रहती हैं, फिर भी समुद्र अपनी स्थिति में अडिग और शांत रहता है, उसी प्रकार वह व्यक्ति जिसे सभी प्रकार की इच्छाएँ घेरती हैं, लेकिन वह अपनी स्थिति में स्थिर और शांत रहता है, वही सच्ची शांति प्राप्त करता है। इसके विपरीत, जो व्यक्ति इच्छाओं का दास बन जाता है, वह कभी शांति प्राप्त नहीं कर सकता। अर्जुन को यहाँ यह सिखाया जा रहा है कि स्थिर बुद्धि और आत्मसंयम ही सच्ची शांति की कुंजी है, और इसे प्राप्त करने के लिए इच्छाओं से ऊपर उठना आवश्यक है।

कर्म

आज के दिन किसी गरीब परिवार को भोजन सामग्री दें। इससे उनकी भूख मिटेगी और आपका दिल खुश रहेगा।

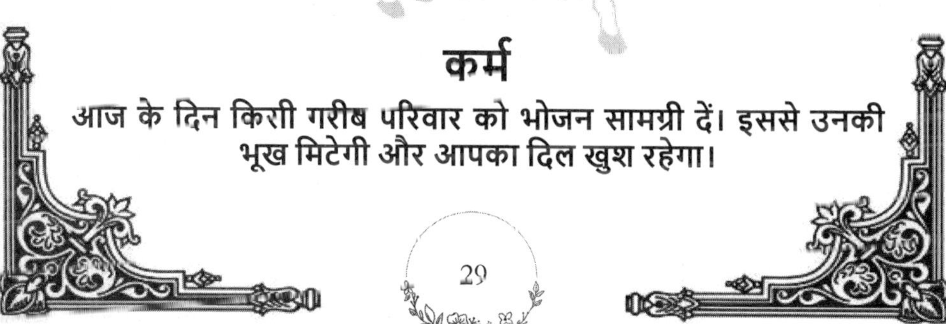

आध्यात्मिक मार्गदर्शन

Day-30

संस्कृत

विहाय कामान् यः सर्वान्पुमांश्चरति निःस्पृहः।
निर्ममो निरहङ्कारः स शान्तिमधिगच्छति॥

लिप्यांतरण

vihāya kāmān yaḥ sarvān pumānś carati niḥspṛhaḥ
nirmamo nirahaṅkāraḥ sa śhāntim adhigacchati

अनुवाद

जो व्यक्ति सभी कामनाओं को त्याग कर, मोह-रहित, अहंकार-रहित और निःस्पृह होकर विचरण करता है, वही शान्ति को प्राप्त होता है।

व्याख्या

इस श्लोक में भगवान कृष्ण कहते हैं कि जो व्यक्ति सभी इच्छाओं को त्यागकर, किसी भी प्रकार की इच्छा (लालसा) से मुक्त होकर, ममता (स्वार्थ) और अहंकार (अहंभाव) से मुक्त होकर जीवन व्यतीत करता है, वही सच्ची शांति प्राप्त करता है। यहाँ भगवान कृष्ण यह सिखा रहे हैं कि आत्मिक शांति प्राप्त करने के लिए व्यक्ति को इच्छाओं, स्वार्थ और अहंकार का त्याग करना चाहिए। जब व्यक्ति इन सब से मुक्त हो जाता है, तब वह स्थिर बुद्धि और सच्ची शांति की अवस्था को प्राप्त करता है।

कर्म

आज के दिन किसी विद्यालय में जाकर बच्चों को शिक्षित करें। उन्हें अच्छी बातें सिखाएँ और उनका भविष्य संवारें।

आध्यात्मिक मार्गदर्शन

Day-31

संस्कृत

एषा ब्राह्मी स्थिति पार्थ नैनां प्राप्य विमुह्यति।
स्थित्वास्यामन्तकालेऽपि ब्रह्मनिर्वाणमृच्छति॥

लिप्यांतरण

eṣhā brāhmī sthitiḥ pārtha naināṁ prāpya vimuhyati
sthitvāsyām anta-kāle 'pi brahma-nirvāṇam ṛcchati

अनुवाद

हे पार्थ! यह ब्रह्म को प्राप्त हुए व्यक्ति की स्थिति है जिसे प्राप्त करने के बाद योगी कभी मोहित नहीं होता और (जीवन के) अन्तकाल गें भी इसी ब्राह्मी स्थिति में स्थिर होकर वह पूर्ण ब्रह्मानंद को प्राप्त हो जाता है।

व्याख्या

इस श्लोक में भगवान कृष्ण अर्जुन को बताते हैं कि यह ब्राह्मी स्थिति (आत्मज्ञान की स्थिति) है। जो व्यक्ति इस स्थिति को प्राप्त कर लेता है, वह किसी भी परिस्थिति में मोहित नहीं होता। यदि व्यक्ति इस स्थिति में स्थिर रहता है, तो मृत्यु के समय भी वह ब्रह्मनिर्वाण, अर्थात् परम मुक्ति को प्राप्त करता है। इसका मतलब है कि आत्म-साक्षात्कार और स्थिर बुद्धि की यह अवस्था जीवन के अंतिम क्षणों में भी आत्मा को परम मुक्ति की ओर ले जाती है। अर्जुन को यहाँ सिखाया जा रहा है कि सच्ची शांति और मुक्ति के लिए आत्मज्ञान और स्थिर बुद्धि की स्थिति अत्यंत महत्वपूर्ण है।

कर्म

आज के दिन किसी गरीब व्यक्ति को नौकरी दिला।ने में मदद करें। इससे उसकी आर्थिक स्थिति सुधरेगी।

आध्यात्मिक मार्गदर्शन

Day-32

संस्कृत

न कर्मणामनारम्भान्नैष्कर्म्यं पुरुषोऽश्नुते।
न च संन्यसनादेव सिद्धिं समधिगच्छति॥

लिप्यांतरण

na karmaṇām anārambhān naiṣkarmyaṁ puruṣho 'śnute
na cha saṁnyasanād eva siddhiṁ samadhigachchhati

अनुवाद

मनुष्य न तो कर्मों का आरम्भ किये बिना निष्कर्म भाव को प्राप्त होता है, और न ही कर्मों का त्याग कर देने मात्र से सिद्धि को ही प्राप्त करता है।

व्याख्या

इस श्लोक में भगवान कृष्ण कहते हैं कि केवल कर्म न करने से ही मनुष्य नैष्कर्म्य (कर्म से मुक्ति) को प्राप्त नहीं कर सकता। न ही केवल संन्यास ग्रहण करने से सिद्धि प्राप्त होती है। अर्थात, कर्म का त्याग ही मुक्ति का मार्ग नहीं है, बल्कि कर्म करना और सही तरीके से करना महत्वपूर्ण है।

कर्म

आज के दिन किसी बीमार व्यक्ति को अस्पताल लेकर जाएँ। उसकी चिकित्सा सुविधा का ध्यान रखें।

आध्यात्मिक मार्गदर्शन

Day-33

संस्कृत

न हि कश्चित्क्षणमपि जातु तिष्ठत्यकर्मकृत्।
कार्यते ह्यवशः कर्म सर्वः प्रकृतिजैर्गुणैः॥

लिप्यांतरण

na hi kaśhchit kṣhaṇam api jātu tiṣhṭhaty akarma-kṛit
kāryate hy avaśhaḥ karma sarvaḥ prakṛiti-jair guṇaiḥ

अनुवाद

निःसन्देह ही कोई भी व्यक्ति किसी भी काल में क्षण भर के लिए भी बिना कर्म किये नहीं रहता, क्योंकि सभी लोग प्रकृति-जनित गुणों द्वारा विवश हुए (अपना अपना) कर्म करने के लिए बाध्य हैं।

व्याख्या

इस श्लोक में भगवान कृष्ण कहते हैं कि कोई भी व्यक्ति एक क्षण के लिए भी बिना कुछ किए नहीं रह सकता। सभी लोग प्रकृति के गुणों (सत्व, रज, तम) से प्रेरित होकर कर्म करने को विवश होते हैं। अर्थात्, कर्म करना स्वाभाविक है और इसे रोका नहीं जा सकता।

कर्म

आज के दिन किसी गरीब को कम्बल दान करें। इससे सर्दी में उन्हें गर्मी मिलेगी और वे स्वस्थ रहेंगे।

आध्यात्मिक मार्गदर्शन

Day-34

संस्कृत

कर्मेन्द्रियाणि संयम्य यः आस्ते मनसा स्मरन्।
इन्द्रियार्थान्विमूढात्मा मिथ्याचारः स उच्यते॥

लिप्यांतरण

karmendriyāṇi saṁyamya ya āste manasā smaran
indriyārthān vimūḍhātmā mithyācāraḥ sa ucyate

अनुवाद

जो मूर्ख व्यक्ति सभी इन्द्रियों को ऊपर से हठ पूर्वक रोक कर मन ही मन उन इन्द्रियों के विषयों का चिंतन करता रहता है, वह मिथ्याचारी (झूठा) या दम्भी कहलाता है।

व्याख्या

जो व्यक्ति अपनी इन्द्रियों को संयमित करके मन ही मन विषयों का स्मरण करता है, वह झूठा कहलाता है, क्योंकि ऊपर से संयमी बने रहने के बाद भी उसका मन इच्छाओं से भरा रहता है। इस प्रकार का संयम व्यर्थ और दिखावटी है।

कर्म

आज के दिन किसी गरीब महिला की शादी में मदद करें। उसकी शादी का खर्चा उठाएँ और उसे खुशी दें।

आध्यात्मिक मार्गदर्शन

Day-35

संस्कृत

यस्त्विन्द्रियाणि मनसा नियम्यारभतेऽर्जुन।
कर्मेन्द्रियैः कर्मयोगमसक्तः स विशिष्यते॥

लिप्यांतरण

yas tv indriyāṇi manasā niyamyārabhate 'rjuna
karma-indriyaiḥ karma-yogam asaktaḥ sa viśhiṣyate

अनुवाद

परन्तु हे अर्जुन! जो व्यक्ति मन से इन्द्रियों को नियमित करके, अनासक्त भाव से सभी इन्द्रियों द्वारा कर्मयोग का आचरण करता है वही श्रेष्ठ है।

व्याख्या

इस श्लोक में भगवान कृष्ण अर्जुन से कहते हैं कि जो व्यक्ति अपने मन द्वारा इन्द्रियों को नियंत्रित करके, कर्मेन्द्रियों से कर्मयोग का अभ्यास करता है और कर्मों के फलों में आसक्ति नहीं रखता, वह श्रेष्ठ होता है। अर्थात्, संयमित होकर और आसक्ति रहित कर्म करना श्रेष्ठ है।

कर्म

आज के दिन किसी वृद्ध को उनका पसंदीदा भोजन खिलाएँ। इससे वे खुश होंगे और आपका मन भी संतोष से भरेगा।

आध्यात्मिक मार्गदर्शन

Day-36

संस्कृत

नियतं कुरु कर्म त्वं कर्म ज्यायो ह्यकर्मणः।
शरीरयात्रापि च ते न प्रसिद्ध्येदकर्मणः॥

लिप्यांतरण

niyataṁ kuru karma tvaṁ karma jyāyo hy akarmaṇaḥ
śharīra-yātrāpi cha te na prasiddhyed akarmaṇaḥ

अनुवाद

तू शास्त्र के अनुसार कर्त्तव्य रुपी कर्म कर, क्योंकि कर्म न करने की अपेक्षा कर्म करना अच्छा है और कर्म न करने से तेरी शरीर-यात्रा का निर्वाह भी नहीं हो सकेगा।

व्याख्या

भगवान कृष्ण अर्जुन से कहते हैं कि उसे अपने नियत (निर्धारित) कर्मों का पालन करना चाहिए, क्योंकि कर्म न करने से अधिक श्रेष्ठ कर्म करना है। यहाँ तक कि जीवनयापन भी बिना कर्म किए नहीं हो सकता। अर्थात्, कर्म करना जीवन के लिए आवश्यक है और इसे टाला नहीं जा सकता।

कर्म

आज के दिन किसी गरीब छात्र को किताबें दान करें। इससे उसकी पढ़ाई में मदद होगी और वह ज्ञान प्राप्त करेगा।

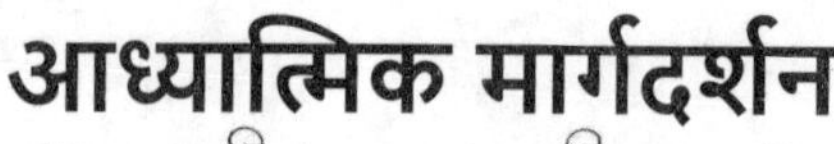

आध्यात्मिक मार्गदर्शन

Day-37

संस्कृत

यज्ञार्थात्कर्मणोऽन्यत्र लोकोऽयं कर्मबन्धनः।
तदर्थं कर्म कौन्तेय मुक्तसंगः समाचर॥

लिप्यांतरण

yajñārthāt karmaṇo 'nyatra loko 'yaṁ karma-bandhanaḥ
tad-arthaṁ karma kaunteya mukta-saṅgaḥ samācara

अनुवाद

यज्ञ के लिए किये गए कर्मों के अतिरिक्त अन्य सभी कर्म इस संसार में बन्धन का कारण होते हैं। इसलिए हे अर्जुन। तू आराकिा से मुक्त होकर उस यज्ञ के निमित्त ही भली-भान्ति अपना कर्त्तव्य-कर्म कर।

व्याख्या

जो कर्म यज्ञ (कर्तव्य, परमार्थ) के लिए किए जाते हैं, वे ही बंधन मुक्त कराते हैं। अन्यथा, सभी कर्म बंधन का कारण बनते हैं। इसलिए हे अर्जुन, तुम अपने कर्तव्य कर्म को आसक्ति से मुक्त होकर अच्छे से निभाओ।

कर्म

आज के दिन किसी मंदिर में दीपक जलाएँ। इससे मंदिर की शोभा बढ़ेगी और आपके मन को शांति मिलेगी।

आध्यात्मिक मार्गदर्शन

Day-38

संस्कृत

सहयज्ञाः प्रजाः सृष्ट्वा पुरोवाच प्रजापतिः।
अनेन प्रसविष्यध्वमेष वोऽस्त्विष्टकामधुक्॥

लिप्यांतरण

saha-yajñāḥ prajāḥ sṛiṣhṭvā purovācha prajāpatiḥ
anena prasaviṣhyadhvam eṣha vo 'stv iṣṭa-kāma-dhuk

अनुवाद

प्रजापति ब्रह्मा ने कल्प के आरम्भ में यज्ञ सहित प्रजाओं की रचना कर उनसे कहा कि 'तुम लोग इस यज्ञ द्वारा वृद्धि को प्राप्त होओ और यह यज्ञ तुम्हें इच्छित भोग प्रदान करने वाला हो'।

व्याख्या

भगवान कृष्ण यहाँ बताते हैं कि सृष्टि के प्रारंभ में ब्रह्मा ने यज्ञ के साथ मनुष्यों की रचना की और उनसे कहा कि वे यज्ञ के माध्यम से फलें-फूलें। यह यज्ञ उनकी सभी इच्छाओं को पूर्ण करने वाला होगा। अर्थात्, यज्ञ (त्याग और सेवा) द्वारा जीवन को समृद्ध और सफल बनाया जा सकता है।

कर्म

आज के दिन किसी गरीब व्यक्ति की दवा का खर्चा उठाएँ। इससे उसकी बीमारी का इलाज होगा और वह स्वस्थ रहेगा।

आध्यात्मिक मार्गदर्शन

Day-39

संस्कृत

देवान्भावयतानेन ते देवा भावयन्तु वः।
परस्परं भावयन्तः श्रेयः परमवाप्स्यथ॥

लिप्यांतरण

devān bhāvayatānena te devā bhāvayantu vaḥ
parasparaṁ bhāvayantaḥ śreyaḥ param avāpsyatha

अनुवाद

'तुम लोग इस यज्ञ के द्वारा देवताओं को संतुष्ट करो और देवता तुम्हें संतुष्ट करें। इस प्रकार निःस्वार्थ भाव से एक दूसरे को परस्पर उन्नत करते हुए तुम लोग परम कल्याण को प्राप्त करो।

व्याख्या

भगवान कहते है की निष्काम कर्म के यज्ञ के द्वारा देवताओं को संतुष्ट करो और वे तुम्हें आशीर्वाद देंगे। इस तरह एक दूसरे को संतुष्ट करते हुए, तुम सर्वोच्च कल्याण को प्राप्त करोगे। यज्ञ से देवता प्रसन्न होते हैं, और वे हमें आवश्यक वस्तुएँ प्रदान करते हैं।

कर्म

आज के दिन किसी गरीब को जूते दान करें। इससे उसकी पैरों की सुरक्षा होगी और वह आसानी से चल सकेगा।

आध्यात्मिक मार्गदर्शन

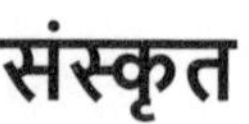

Day-40

संस्कृत

अन्नाद्भवन्ति भूतानि पर्जन्यादन्नसम्भवः।
यज्ञाद्भवति पर्जन्यो यज्ञः कर्मसमुद्भवः॥

लिप्यांतरण

annād bhavanti bhūtāni parjanyād anna-sambhavaḥ
yajñād bhavati parjanyo yajñaḥ karma-samudbhavaḥ

अनुवाद

सभी प्राणी अन्न से उत्पन्न होते हैं, अन्न की उत्पत्ति वर्षा से होती है, वर्षा यज्ञ से उत्पन्न होती है और यज्ञ विहित (जिनका विधान किया गया है) कर्मों से होता है।

व्याख्या

सभी जीव अन्न से जीवित रहते हैं और अन्न वर्षा से प्राप्त होता है। वर्षा यज्ञ के कारण होती है और यज्ञ उचित कर्मों के पालन से होता है। इस प्रकार, यज्ञ और कर्म का परस्पर संबंध है जो सृष्टि की निरंतरता को बनाए रखता है।

कर्म

आज के दिन किसी वृद्ध व्यक्ति के साथ समय बिताएँ। उनसे उनके जीवन के अनुभव सुनें और सीखें।

आध्यात्मिक मार्गदर्शन

Day-41

संस्कृत

यस्त्वात्मरतिरेव स्यादात्मतृप्तश्च मानवः।
आत्मन्येव च सन्तुष्टस्तस्य कार्यं न विद्यते॥

लिप्यांतरण

yas tv ātma-ratir eva syād ātma-tṛptaś ca mānavaḥ
ātmani eva ca santuṣṭas tasya kāryaṁ na vidyate

अनुवाद

किन्तु जो मनुष्य आत्मा में ही रमने वाला, आत्मा में ही तृप्त और आत्मा में ही संतुष्ट रहता है उसके लिए कोई भी कर्त्तव्य शेष नहीं है।

व्याख्या

जो व्यक्ति अपने आप में ही पूर्ण आनंदित और संतुष्ट रहता है, उसके लिए बाहरी खुशियों की आवश्यकता नहीं होती। वह सभी प्रकार के कर्मों से मुक्त हो जाता है क्योंकि वह स्वयं अपनी पूर्णता में स्थित है।

कर्म

आज के दिन किसी गरीब व्यक्ति को चाय और नाश्ता कराएँ। इससे उसकी भूख मिटेगी और वह खुश रहेगा।

आध्यात्मिक मार्गदर्शन

Day-42

संस्कृत

तस्मादसक्तः सततं कार्यं कर्म समाचर।
असक्तो ह्याचरन्कर्म परमाप्नोति पूरुषः॥

लिप्यांतरण

tasmād asaktaḥ satataṁ kāryaṁ karma samāchara
asakto hy ācharan karma param āpnoti pūruṣhaḥ

अनुवाद

इसलिए तू निरन्तर अनासक्त भाव से सदा अपने कर्त्तव्य-कर्म को भली प्रकार करता रह, क्योंकि आसक्ति से रहित होकर कर्म करने वाला व्यक्ति परमात्मा को प्राप्त हो जाता है।

व्याख्या

भगवान कृष्ण अर्जुन से कहते हैं कि उसे निरंतर आसक्ति रहित होकर अपने कर्तव्यों का पालन करना चाहिए। आसक्ति रहित होकर कर्म करने से मनुष्य परम लक्ष्य (मोक्ष) को प्राप्त करता है। अर्थात, निस्वार्थ भाव से कर्म करना ही आत्मा की मुक्ति का मार्ग है।

कर्म

आज के दिन किसी गरीब परिवार को राशन सामग्री दें। इससे उनकी जरूरतें पूरी होंगी और वे सुखी रहेंगे।

आध्यात्मिक मार्गदर्शन

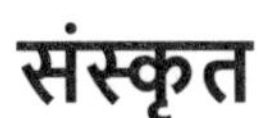

Day-43

संस्कृत

कर्मणैव हि संसिद्धिमास्थिता जनकादयः।
लोकसंग्रहमेवापि सम्पश्यन्कर्तुमर्हसि॥

लिप्यांतरण

karmaṇaiva hi san-siddhim āsthitā janakādayaḥ
loka-saṅgraham evāpi sampaśhyan kartum arhasi

अनुवाद

जनक आदि (ज्ञानीजन) ने भी (आसक्ति रहित) कर्म करने से ही परम सिद्धि को प्राप्त हुए थे। और इसीलिए लोक संग्रह को देखते हुए भी तेरे लिए कर्म करना ही उचित है।

व्याख्या

भगवान कृष्ण अर्जुन से कहते हैं कि जैसे जनक आदि महान राजाओं ने लोक-कल्याण के लिए किये गए अपने कर्मों के द्वारा ही सिद्धि प्राप्त की, उसी प्रकार अर्जुन को भी लोकसंग्रह (जनहित) के लिए कर्म करना चाहिए। अर्थात्, श्रेष्ठ व्यक्तियों को दूसरों के कल्याण के लिए कर्म करना चाहिए।

कर्म

आज के दिन किसी गरीब बच्चे को स्कूल में प्रवेश दिलाएँ। उसकी शिक्षा का ध्यान रखें और उसे बढ़ावा दें।

आध्यात्मिक मार्गदर्शन

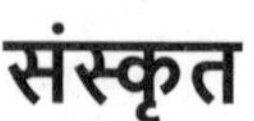

Day-44

संस्कृत

यद्यदाचरति श्रेष्ठस्तत्तदेवेतरो जनः।
स यत्प्रमाणं कुरुते लोकस्तदनुवर्तते॥

लिप्यांतरण

yad yad ācarati śhreṣṭhas tat tad evetaro janaḥ
sa yat pramāṇaṁ kurute lokas tad anuvartate

अनुवाद

श्रेष्ठ मनुष्य जो-जो आचरण करते हैं, अन्य लोग भी वैसा-वैसा ही करते हैं। वह जो प्रमाण (आदर्श) स्थापित करता है, संसार उसी का अनुसरण करता है।

व्याख्या

जो महान और आदर्श पुरुष जैसा आचरण करते हैं, अन्य लोग भी वैसा ही करने लगते हैं। श्रेष्ठ पुरुष जो मानक स्थापित करते हैं, लोग उसी का अनुसरण करते हैं और उसी को अपने जीवन में अपनाते हैं।

कर्म

आज के दिन किसी पेड़ की देखभाल आरम्भ करें। उसे नियमित पानी दें, ताकि वह स्वस्थ रहे।

आध्यात्मिक मार्गदर्शन

Day-45

संस्कृत

तत्त्ववित्तु महाबाहो गुणकर्मविभागयोः।
गुणा गुणेषु वर्तन्त इति मत्वा न सज्जते॥

लिप्यांतरण

tattva-vit tu mahā-bāho guṇa-karma-vibhāgayoḥ
guṇā guṇeṣhu vartanta iti matvā na sajjate

अनुवाद

हे महाबाहो! गुण और कर्म विभाग के तत्व को जानने वाला 'गुण ही गुणों में व्यवहार कर रहे हैं' ऐसा समझ कर उनमें आसक्त नहीं होता।

व्याख्या

भगवान कृष्ण अर्जुन से कहते हैं कि तत्त्वज्ञानी (सच्चा ज्ञानी) व्यक्ति यह समझता है कि सभी कर्म प्रकृति के गुणों (सत्व, रज, तम) के कारण होते हैं। वह जानता है कि इन्द्रियाँ इन्द्रियों के विषयों में ही कार्य कर रही हैं, इसलिए वह किसी भी कर्म में आसक्त नहीं होता। इस ज्ञान से व्यक्ति अपने कर्तव्यों का पालन निस्वार्थ भाव से करता है।

कर्म

आज के दिन किसी जरूरतमंद व्यक्ति की आर्थिक सहायता करें। उसकी समस्याओं का समाधान करें और उसे राहत दें।

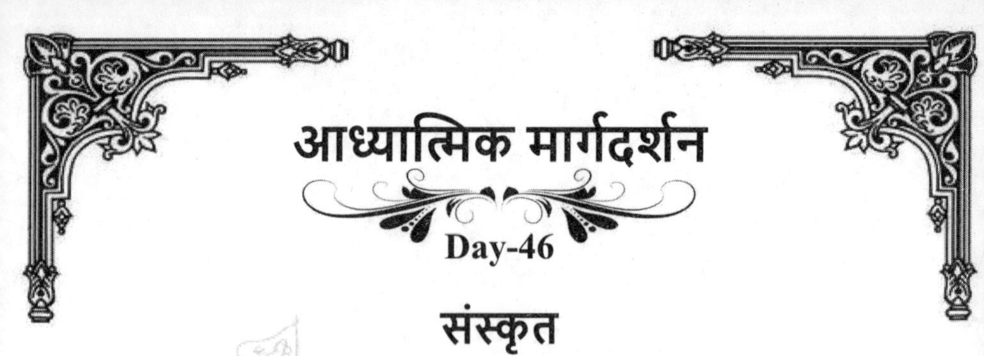

आध्यात्मिक मार्गदर्शन

Day-46

संस्कृत

मयि सर्वाणि कर्माणि संन्यस्याध्यात्मचेतसा।
निराशीर्निर्ममो भूत्वा युध्यस्व विगतज्वरः॥

लिप्यांतरण

mayi sarvāṇi karmāṇi sannyasyādhyātma-chetasā
nirāśhīr nirmamo bhūtvā yudhya sva vigata-jvaraḥ

अनुवाद

मुझमें संलग्न हुए चित्त के द्वारा समस्त कर्मों को मुझमें अर्पण करके आशारहित, ममता रहित और संताप रहित होकर युद्ध कर।

व्याख्या

भगवान कृष्ण अर्जुन से कहते हैं कि उसे सभी कर्मों को भगवान में समर्पित करके, आत्मचेतना से युक्त होकर, निराशा और ममता से रहित होकर, युद्ध करना चाहिए। इस प्रकार, वह सभी मानसिक कष्टों से मुक्त हो जाएगा। अर्थात्, भगवान में समर्पण और निस्वार्थ भाव से कर्म करने से मनुष्य अपने कर्तव्यों को सही तरीके से निभा सकता है और मानसिक शांति प्राप्त कर सकता है।

कर्म

आज के दिन किसी गरीब महिला को स्वरोजगार के साधन दिलाएँ। उसे आत्मनिर्भर बनने में मदद करें।

आध्यात्मिक मार्गदर्शन

Day-47

संस्कृत

ये मे मतमिदं नित्यमनुतिष्ठन्ति मानवाः।
श्रद्धावन्तोऽनसूयन्तो मुच्यन्ते तेऽपि कर्मभिः॥

लिप्यांतरण

ye me matam idaṁ nityam anutiṣhṭhanti mānavāḥ
śhraddhāvanto 'nasūyanto muchyante te 'pi karmabhiḥ

अनुवाद

जो मनुष्य दोष-दृष्टि से रहित और श्रद्धा से युक्त होकर मेरे इस मत का सदा अनुसरण करते हैं, वे भी सभी कर्मों से मुक्त हो जाते हैं।

व्याख्या

भगवान कृष्ण कहते हैं कि जो मनुष्य उनके इस उपदेश का श्रद्धा से पालन करते हैं, वे भी कर्मबंधन से मुक्त हो जाते हैं। अर्थात्, भगवान के उपदेश का पालन करने से मनुष्य अपने कर्मों से बंधन मुक्त हो सकता है और मोक्ष प्राप्त कर सकता है।

कर्म

आज के दिन किसी गरीब व्यक्ति को भोजन कराएँ। उसकी भूख मिटाएँ और अपने मन को शांति दें।

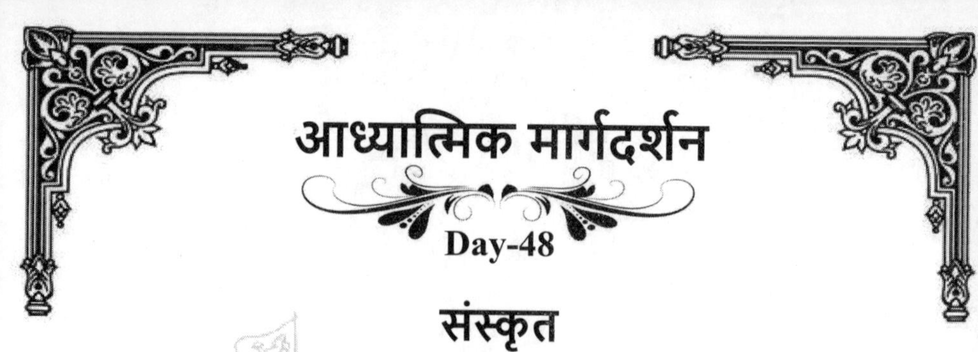

आध्यात्मिक मार्गदर्शन

Day-48

संस्कृत

इन्द्रियस्येन्द्रियस्यार्थे रागद्वेषौ व्यवस्थितौ।
तयोर्न वशमागच्छेत्तौ ह्यस्य परिपन्थिनौ॥

लिप्यांतरण

indriyasyendriyasyārthe rāga-dveṣhau vyavaśthitau
tayor na vaśham āgachchhet tau hy asya paripanthinau

अनुवाद

प्रत्येक इन्द्रिय के विषय में राग और द्वेष अंतर्स्थित हैं। मनुष्य को इन दोनों के वश में नहीं होना चाहिए, क्योंकि वे इसके (मनुष्य के) कल्याण-मार्ग में बाधा डालते हैं।

व्याख्या

भगवान कृष्ण कहते हैं कि हर इन्द्रिय के विषय में राग और द्वेष स्वाभाविक रूप से स्थित रहते हैं। मनुष्य को इन दोनों के वश में नहीं आना चाहिए, क्योंकि ये उसकी आत्मिक उन्नति के मार्ग में बाधा डालने वाले हैं। अर्थात्, इन्द्रियों के विषयों में संयम रखना आवश्यक है।

कर्म

आज के दिन किसी गरीब परिवार को वस्त्र दान करें। उनकी जरूरतों को पूरा करें और उन्हें खुशी दें।

आध्यात्मिक मार्गदर्शन

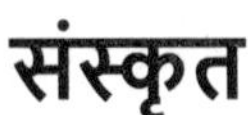

Day-49

संस्कृत

श्रेयान्स्वधर्मो विगुणः परधर्मात्स्वनुष्ठितात्।
स्वधर्मे निधनं श्रेयः परधर्मो भयावहः॥

लिप्यांतरण

śhreyān sva-dharmo viguṇaḥ para-dharmāt sv-anuṣhṭhitāt
sva-dharme nidhanaṁ śhreyaḥ para-dharmo bhayāvahaḥ

अनुवाद

भली भाँति आचरण में लाए गए दूसरे के धर्म से अपना धर्म गुणरहित होने पर भी अधिक उत्तम है। अपने धर्म में स्थित रह कर मरना भी श्रेष्ठ है और दूसरे का धर्म मनुष्य के लिए भयावह है।

व्याख्या

भगवान कृष्ण कहते हैं कि अपने स्वधर्म (कर्तव्यों) का पालन करना, भले ही वह गुणहीन हो, दूसरे के धर्म का पालन करने से बेहतर है। अपने धर्म में मरना भी श्रेयस्कर है, जबकि दूसरे का धर्म भयावह है। इसका अर्थ है कि व्यक्ति को अपने कर्तव्यों का पालन करना चाहिए, चाहे वे कितने भी कठिन क्यों न हों।

कर्म

आज के दिन किसी धार्मिक स्थान पर सेवा करें। वहाँ की सफाई करें और अपनी सेवा से पुण्य कमाएँ।

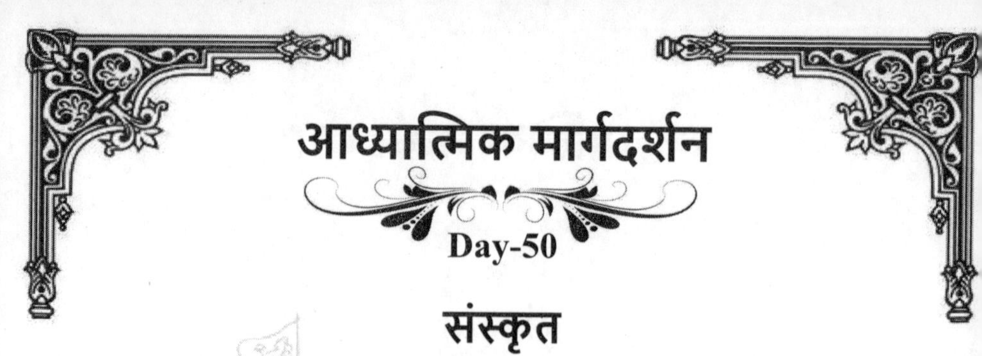

आध्यात्मिक मार्गदर्शन

Day-50

संस्कृत

श्रीभगवानुवाच।
काम एष क्रोध एष रजोगुणसमुद्भवः।
महाशनो महापाप्मा विद्ध्येनमिह वैरिणम्॥

लिप्यांतरण

śhrī-bhagavān uvācha
kāma eṣha krodha eṣha rajo-guṇa-samudbhavaḥ
mahāśhano mahā-pāpmā viddhy enam iha vairiṇam

अनुवाद

रजोगुण से उत्पन्न हुआ यह काम ही क्रोध है, यह कभी न अघाने वाला और बड़ा ही पापी है, इसको तू इस बारे में अपना शत्रु ही समझ।

व्याख्या

भगवान कृष्ण अर्जुन को बताते हैं कि काम और क्रोध मनुष्य के सबसे बड़े शत्रु हैं। ये महाशक्तिशाली और रजोगुण से उत्पन्न होते हैं। इन्हें अपने शत्रु के रूप में पहचानना और इनसे सावधान रहना चाहिए। अर्थात्, इच्छाओं और क्रोध पर नियंत्रण पाना आवश्यक है।

कर्म

आज के दिन किसी गरीब बच्चे को खिलौने दें। उसकी खुशी में शामिल हों और उसका मन बहलाएँ।

आध्यात्मिक मार्गदर्शन

Day-51

संस्कृत

आवृतं ज्ञानमेतेन ज्ञानिनो नित्यवैरिणा।
कामरूपेण कौन्तेय दुष्पूरेणानलेन च॥

लिप्यांतरण

āvṛitaṁ jñānam etena jñānino nitya-vairiṇā
kāma-rūpeṇa kaunteya duṣhpūreṇānalena cha

अनुवाद

और हे अर्जुन! अग्नि के समान कभी न पूर्ण (तृप्त) होने वाले काम रुपी ज्ञानियों के इस वैरी द्वारा मनुष्य का ज्ञान ढका हुआ रहता है।

व्याख्या

इस श्लोक में भगवान श्रीकृष्ण बताते हैं कि "काम" (इच्छा और तृष्णा) आत्मज्ञान का प्रमुख शत्रु है। यह काम अग्नि की तरह है, जो हमेशा जलती रहती है और कभी शांत नहीं होती। इच्छाएँ और तृष्णाएँ आत्मज्ञान में बाधा डालती हैं और ज्ञान को नष्ट कर सकती हैं। इसलिए, अर्जुन को सलाह दी जाती है कि वह अपनी इच्छाओं को नियंत्रित करे ताकि वह सच्चे ज्ञान और आध्यात्मिक उन्नति की ओर बढ़ सके।

कर्म

आज के दिन किसी जरूरतमंद की मदद करें। उसकी समस्याओं का समाधान करें और उसे सहारा दें।

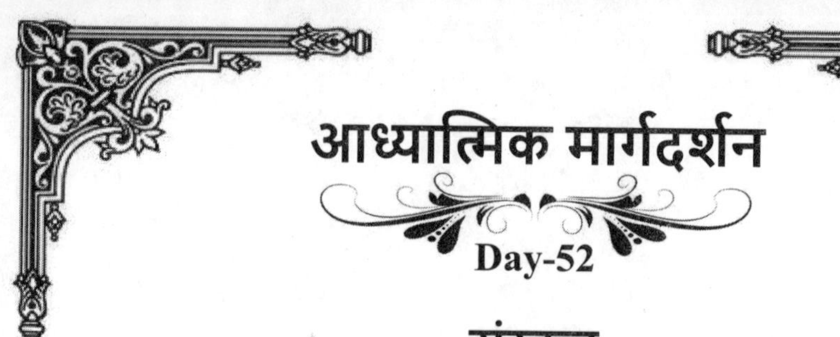

आध्यात्मिक मार्गदर्शन

Day-52

संस्कृत

इन्द्रियाणि पराण्याहुरिन्द्रियेभ्यः परं मनः।
मनसस्तु परा बुद्धिर्यो बुद्धेः परतस्तु सः॥

लिप्यांतरण

Indriyāṇi parāṇyāhurindriyebhyaḥ paraṁ manaḥ
Manasastu parā buddhiryo buddheḥ paratas tu saḥ

अनुवाद

इन्द्रियों को स्थूल शरीर से परे (सूक्ष्म) कहते हैं, इन्द्रियों से परे मन है, मन से परे बुद्धि है और जो बुद्धि से भी परे है वह आत्मा है।

व्याख्या

हमारी इन्द्रियों को हमारा मन नियंत्रित करता है, और मन को बुद्धि वश में रखती है| इस बुद्धि से भी बढ़कर जो है, बुद्धि की ग्रहण शक्ति से भी जो बाहर है वह आत्मा है| गीता में श्री भगवान कहते हैं कि आत्मा अविज्ञेय है - न हमारी इन्द्रियाँ, न मन और न ही बुद्धि उसे समझ या समझा सकती है| इस प्रकार आत्मा तत्वतः बहुत ही गूढ़ और सूक्ष्म है|

कर्म

आज के दिन किसी गरीब को कपड़े दान करें। उसकी जरूरतें पूरी करें और उसे खुश रखें।

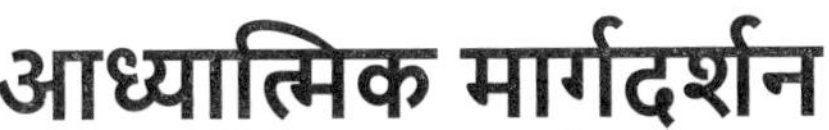

आध्यात्मिक मार्गदर्शन

Day-53

संस्कृत

एवं बुद्धेः परं बुद्ध्वा संस्तभ्यात्मानमात्मना।
जहि शत्रुं महाबाहो कामरूपं दुरासदम्॥

लिप्यांतरण

evaṁ buddheḥ paraṁ buddhvā sanstabhya-ātmānam-ātmanā
jahi śhatruṁ mahā-bāho kāma-rūpaṁ durāsadam

अनुवाद

इस प्रकार बुद्धि से परे (सूक्ष्म) आत्मा को जान कर, और बुद्धि के द्वारा मन को वश में करके हे महाबाहो! तू इस काम-रूपी दुर्जय शत्रु को विनष्ट कर दे।

व्याख्या

भगवान कृष्ण अर्जुन से कहते हैं कि आत्मा को बुद्धि से परे जानकर, स्वयं को संयमित करके उसे अपनी इच्छाओं पर विजय पानी चाहिए। मनुष्य को ज्ञान और संयम से अपने मन और उसमें निरन्तर जागने वाली इच्छाओं को वश में रखना ही चाहिए - क्योंकि इनका कोई निस्तार नहीं है। एक इच्छा के पीछे दूसरी इच्छा जागती है, दूसरी के पीछे तीसरी और उसके बाद चौथी...अतः ये मन की शान्ति की शत्रु हैं। इसीलिये इन को नियंत्रण में रखना चाहिए।

कर्म

आज के दिन किसी मंदिर में जाकर पूजा करें। अपने मन की शांति के लिए भगवान का स्मरण करें।

आध्यात्मिक मार्गदर्शन

Day-54

संस्कृत

अजोऽपि सन्नव्ययात्मा भूतानामीश्वरोऽपि सन्।
प्रकृतिं स्वामधिष्ठाय सम्भवाम्यात्ममायया॥

लिप्यांतरण

Ajo'pi sannavyayātmā bhūtānāmīśvaro'pi san
Prakṛtiṁ svāmadhiṣṭhāya sambhavāmyātma-māyayā

अनुवाद

अजन्मा एवं अविनाशी स्वरुप होते हुए भी तथा समस्त प्राणियों का स्वामी होते हुए भी मैं अपनी प्रकृति को स्वयं अपने अधीन करके अपनी योगमाया से प्रकट होता हूँ।

व्याख्या

भगवान कहते हैं कि यद्यपि वे स्वयं अविनाशी और अजन्म हैं, फिर भी प्रकट होते हैं - अर्थात वे इन्द्रियों के परे होते हुए भी अपनी माया से इन्द्रिय - गोचर हो जाते हैं। क्योंकि, उन्हें जगत के कल्याण के लिए समय समय पर अपनी ही माया के आश्रित होकर अपने स्वरुप को प्रकट करना पड़ता है। सारे चराचर जगत का स्वामी होने के कारण भगवान अपनी प्रकृति को अपने आधीन रखते हैं।

कर्म

आज के दिन किसी गरीब व्यक्ति की मदद करें। उसकी समस्याओं का समाधान करें और उसे राहत दें।

आध्यात्मिक मार्गदर्शन

Day-55

संस्कृत

परित्राणाय साधूनां विनाशाय च दुष्कृताम्।
धर्मसंस्थापनार्थाय सम्भवामि युगे युगे॥

लिप्यंतरण

Paritrāṇāya sādhūnāṁ vināśāya ca duṣkṛtām
Dharma-saṁsthāpanārthāya sambhavāmi yuge yuge

अनुवाद

साधु मनुष्यों की रक्षा करने के लिए और पाप करने वालों का विनाश करने के लिए, धर्म की स्थापना करने के लिए मैं युग-युग में अवतरित हुआ करता हूँ।

व्याख्या

भगवान् कहते हैं, मैं हर युग में साधुओं की रक्षा करने, पापियों का नाश करने और धर्म की स्थापना के लिए अवतरित होता हूँ। ऐसा कहकर भगवान अर्जुन को आश्वस्त कर रहे हैं कि महाभारत का होने वाला युद्ध कोई सामान्य घटना नहीं कि जिससे अर्जुन भाग सके। वह युद्ध तो धर्म की पुनर्स्थापना और पापियों के नाश के लिए होने वाली एक महत्वपूर्ण और जरूरी घटना थी - जिससे अर्जुन बचना चाहता था। भगवान ने अर्जुन को समझाया कि उन्हें स्वयं धरती पर अवतरित इसी घटना के लिए होना पड़ा है अतः अर्जुन के इसमें भाग लेने में कोई अधर्म नहीं है।

कर्म

आज के दिन किसी अनाथालय में बच्चों के साथ समय बिताएँ। उन्हें प्यार दें और उनकी देखभाल करें।

आध्यात्मिक मार्गदर्शन

Day-56

संस्कृत

जन्म कर्म च मे दिव्यमेवं यो वेत्ति तत्त्वतः।
त्यक्त्वा देहं पुनर्जन्म नैति मामेति सोऽर्जुन॥

लिप्यांतरण

janma karma cha me divyam evaṁ yo vetti tattvataḥ
tyaktvā dehaṁ punar janma naiti mām eti so 'rjuna

अनुवाद

हे अर्जुन! मेरे जन्म और कर्मों की दिव्यता को जो तत्व रूप से जान लेता है, वह शरीर त्यागने के पश्चात् पुनर्जन्म को प्राप्त नहीं होता – वरन् वह मुझे ही प्राप्त होता है।

व्याख्या

भगवान कृष्ण कहते हैं कि जो व्यक्ति उनके दिव्य जन्म और कर्मों को सच्चाई से जान लेता है, वह इस शरीर को छोड़ने के बाद पुनर्जन्म नहीं लेता, बल्कि भगवान को प्राप्त होता है। इसका अर्थ है कि भगवान के दिव्य कार्यों और जन्म को समझने से मोक्ष की प्राप्ति होती है।

कर्म

आज के दिन किसी जरूरतमंद की आर्थिक मदद करें। उसकी समस्याओं का समाधान करें और उसे सहारा दें।

आध्यात्मिक मार्गदर्शन

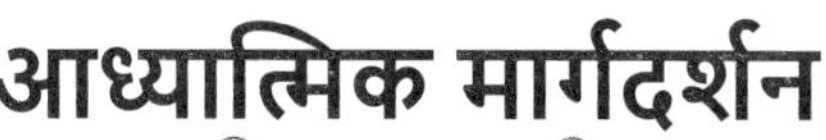

Day-57

संस्कृत

वीतरागभयक्रोधा मन्मया मामुपाश्रिताः।
बहवो ज्ञानतपसा पूता मद्भावमागताः॥

लिप्यांतरण

vīta-rāga-bhaya-krodhā man-mayā mām upāśhritāḥ
bahavo jñāna-tapasā pūtā mad-bhāvam āgatāḥ

अनुवाद

पहले भी जिनके राग, भय, क्रोध नष्ट हो गए थे और जो मुझगें रत रह कर मेरे ही आश्रित होकर रहते थे, ऐसे ज्ञान रुपी तप से पवित्र होने वाले बहुत से गेरे भक्त मेरे स्वरुप को प्राप्त हो चुके हैं।

व्याख्या

भगवान कृष्ण कहते हैं कि जो लोग राग (लालसा), भय और क्रोध से मुक्त होकर, उन्हीं में स्थित होते हैं और उनकी शरण लेते हैं, वे ज्ञान और तपस्या के द्वारा पवित्र होकर भगवान के स्वरूप को प्राप्त होते हैं। इसका अर्थ है कि भगवान में मन लगाकर और तपस्या के द्वारा मनुष्य मोक्ष प्राप्त कर सकता है।

कर्म

आज के दिन किसी गरीब को भोजन कराएँ। उसकी भूख मिटाएँ और अपने मन को शांति दें।

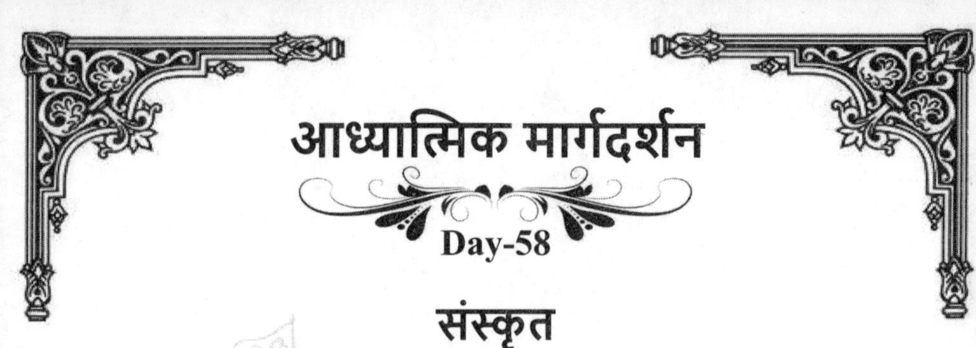

आध्यात्मिक मार्गदर्शन

Day-58

संस्कृत

ये यथा मां प्रपद्यन्ते तांस्तथैव भजाम्यहम्।
मम वर्त्मानुवर्तन्ते मनुष्याः पार्थ सर्वशः॥

लिप्यंतरण

Ye yathā māṁ prapadyante tāns tathaiva bhajāmyaham
Mama vartmānuvartante manuṣyāḥ pārtha sarvaśaḥ

अनुवाद

हे अर्जुन! जो भक्त मुझे जिस प्रकार भजते हैं मैं भी उन्हें उसी प्रकार भजता हूँ, क्योंकि सभी लोग हर प्रकार से मेरे ही मार्ग का अनुसरण करते हैं।

व्याख्या

यहाँ भगवान अर्जुन से कहते हैं कि जो मेरा ध्यान करता है मैं भी उसका ध्यान करता हूँ - अर्थात ईश्वर से प्राणी का जुड़ाव कभी एकतरफा नहीं होता। यदि हम ईश्वर का चिंतन करते हैं तो वह भी हमारे प्रति चिंतित होते हैं। भगवान सदैव अपने भक्तों से जुड़े रहते हैं। इसे ऐसे भी समझ लेना चाहिए, कि जो राह भगवान हमें दिखाएँगे, उसी पर तो हम चलेंगे!

कर्म

आज के दिन किसी धार्मिक स्थान पर सेवा करें। वहाँ की सफाई करें और अपनी सेवा से पुण्य कमाएँ।

आध्यात्मिक मार्गदर्शन

Day-59

संस्कृत

चातुर्वर्ण्यम् मया सृष्टं गुणकर्मविभागशः।
तस्य कर्तारमपि मां विद्ध्यकर्तारमव्ययम्॥

लिप्यांतरण

chātur-varṇyaṁ mayā sṛṣṭaṁ guṇa karma vibhāgaśaḥ
tasya kartāram api māṁ viddhy akartāram avyayam

अनुवाद

ब्राह्मण, क्षत्रिय, वैश्य और शुद्र – इन चार वर्णों का समूह गुण और कर्म के विभाग के अनुसार मेरे द्वारा बनाया गया है।

व्याख्या

इस श्लोक में भगवान श्रीकृष्ण बताते हैं कि चार वर्ण—ब्राह्मण, क्षत्रिय, वैश्य, और शूद्र—गुण और कर्म के आधार पर बनाए गए हैं। भगवान कहते हैं कि उनके रचे हुए संसार को सुचारू रूप से चलाने के किये गुणों के आधार पर कर्मों का, और कर्मों के आधार पर वर्णों का यह विभाग भी स्वयं उनके द्वारा किया गया है। लेकिन फिर भी अर्जुन को यह जान लेना चाहिए कि वे कर्तृत्व के गुण-दोष जैसे प्रभावों से सर्वथा मुक्त हैं।

कर्म

आज के दिन किसी गरीब महिला को स्वरोजगार के साधन दिलाएँ। उसे आत्मनिर्भर बनने में मदद करें।

आध्यात्मिक मार्गदर्शन

Day-60

संस्कृत

न मां कर्माणि लिम्पन्ति न मे कर्मफले स्पृहा।
इति मां योऽभिजानाति कर्मभिर्न स बध्यते॥

लिप्यांतरण

na māṁ karmāṇi limpanti na me karma-phale spṛihā
iti māṁ yo 'bhijānāti karma-bhir na sa badhyate

अनुवाद

कर्मों के फल में मेरी इच्छा नहीं है, इसलिए कर्म मुझे बाँधते नहीं – जो मुझे इस प्रकार तात्विक रूप से जान लेता है, वह भी कर्मों से नहीं बँधता।

व्याख्या

भगवान कृष्ण कहते हैं कि उनके कर्म उन्हें बाँधते नहीं हैं, क्योंकि उन्हें कर्मों के फलों की कोई इच्छा नहीं है। जो व्यक्ति इस सत्य को समझता है, वह खुद भी कर्मों के बंधन से मुक्त हो जाता है। अर्थात्, निस्वार्थ भाव से कर्म करने से मनुष्य मुक्त हो सकता है।

कर्म

आज के दिन किसी गरीब व्यक्ति को चिकित्सा सुविधा दिलाएँ। उसकी बीमारी का इलाज कराएँ और उसका कष्ट कम करें।

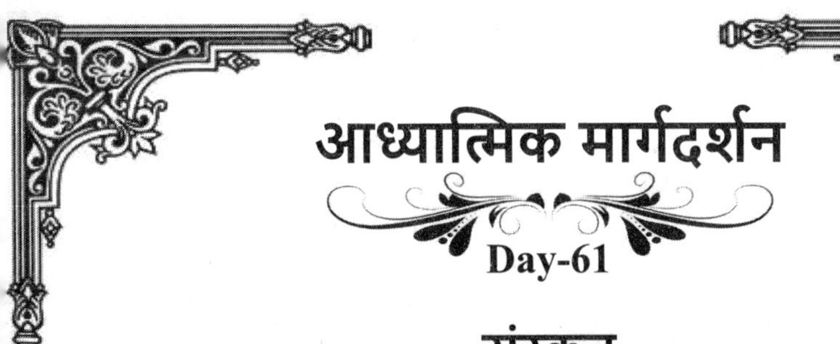

आध्यात्मिक मार्गदर्शन

Day-61

संस्कृत

एवं ज्ञात्वा कृतं कर्म पूर्वैरपि मुमुक्षुभिः।
कुरु कर्मैव तस्मात्त्वं पूर्वैः पूर्वतरं कृतम्॥

लिप्यांतरण

evaṁ jñātvā kṛtaṁ karma pūrvair api mumukṣubhiḥ
kuru karmaiva tasmātvaṁ pūrvaiḥ pūrvataraṁ kṛtam

अनुवाद

पहले के मुमुक्षु (मरण-धर्मा) मनुष्यों ने इसी प्रकार जान कर कर्म किये हैं। अतः तू भी पूर्वजों द्वारा किये गए कर्मों को ही कर।

व्याख्या

श्री कृष्ण कहते हैं कि मनुष्य मरण धर्मा है - अर्थात जीवन और मृत्यु के चक्र में बंधा हुआ प्राणी इस संसार में निरन्तर आता जाता रहता है। इस चक्र से सदा के लिए मुक्ति पाने का नाम मोक्ष है, जिसका एकमात्र उपाय ज्ञान है। भगवान अर्जुन को प्रोत्साहित करते हैं यह कहकर, कि बहुत से लोग इस प्रकार मोक्ष प्राप्त कर चुके हैं और उसे भी वही करना चाहिए।

कर्म

आज के दिन किसी पेड़ को पानी दें। पर्यावरण की सुरक्षा करें और स्वच्छ हवा प्राप्त करें।

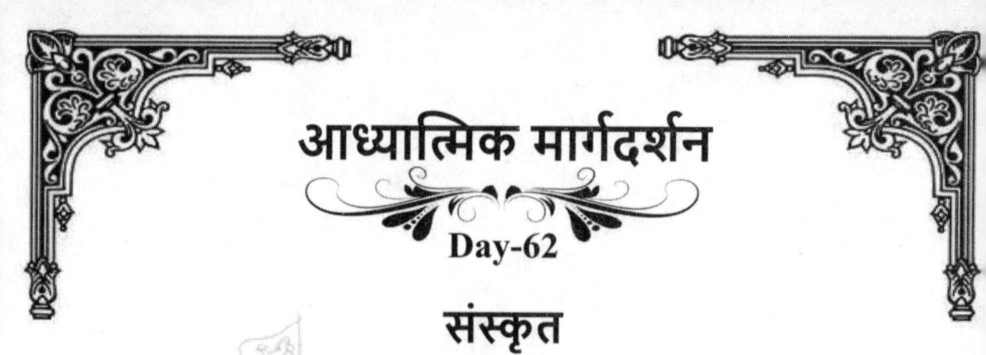

आध्यात्मिक मार्गदर्शन

Day-62

संस्कृत

कर्मणो ह्यपि बोद्धव्यं बोद्धव्यं च विकर्मणः।
अकर्मणश्च बोद्धव्यं गहना कर्मणो गतिः॥

लिप्यांतरण

karmaṇo hyapi boddhavyaṁ boddhavyaṁ ca vikarmaṇaḥ
akarmaṇaśca boddhavyaṁ gahanā karmaṇo gatiḥ

अनुवाद

कर्म का स्वरुप भी जानना चाहिए और विकर्म का भी स्वरुप जानना चाहिए, अकर्म का भी स्वरुप जानना चाहिए क्योंकि कर्म की गति बहुत गहरी है।

व्याख्या

श्री कृष्ण कहते हैं कि कर्म-अकर्म-विकर्म इन तीनों का स्वरुप हर व्यक्ति को ठीक ठीक समझ लेना चाहिए। कर्म वह है जो करणीय है, विकर्म वह है जो नहीं करना चाहिए, और अकर्म वह है जिसे कर्म जानकर किया तो जाए - लेकिन मनुष्य स्वयं को कर्ता न समझे और उसके बन्धन में न बन्धे। गहराई से इन तीनों का भेद ठीक से जान-समझ कर व्यक्ति को अपने जीवन में कर्मों को करते जाना चाहिए।

कर्म

आज के दिन किसी गरीब बच्चे की शिक्षा का खर्चा उठाएँ। उसकी पढ़ाई में मदद करें और उसे आगे बढ़ाएं।

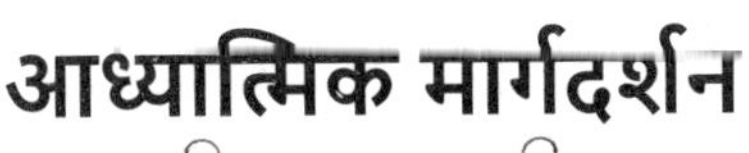

आध्यात्मिक मार्गदर्शन

Day-63

संस्कृत

कर्मण्यकर्म यः पश्येदकर्मणि च कर्म यः।
स बुद्धिमान्मनुष्येषु स युक्तः कृत्स्नकर्मकृत्॥ 4.18॥

लिप्यांतरण

karmaṇy akarma yaḥ paśhyed akarmaṇi cha karma yaḥ
sa buddhimān manuṣhyeṣhu sa yuktaḥ kṛitsna-karma-kṛit

अनुवाद

जो मनुष्य कर्म में अकर्म को देखता है और अकर्म में कर्म देखता है, वह मनुष्यों में बुद्धिमान है, योगी है और वही कर्मों को भली भाँति करने वाला है।

व्याख्या

भगवान कृष्ण कहते हैं कि जो व्यक्ति कर्म करते हुए भी निस्वार्थ भाव से काम करता है और उसके फल से स्वयं को नहीं बाँधता वह योगी है। इसी तरह जो आशा-निराशा या फल का चिंतन किये बिना अपना कर्म करता हुआ भी खुद को कर्ता भाव से मुक्त रखता है, वह योगी है। वही सबसे बुद्धिमान है। यह व्यक्ति सच्चे योग का पालन करता है और सभी कर्मों को सही तरीके से पूरा करता है।

कर्म

आज के दिन किसी गरीब परिवार को राशन सामग्री दें। उनकी जरूरतें पूरी करें और उन्हें सुखी रखें।

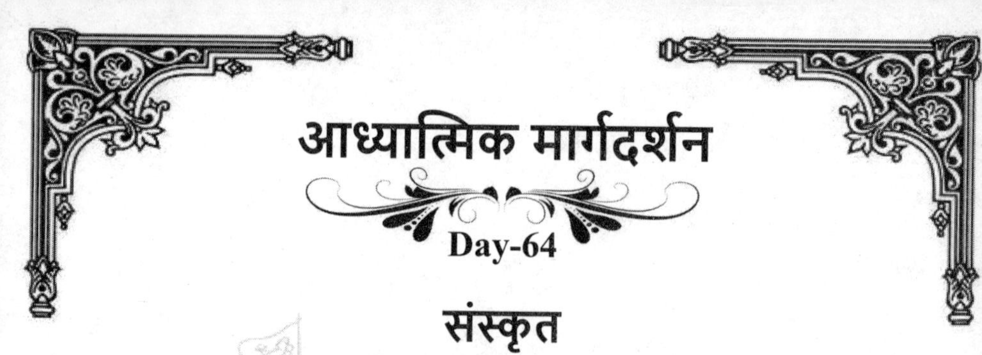

आध्यात्मिक मार्गदर्शन

Day-64

संस्कृत

यस्य सर्वे समारम्भाः कामसङ्कल्पवर्जिताः।
ज्ञानाग्निदग्धकर्माणं तमाहुः पण्डितं बुधाः॥

लिप्यांतरण

yasya sarve samārambhāḥ kāma-saṅkalpa-varjitāḥ
jñānāgni-dagdha-karmāṇaṁ tam āhuḥ paṇḍitaṁ budhāḥ

अनुवाद

जिसके सभी शास्त्रोचित कर्म कामना एवं संकल्प से मुक्त होते हैं, तथा जिसके समस्त कर्म (बन्धन) ज्ञान रुपी अग्नि द्वारा भस्म हो चुके हैं, उस महान व्यक्ति को ज्ञानीजन भी पण्डित (बुद्धिमान) कहते हैं।

व्याख्या

भगवान कहते हैं कि कर्म वही करने चाहिए जो शास्त्रोचित हों। उन कर्मों को भी ऐसे करना चाहिए जिसमें इच्छा, कामना, और कर्तापन का कोई लक्षण मन में न रहे। इस प्रकार के ज्ञान रुपी अग्नि में जिसके सारे कर्म-फंद जल गए हों उसे ही सच्चा ज्ञानी मानना चाहिए। उसे ही बुद्धिमान कहा जाता है।

कर्म

आज के दिन किसी बीमार व्यक्ति की देखभाल करें। उसकी स्वास्थ्य की चिंता करें और उसे आराम पहुंचाएं।

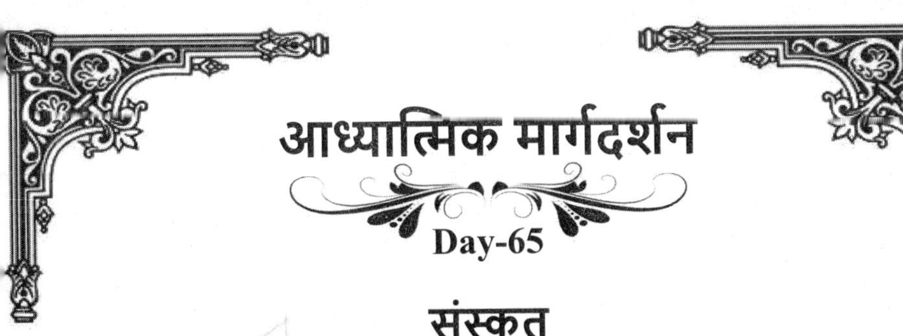

आध्यात्मिक मार्गदर्शन

Day-65

संस्कृत

त्यक्त्वा कर्मफलासङ्गं नित्यतृप्तो निराश्रयः।
कर्मण्यभिप्रवृत्तोऽपि नैव किंचित्करोति सः॥

लिप्यांतरण

tyaktvā karma-phalāsaṅgaṁ nitya-tṛipto nirāśhrayaḥ
karmaṇy abhipravṛitto 'pi naiva kiñchit karoti saḥ

अनुवाद

जो मनुष्य सभी कर्मों और उनके फलों में आसक्ति का त्याग करके पूर्ण रूप से संसार से निर्लिप्त होकर स्वयं नित्य-तृप्त है, वह कर्मों को करता हुआ भी वास्तव में कुछ नहीं करता।

व्याख्या

भगवान कृष्ण कहते हैं कि जो व्यक्ति कर्मों के फलों में आसक्ति को त्यागकर, संतोषपूर्वक बस अपना काम करता हुआ ही सदा प्रसन्न रहता है, वह अपना काम करने के लिए किसी पर आश्रित नहीं होता - ऐसा व्यक्ति ही मुक्त होता है। वह अपने काम करता हुआ भी कुछ नहीं करता, क्योंकि वह उनके फलों की इच्छा नहीं करता।

कर्म

आज के दिन किसी जरूरतमंद को वस्त्र दान करें।

आध्यात्मिक मार्गदर्शन

Day-66

संस्कृत

निराशीर्यतचित्तात्मा त्यक्तसर्वपरिग्रहः।
शारीरं केवलं कर्म कुर्वन्नाप्नोति किल्बिषम्॥

लिप्यांतरण

nirāśhīr yata-chittātmā tyakta-sarva-parigrahaḥ
śhārīraṁ kevalaṁ karma kurvan nāpnoti kilbiṣham

अनुवाद

जिसने समस्त भोगों का त्याग कर दिया है, और जिसका अंतःकरण आशा-निराशा के अनुभवों से पार जा चुका है, ऐसा आसक्ति रहित पुरुष केवल शरीर सभी सम्बन्धी कर्मों को करता हुआ भी पाप को प्राप्त नहीं होता।

व्याख्या

भगवान कृष्ण कहते हैं कि जो व्यक्ति निराशा रहित होकर, चित्त और मन को संयमित करके, सभी परिग्रहों (संपत्ति, अधिकार) को त्यागकर केवल अपने निर्वाह के लिए आवश्यक कर्म करता है, वह पाप का भागी नहीं बनता। इसका अर्थ है कि निस्वार्थ और संयमित कर्म से व्यक्ति पाप से मुक्त रहता है।

कर्म

आज के दिन किसी गरीब व्यक्ति को जूते दान करें।

आध्यात्मिक मार्गदर्शन

Day-67

संस्कृत

यदृच्छालाभसन्तुष्टो द्वन्द्वातीतो विमत्सरः।
समः सिद्धावसिद्धौ च कृत्वापि न निबध्यते॥

लिप्यांतरण

yadṛichchhā-lābha-santuṣhṭo dvandvātīto vimatsaraḥ
samaḥ siddhāv asiddhau cha kṛitvāpi na nibadhyate

अनुवाद

जो व्यक्ति बिना किसी इच्छा के, स्वाभाविक रूप से आए हुए लाभ से संतुष्ट रहता है, जिसमें ईर्ष्या का अभाव हो गया है, जो द्वंद्वों (सुख दुःख, हानि-लाभ, जय-पराजय इत्यादि) से परे हो चुका है, सिद्धि और असिद्धि (सफलता और असफलता) में सम-भाव रखने वाला ऐसा मनुष्य कर्मों को करता हुआ भी उनसे बँधता नहीं है।

व्याख्या

भगवान कृष्ण कहते हैं कि जो व्यक्ति स्वाभाविक लाभ में संतुष्ट रहता है, द्वंद्वों से परे, ईर्ष्या रहित और सिद्धि-असिद्धि में सम रहता है, वह कर्म करते हुए भी बंधन में नहीं पड़ता। इसका अर्थ है कि संतुष्टि, समभाव और निस्वार्थ भाव से कर्म करने से व्यक्ति कर्मबंधन से मुक्त रहता है।

कर्म

आज के दिन किसी वृद्ध व्यक्ति के साथ समय बिताएँ। उनसे उनके जीवन के अनुभव सुनें और सीखें।

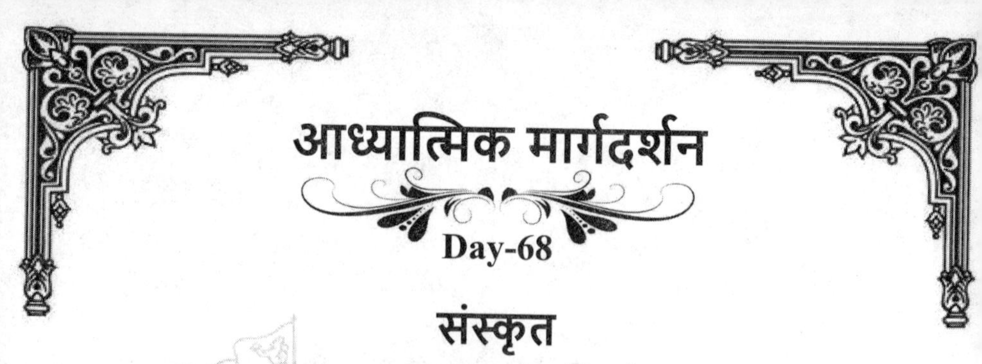

आध्यात्मिक मार्गदर्शन

Day-68

संस्कृत

गतसङ्गस्य मुक्तस्य ज्ञानावस्थितचेतसः।
यज्ञायाचरतः कर्म समग्रं प्रविलीयते॥

लिप्यांतरण

gata-saṅgasya muktasya jñānāvasthita-chetasah
yajñāyācharataḥ karma samagraṁ pravilīyate

अनुवाद

जिसकी आसक्ति पूर्णतः नष्ट हो गई है, जो (सभी द्वंद्वों से) मुक्त हो चुका है, जिसका चित्त वास्तविक ज्ञान में स्थिर होकर स्थित है, (कर्मों को) यज्ञ के समान करने वाले ऐसे व्यक्ति के सभी कर्म बन्धन पूरी तरह विलीन हो जाते हैं।

व्याख्या

भगवान कृष्ण कहते हैं कि जिस व्यक्ति की आसक्ति समाप्त हो गई है, जो मुक्त हो गया है और जिसका चित्त ज्ञान में स्थिर है, उसके द्वारा यज्ञ रूप में किया गया कर्म समग्र रूप से विलीन हो जाता है। इसका अर्थ है कि निस्वार्थ और ज्ञानयुक्त कर्म से व्यक्ति मुक्त हो जाता है।

कर्म

आज के दिन किसी गरीब व्यक्ति को भोजन कराएँ। उसकी भूख मिटाएँ और उसे खुशी दें।

आध्यात्मिक मार्गदर्शन

Day-69

संस्कृत

ब्रह्मार्पणं ब्रह्म हविर्ब्रह्माग्नौ ब्रह्मणा हुतम्।
ब्रह्मैव तेन गन्तव्यं ब्रह्मकर्मसमाधिना॥

लिप्यांतरण

brahmārpaṇaṁ brahma havir brahmāgnau brahmaṇā hutam
brahmaiva tena gantavyaṁ brahma-karma-samādhinā

अनुवाद

जिस यज्ञ में अर्पण भी ब्रह्म है, द्रव्य और हवि भी ब्रह्म है, कर्ता भी ब्रह्म है, अग्नि भी ब्रह्म है और आहुति भी ब्रह्म ही है – उस ब्रह्म रुपी कर्म में स्थित रहने वाले समाधिस्थ (योगी) द्वारा प्राप्त किया जाने वाला फल भी ब्रह्म ही है।

व्याख्या

भगवान कृष्ण कहते हैं कि उस परब्रह्म परमात्मा को ही समर्पित करके अपने सारे कर्मों को यज्ञ रुपी ब्रह्म मानकर, यहाँ तक कि अपने कर्मयज्ञ की समिधा - अग्नि - होता - इन सब को भी उसी एक ब्रह्म के रूप में देखते हुए मनुष्य को अपने कर्म करने चाहिए। ऐसा करने से परब्रह्म परमात्मा की प्राप्ति होती है। इसका अर्थ है कि हर कर्म ब्रह्म के लिए समर्पित होना चाहिए और इस भाव से कर्म करने से व्यक्ति ब्रह्म को प्राप्त करता है।

कर्म

आज किसी अशिक्षित बालक या व्यक्ति को शिक्षा का महत्त्व समझाएँ और यदि हो सके तो एक बालक को स्कूल में दाखिला दिलवाएँ।

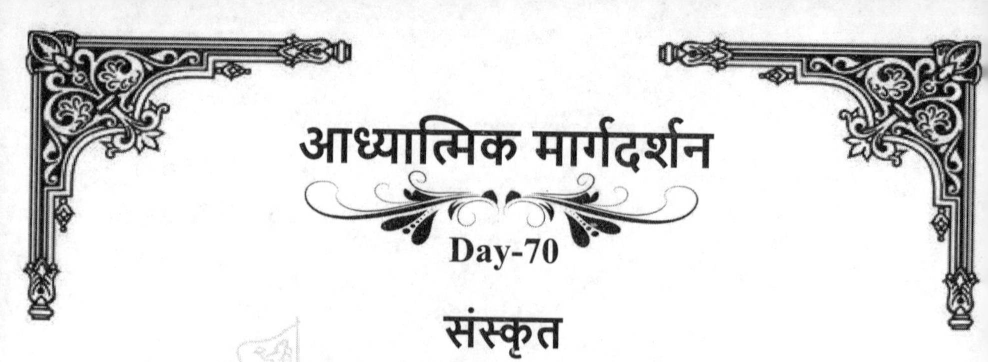

आध्यात्मिक मार्गदर्शन

Day-70

संस्कृत

द्रव्ययज्ञास्तपोयज्ञा योगयज्ञास्तथापरे।
स्वाध्यायज्ञानयज्ञाश्च यतयः संशितव्रताः॥

लिप्यांतरण

dravyayajñās tapoyajñā yogayajñās tathāpare
svādhyāyajñānayajñāśca yatayaḥ saṁśita-vratāḥ

अनुवाद

कुछ लोग (धन आदि) सामग्री से यज्ञ करते हैं, कुछ तप रुपी यज्ञ करते हैं, दूसरे कुछ योग – यज्ञ करते हैं, तथा अन्य कुछ लोग स्वाध्याय रुपी, और कितने ही दृढ़व्रती यत्नशील मनुष्य ज्ञान रुपी यज्ञ करते हैं।

व्याख्या

बहुतेरे लोग धन से, सामग्री से, तपस्या से, योग से या ऐसे ही अनेक तरीकों से यज्ञ करते हैं। अध्ययन करना, ध्यान लगाना, योग आदि क्रियाएँ करना यह सब भी एक प्रकार का यज्ञ कहा गया है। और दृढ़ संकल्प वाले परिश्रमी मनुष्य तो सच्चे ज्ञान की प्राप्ति रुपी यज्ञ का व्रत लिए रहते हैं।

कर्म

आज के दिन किसी गरीब महिला की शादी में मदद करें। उसकी शादी का खर्चा उठाएँ और उसे खुशी दें।

आध्यात्मिक मार्गदर्शन

Day-71

संस्कृत

अपाने जुह्वति प्राणं प्राणेऽपानं तथापरे।
प्राणापानगती रुद्ध्वा प्राणायामपरायणाः॥

लिप्यांतरण

apāne juhvati prāṇaṁ prāṇe'pānaṁ tathāpare
prāṇāpāna-gatī ruddhvā prāṇāyāma-parāyaṇāḥ

अनुवाद

और कितने ही अपानवायु में प्राणवायु को हवन करते हैं, वैसे ही अन्य प्राणवायु में अपानवायु को हवन करते हैं और कितने ही पुरुष प्राण और अपान की गति रोक कर प्राणायाम परायण (प्राणायाम करने वाले) हुआ करते हैं।

व्याख्या

प्राण-वायु को अपान में और अपान-वायु को प्राण में होम कर देना - यह योग की एक प्रक्रिया है। इससे भी दुर्लभ है प्राणायाम द्वारा प्राण और अपान दोनों वायुओं की गति को रोक कर रखना। ऐसे कठिन योग को साध सकने वाले योगी प्राणायाम के अभ्यासी होते हैं।

कर्म

आज के दिन किसी गरीब व्यक्ति की दवा का खर्चा उठाएँ। उसकी बीमारी का इलाज कराएँ और उसे स्वस्थ रखें।

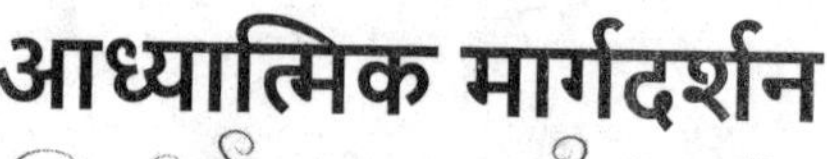

आध्यात्मिक मार्गदर्शन

Day-72

संस्कृत

अपरे नियताहाराः प्राणान्प्राणेषु जुह्वति।
सर्वेऽप्येते यज्ञविदो यज्ञक्षपितकल्मषाः॥

लिप्यांतरण

apare niyatāhārāḥ prāṇān prāṇeṣu juhvati
sarve'pyete yajña-vido yajña-kṣapita-kalmaṣāḥ

अनुवाद

कुछ और नियमित आहार करने वाले प्राणों को प्राण में ही हवन किया करते हैं। ये सभी (साधक) यज्ञों को जानने वाले तथा यज्ञ द्वारा अपने पापों का नाश कर चुके होते हैं।

व्याख्या

नियत और नियमित भोजन करने वाले कुछ लोग ऐसे भी होते हैं जो योग और यज्ञ की बाहरी और शरीर के अन्दर होने वाली प्रक्रियाओं को ठीक से जानते-समझते हैं। ऐसे साधक ज्ञानी होते है, वे यज्ञ का स्वरुप जानते हैं। वे शरीर के अन्दर होने वाले यज्ञ में प्राणों को प्राण-तत्व में ही होम करके अपने सभी पापों और कर्म-बंधनों को नष्ट कर चुके होते हैं।

कर्म

आज के दिन किसी गरीब व्यक्ति को कपड़े दान करें।

आध्यात्मिक मार्गदर्शन

Day-73

संस्कृत

श्रेयान्द्रव्यमयाद्यज्ञाज्ज्ञानयज्ञः परन्तप।
सर्वं कर्माखिलं पार्थ ज्ञाने परिसमाप्यते॥

लिप्यांतरण

śhreyān dravya-mayād yajñāj jñāna-yajñaḥ parantapa
sarvaṁ karmākhilaṁ pārtha jñāne parisamāpyate

अनुवाद

हे परन्तप (अर्जुन)! द्रव्यमय (सामग्री इत्यादि से किये गए) यज्ञ की अपेक्षा ज्ञान यज्ञ अधिक श्रेष्ठ है, (क्योंकि) हे पार्थ, सभी कर्म ज्ञान में सगाप्त हो जाते हैं।

व्याख्या

भगवान कृष्ण कहते हैं कि सामग्री से किया गया यज्ञ, ज्ञानयज्ञ से श्रेष्ठ नहीं है। क्योंकि सभी कर्म ज्ञान में ही समाप्त हो जाते हैं। इसका अर्थ है कि ज्ञान सहित किया गया कर्म सर्वश्रेष्ठ होता है क्योंकि सभी कर्मों का अंतिम लक्ष्य ज्ञान प्राप्त करना है।

कर्म

आज के दिन किसी धार्मिक स्थान पर सेवा करें। वहाँ की सफाई करें और अपनी सेवा से पुण्य कमाएँ।

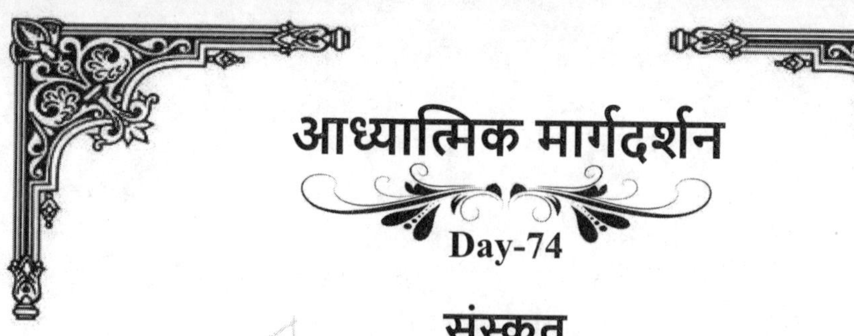

आध्यात्मिक मार्गदर्शन

Day-74

संस्कृत

श्रेयान्द्रव्यमयाद्यज्ञाज्ज्ञानयज्ञः परन्तप।
सर्वं कर्माखिलं पार्थ ज्ञाने परिसमाप्यते॥
तद्विद्धि प्रणिपातेन परिप्रश्नेन सेवया।
उपदेक्ष्यन्ति ते ज्ञानं ज्ञानिनस्तत्त्वदर्शिनः॥

लिप्यांतरण

tadviddhi praṇipātena paripraśnena sevayā
upadekṣyanti te jñānaṁ jñāninastattvadarśinaḥ

अनुवाद

उस ज्ञान को तू तत्व-दर्शी ज्ञानियों से प्राप्त कर। उन्हें विनयपूर्वक प्रणाम करके, उनकी सेवा करके उनसे उचित प्रश्न पूछने पर वे महात्मा तुझे उस तत्वज्ञान का उपदेश करेंगे।

व्याख्या

भगवान अर्जुन को वास्तविक ज्ञान प्राप्त करने का आसान मार्ग बताते हुए कहते हैं कि ऊँची श्रेणी का ज्ञान रखने वाले तत्व-दर्शी महात्माओं को सादर नमन करके उनके सामने अपना प्रश्न रखना चाहिए। इस प्रकार विनम्र भाव से उचित प्रश्न करने पर ज्ञानी महात्मा उनके समुचित उत्तर देते हैं और मनुष्य को तत्व-ज्ञान प्राप्त होता है। यही निर्देश यहाँ अर्जुन को भी दिया गया है।

कर्म

किसी जरूरतमंद व्यक्ति की आर्थिक मदद करें। उसकी समस्याओं का समाधान करें और उसे सहारा दें।

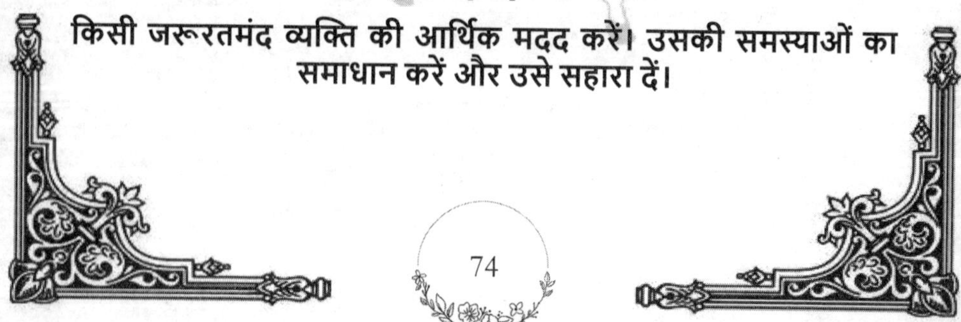

आध्यात्मिक मार्गदर्शन

Day-75

संस्कृत

यज्ज्ञात्वा न पुनर्मोहमेवं यास्यसि पाण्डव।
येन भूतान्यशेषेण द्रक्ष्यस्यात्मन्यथो मयि॥

लिप्यांतरण

yaj jñātvā na punar moham evaṁ yāsyasi pāṇḍava
yena bhūtāny aśheṣhaṇi drakṣhyasy ātmany atho mayi

अनुवाद

जिसे (ज्ञान को) जानकर तू फिर इस प्रकार मोह को प्राप्त नहीं होगा तथा हे पाण्डव! जिस (ज्ञान) के द्वारा तू समस्त प्राणधारियों को निःशेष भाव से पहले अपने में और तत्पश्चात् मुझमें देखेगा।

व्याख्या

भगवान कृष्ण कहते हैं कि जिस ज्ञान को प्राप्त करके, हे पाण्डव, तुम फिर कभी मोह में नहीं पड़ोगे और जिसके द्वारा तुम सभी प्राणियों को मुझमें देखोगे और मुझे सबमें। इसका अर्थ है कि सच्चे ज्ञान से व्यक्ति सभी प्राणियों को भगवान का अंश समझता है और स्व के मोह से मुक्त हो जाता है।

कर्म

आज के दिन किसी अनाथालय में बच्चों के साथ समय बिताएँ। उन्हें प्यार दें और उनकी देखभाल करें।

आध्यात्मिक मार्गदर्शन

Day-76

संस्कृत

अपि चेदसि पापेभ्यः सर्वेभ्यः पापकृत्तमः।
सर्वं ज्ञानप्लवेनैव वृजिनं सन्तरिष्यसि॥

लिप्यांतरण

api ched asi pāpebhyaḥ sarvebhyaḥ pāpa-kṛit-tamaḥ
sarvaṁ jñāna-plavenaiva vṛijinaṁ santariṣhyasi

अनुवाद

और यदि तू अन्य सभी पापियों से अधिक पापी भी है, तो भी तू ज्ञान रुपी नौका द्वारा पाप-समुद्र से भली भांति पार हो जायेगा।

व्याख्या

भगवान कृष्ण कहते हैं कि यदि तुम सबसे बड़े पापी भी हो, तब भी तुम ज्ञान की नौका द्वारा सभी पापों से पार हो जाओगे। इसका अर्थ है कि सच्चे ज्ञान से सभी पापों का नाश हो जाता है।

कर्म

आज के दिन किसी गरीब बच्चे को खिलौने दें। उसकी खुशी में शामिल हों और उसका मन बहलाएँ।

आध्यात्मिक मार्गदर्शन

Day-77

संस्कृत

यथैधांसि समिद्धोऽग्निर्भस्मसात्कुरुतेऽर्जुन।
ज्ञानाग्निः सर्वकर्माणि भस्मसात्कुरुते तथा॥

लिप्यांतरण

yathaidhānsi samiddho 'gnir bhasma-sāt kurute 'rjuna
jñānāgniḥ sarva-karmāṇi bhasma-sāt kurute tathā

अनुवाद

क्योंकि हे अर्जुन! जैसे प्रज्ज्वलित अग्नि ईंधन को भस्मसात् कर देता है, वैसे ही ज्ञान रुपी अग्नि (किये गए) सभी कर्मों को भस्म कर देता है।

व्याख्या

भगवान कृष्ण कहते हैं कि जैसे प्रज्वलित अग्नि लकड़ियों को भस्म कर देती है, वैसे ही ज्ञान की अग्नि सभी कर्मों को भस्म कर देती है। इसका अर्थ है कि सच्चे ज्ञान से सभी पाप और कर्म नष्ट हो जाते हैं।

कर्म

आज के दिन किसी गरीब परिवार को वस्त्र दान करें। उनकी जरूरतें पूरी करें और उन्हें खुशी दें।

आध्यात्मिक मार्गदर्शन

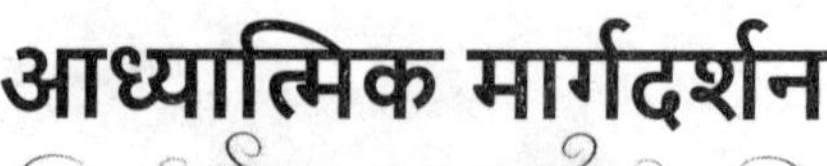

Day-78

संस्कृत

न हि ज्ञानेन सदृशं पवित्रमिह विद्यते।
तत्स्वयं योगसंसिद्धः कालेनात्मनि विन्दति॥

लिप्यांतरण

na hi jñānena sadṛiśhaṁ pavitram iha vidyate
tat svayaṁ yoga-saṁsiddhaḥ kālenātmani vindati

अनुवाद

क्योंकि इस संसार में ज्ञान के समान पवित्र कर देने वाला निस्सन्देह ही कुछ भी नहीं है। उस ज्ञान को कितने ही समय से योगाभ्यास द्वारा शुद्ध अंतःकरण वाला हो चुका मनुष्य स्वयं ही प्राप्त कर लेता है।

व्याख्या

भगवान कृष्ण कहते हैं कि इस संसार में ज्ञान के समान पवित्र और कुछ भी नहीं है। योग में सिद्ध हुआ व्यक्ति स्वयं ही समय के साथ आत्मा में पहले ही से मौजूद उस ज्ञान को प्राप्त करता है। इसका अर्थ है कि योग के अभ्यास से व्यक्ति धीरे-धीरे आत्मज्ञान प्राप्त कर लेता है।

कर्म

आज के दिन किसी गरीब महिला को स्वरोजगार के साधन दिलाएँ। उसे आत्मनिर्भर बनने में मदद करें।

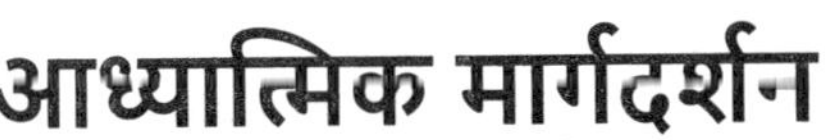

आध्यात्मिक मार्गदर्शन

Day-79

संस्कृत

श्रद्धावांल्लभते ज्ञानं तत्परः संयतेन्द्रियः।
ज्ञानं लब्ध्वा परां शान्तिमचिरेणाधिगच्छति॥

लिप्यांतरण

śhraddhāvān labhate jñānaṁ tat-paraḥ saṁyatendriyaḥ
jñānaṁ labdhvā parāṁ śhāntim achireṇādhigachchhati

अनुवाद

श्रद्धावान, (सीखने को) तत्पर और जितेन्द्रिय मनुष्य को (ही) ज्ञान प्राप्त होता है। ज्ञान को प्राप्त करके वह तत्काल ही (बिना देरी के) परम शान्ति को प्राप्त हो जाता है।

व्याख्या

भगवान कृष्ण कहते हैं कि श्रद्धावान, सीखने को आतुर और इन्द्रियों को संयमित करने वाला व्यक्ति ज्ञान प्राप्त करता है। ज्ञान प्राप्त करके वह शीघ्र ही परम शांति को प्राप्त करता है। इसका अर्थ है कि श्रद्धा, तत्परता और संयम से ज्ञान प्राप्त होता है और ज्ञान से शांति मिलती है।

कर्म

आज के दिन किसी गरीब व्यक्ति को भोजन कराएँ और अपने मन को शांति दें।

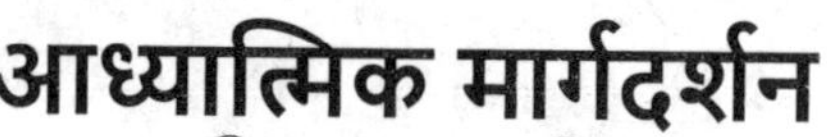

आध्यात्मिक मार्गदर्शन

Day-80

संस्कृत

योगसंन्यस्तकर्माणं ज्ञानसंछिन्नसंशयम्।
आत्मवन्तं न कर्माणि निबध्नन्ति धनञ्जय॥

लिप्यांतरण

yoga-sannyasta-karmāṇaṁ jñāna-sañchhinna-sanśhayam
ātmavantaṁ na karmāṇi nibadhnanti dhanañjaya

अनुवाद

हे धनञ्जय! जिसने योग द्वारा सभी कर्मों को परमात्मा में अर्पण कर दिया है, और वास्तविक ज्ञान द्वारा अपने सभी संशयों का नाश कर दिया है, स्वयं को वश में रखने वाले ऐसे मनुष्य को कर्म नहीं बाँधते।

व्याख्या

भगवान कृष्ण कहते हैं कि योग के द्वारा कर्मों का त्याग करने वाले, ज्ञान से संदेहों को छिन्न करने वाले, स्वयं में जागरूक व्यक्ति को कर्म बंधन में नहीं डालते। इसका अर्थ है कि योग और ज्ञान से संदेहों का नाश होता है और व्यक्ति कर्मबंधन से मुक्त हो जाता है।

कर्म

आज के दिन किसी गरीब व्यक्ति की मदद करें। उसकी समस्याओं का समाधान करें और उसे राहत दें।

आध्यात्मिक मार्गदर्शन

Day-81

संस्कृत

तस्मादज्ञानसम्भूतं हृत्स्थं ज्ञानासिनात्मनः।
छित्त्वैनं संशयं योगमातिष्ठोत्तिष्ठ भारत॥

लिप्यांतरण

tasmād ajñāna-sambhūtaṁ hṛit-sthaṁ jñānāsinātmanaḥ
chhittvainam sanśhayaṁ yogam ātiṣhṭhottiṣhṭha bhārata

अनुवाद

हे भरतवंशी! तू अपने हृदय में स्थित अज्ञान से उत्पन्न हुए संशय का ज्ञान रुपी तलवार से छेदन करके (कर्म) योग में स्थित होकर (युद्ध के लिए) खड़ा हो जा।

व्याख्या

भगवान कृष्ण अर्जुन से कहते हैं कि अज्ञान से उत्पन्न अपने मन के प्रत्येक संदेह को ज्ञान की तलवार से नष्ट करके, योग में स्थिर होकर उठ खड़ा हो। इसका अर्थ है कि ज्ञान से अज्ञान और संदेह का नाश करके कर्मयोग के पथ पर स्थिर होना चाहिए।

कर्म

आज के दिन किसी मंदिर में जाकर पूजा करें। अपने मन की शांति के लिए भगवान का स्मरण करें।

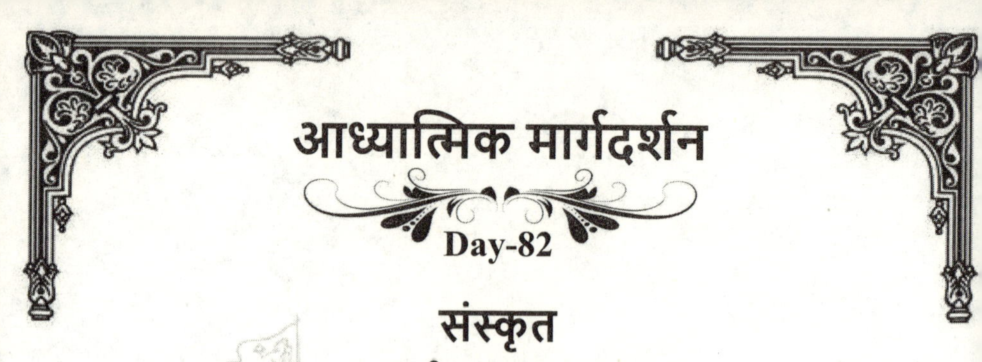

आध्यात्मिक मार्गदर्शन

Day-82

संस्कृत

श्रीभगवानुवाच।
संन्यासः कर्मयोगश्च निःश्रेयसकरावुभौ॥
तयोस्तु कर्मसंन्यासात्कर्मयोगो विशिष्यते॥

लिप्यांतरण

śhrī-bhagavān uvācha
sannyāsaḥ karma-yogaśh cha niḥśhreyasa-karāv ubhau
tayoḥ tu karma-sannyāsāt karma-yogo viśhiṣhyate

अनुवाद

सन्यास और कर्मयोग – ये दोनों ही परम कल्याणकारी हैं, परन्तु इनमें भी कर्म-सन्यास से कर्मयोग अधिक श्रेष्ठ है।

व्याख्या

भगवान कृष्ण कहते हैं कि संन्यास (कर्मों का त्याग) और कर्मयोग (कर्म करते हुए योग) दोनों ही मोक्ष की ओर ले जाते हैं, लेकिन कर्मयोग संन्यास से बेहतर है क्योंकि इसमें कर्म करते हुए भी भगवान की भक्ति की जा सकती है।

कर्म

आज के दिन किसी जरूरतमंद की आर्थिक मदद करें। उसकी समस्याओं का समाधान करें और उसे सहारा दें।

आध्यात्मिक मार्गदर्शन

Day-83

संस्कृत

ज्ञेयः स नित्यसंन्यासी यो न द्वेष्टि न काङ्क्षति।
निर्द्वन्द्वो हि महाबाहो सुखं बन्धात्प्रमुच्यते॥

लिप्यांतरण

jñeyaḥ sa nitya-sannyāsī yo na dveṣhṭi na kāṅkṣhati
nirdvandvo hi mahā-bāho sukhaṁ bandhāt pramuchyate

अनुवाद

हे महाबाहो! जो व्यक्ति न किसी से द्वेष करता है और न कोई कामना करता है, वह सदा (या नित्य) ही सन्यासी माने जाने योग्य है, क्योंकि सभी द्वन्द्वों से रहित मनुष्य बन्धनों से सुखपूर्वक मुक्ति पा जाता है।

व्याख्या

भगवान कृष्ण कहते हैं कि जो व्यक्ति मन के दुर्गुणों जैसे आपसी द्वेष और कामनाओं से मुक्त है, वही सच्चा संन्यासी है। ऐसे व्यक्ति को सुख-दुःख आदि द्वंद्व नहीं सताते, और वह आसानी से बंधनों से मुक्त हो जाता है।

कर्म

आज के दिन किसी गरीब को कपड़े दान करें। उसकी जरूरतें पूरी करें और उसे खुश रखें।

आध्यात्मिक मार्गदर्शन

Day-84

संस्कृत

यत्सांख्यैः प्राप्यते स्थानम् तद्योगैरपि गम्यते।
एकं सांख्यं च योगं च यः पश्यति स पश्यति॥

लिप्यांतरण

yat sāṅkhyaiḥ prāpyate sthānam tad yogair api gamyate
ekaṁ sāṅkhyaṁ ca yogaṁ ca yaḥ paśyati sa paśyati

अनुवाद

सांख्य (ज्ञान) योग द्वारा जो स्थान (योगियों को) प्राप्त होता है, वही कर्मयोगियों द्वारा भी प्राप्त किया जाता है। अतः जो सांख्य (ज्ञान) और कर्म योग को एक समान देखता है, वही यथार्थ (सच्चे अर्थ में) देखता है।

व्याख्या

यह श्लोक बताता है कि सांख्य और योग दोनों ही एक ही आध्यात्मिक लक्ष्य की ओर ले जाते हैं। जो व्यक्ति इन दोनों दृष्टिकोणों में समानता देखता है, वह सच्चे ज्ञान को समझता है।

कर्म

आज के दिन किसी गरीब व्यक्ति को चिकित्सा सुविधा दिलाएँ। उसकी बीमारी का इलाज कराएँ और उसका दर्द कम करें।

आध्यात्मिक मार्गदर्शन

Day-85

संस्कृत

संन्यासस्तु महाबाहो दुःखमाप्तुमयोगतः।
योगयुक्तो मुनिर्ब्रह्म नचिरेणाधिगच्छति॥

लिप्यांतरण

sannyāsas tu mahā-bāho duḥkham āptum ayogataḥ
yoga-yukto munir brahma na chireṇādhigachchhati

अनुवाद

किन्तु हे महाबाहो! योग के बिना सन्यास लेने से व्यक्ति दुःख को प्राप्त होगा। योग से युक्त होकर मुनि, परब्रह्म परमात्मा को बिना देर किये, शीघ्र ही प्राप्त हो जाता है।

व्याख्या

भगवान कृष्ण कहते हैं कि संन्यास (कर्मों का त्याग) बिना योग के दुःखकारी हो सकता है, लेकिन जो व्यक्ति योग में स्थिर होकर सन्यासी होता है, वह शीघ्र ही ब्रह्म (परमात्मा) को प्राप्त कर लेता है।

कर्म

आज के दिन किसी पेड़ को पानी दें। पर्यावरण की सुरक्षा करें और स्वच्छ हवा प्राप्त करें।

आध्यात्मिक मार्गदर्शन

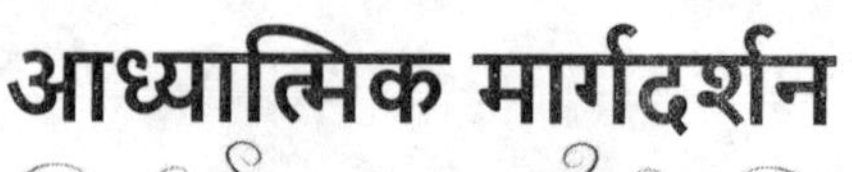

Day-86

संस्कृत

योगयुक्तो विशुद्धात्मा विजितात्मा जितेन्द्रियः।
सर्वभूतात्मभूतात्मा कुर्वन्नपि न लिप्यते॥

लिप्यांतरण

yoga-yukto viśhuddhātmā vijitātmā jitendriyaḥ
sarva-bhūtātma-bhūtātmā kurvann api na lipyate

अनुवाद

जितेन्द्रिय, मन को जीत लेने वाला, विशुद्ध आत्मा, योग से युक्त और सभी प्राणियों में आत्म-स्वरुप परमात्मा को जानने वाला (मनुष्य) कर्म करते हुए भी उनमें लिप्त नहीं होता।

व्याख्या

भगवान कृष्ण कहते हैं कि जो व्यक्ति योगयुक्त, शुद्ध आत्मा, अपने मन और इन्द्रियों को नियंत्रित करने वाला है और सभी प्राणियों में परमात्मा रुपी एक ही आत्मा को देखने वाला है, वह कर्म करते हुए भी कर्म बंधन में नहीं पड़ता।

कर्म

आज के दिन किसी गरीब बच्चे की शिक्षा का खर्चा उठाएँ। उसकी पढ़ाई में मदद करें और उसे आगे बढ़ाएं।

संस्कृत

ब्रह्मण्याधाय कर्माणि सङ्गं त्यक्त्वा करोति यः।
लिप्यते न स पापेन पद्मपत्रमिवाम्भसा॥

लिप्यांतरण

brahmaṇyādhāya karmāṇi saṅgaṁ tyaktvā karoti yaḥ
lipyate na sa pāpena padma-patram ivāmbhasā

अनुवाद

जो व्यक्ति परब्रम्ह परमात्मा में सभी कर्मों को अर्पण करके, आसक्ति को त्याग कर कर्म करता है, वह पाप में उसी प्रकार लिप्त नहीं होता जैसे कमल का पत्ता जल (में रह कर भी उससे) से (लिप्त) नहीं होता।

व्याख्या

भगवान कृष्ण कहते हैं कि जो व्यक्ति अपने सभी कर्मों को ब्रह्म को समर्पित करके, आसक्ति को त्यागकर कर्म करता है, वह पाप से मुक्त रहता है, जैसे कमल का पत्ता जल में रहने पर भी जल से अछूता रहता है।

कर्म

आज के दिन किसी गरीब परिवार को राशन सामग्री दें। उनकी जरूरतें पूरी करें और उन्हें सुखी रखें।

आध्यात्मिक मार्गदर्शन

Day-88

संस्कृत

कायेन मनसा बुद्ध्या केवलैरिन्द्रियैरपि।
योगिनः कर्म कुर्वन्ति सङ्गं त्यक्त्वात्मशुद्धये॥

लिप्यांतरण

kāyena manasā buddhyā kevalair indriyair api
yoginaḥ karma kurvanti saṅgaṁ tyaktvātma-śuddhaye

अनुवाद

कर्मयोगी शरीर से, मन से, बुद्धि से भी आसक्ति को त्याग कर ममत्व-बुद्धि से रहित होकर अपनी अन्तःशुद्धि के लिए कर्म करते हैं।

व्याख्या

योगी अपने शरीर, मन, और बुद्धि के माध्यम से, संयमित इंद्रियों के साथ, आसक्ति या ममता को त्यागकर, अपने आत्मा की शुद्धि के लिए कर्म करते हैं।

कर्म

आज के दिन किसी बीमार व्यक्ति की देखभाल करें। उसकी स्वास्थ्य की चिंता करें और उसे आराम पहुंचाएं।

आध्यात्मिक मार्गदर्शन

Day-89

संस्कृत

युक्तः कर्मफलं त्यक्त्वा शान्तिमाप्नोति नैष्ठिकीम्।
अयुक्तः कामकारेण फले सक्तो निबध्यते॥

लिप्यांतरण

yuktaḥ karma-phalaṁ tyaktvā śāntim āpnoti naiṣṭhikīm
ayuktaḥ kāma-kāreṇa phale sakto nibadhyate

अनुवाद

कर्मयोगी कर्मों के फल का त्याग करके (भगवान् में) निष्ठा से उत्पन्न होने वाली (परम) शान्ति को प्राप्त करता है और योग से हीन मनुष्य कामनाओं के वश हो, (कर्मों के) फलों में आसक्त होकर बन्ध जाता है।

व्याख्या

यह श्लोक बताता है कि जो व्यक्ति कर्मफल की इच्छा को छोड़ देता है, वह चिर शांति प्राप्त करता है। इसके विपरीत, जो इच्छाओं में उलझा रहता है और फल की आशा करता है, वह कर्मफल से बंधा रहता है।

कर्म

आज के दिन किसी गरीब को कम्बल दान करें। सर्दी में उन्हें राहत पहुंचाएं और उन्हें स्वस्थ रखें।

आध्यात्मिक मार्गदर्शन

Day-90

संस्कृत

न कर्तृत्वं न कर्माणि लोकस्य सृजति प्रभुः।
न कर्मफलसंयोगं स्वभावस्तु प्रवर्तते॥

लिप्यांतरण

na kartṛtvaṁ na karmāṇi lokasya sṛjati prabhuḥ
na karmaphala-saṁyogaṁ svabhāvas tu pravartate

अनुवाद

ईश्वर न तो मनुष्य के कर्तृत्व या कर्ता-भाव की, न कर्मों की, और न कर्म-फल-संयोग की ही रचना करते हैं – वह तो (मनुष्य का अपना अपना) स्वभाव ही बरत रहा है।

व्याख्या

यहाँ भगवान यह समझा रहे हैं कि ईश्वर मनुष्य के कर्म या भाग्य की रचना नहीं करते| यह तो हर व्यक्ति के अपने ही कर्मफल उसका आने वाला भाग्य बनाते हैं।

कर्म

आज के दिन किसी गरीब व्यक्ति को जूते दान करें।

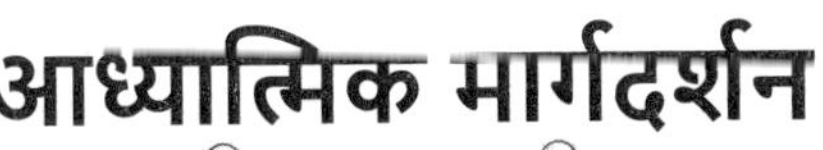

आध्यात्मिक मार्गदर्शन

Day-91

संस्कृत

ज्ञानेन तु तदज्ञानं येषां नाशितमात्मनः।
तेषामादित्यवज्ज्ञानं प्रकाशयति तत्परम्॥

लिप्यांतरण

jñānena tu tad ajñānaṁ yeṣhāṁ nāśhitam ātmanaḥ
teṣhām āditya-vaj jñānaṁ prakāśhayati tat param

अनुवाद

जिनका वह अज्ञान उस (ईश्वर) के (वास्तविक) ज्ञान द्वारा नष्ट कर दिया गया है, उनका वही सूर्य के समान प्रकाशमान ज्ञान उस परमात्मा को प्रकाशित कर देता है।

व्याख्या

भगवान कृष्ण कहते हैं कि जिन लोगों का अज्ञान ज्ञान द्वारा नष्ट हो चुका है, उनका ज्ञान सूर्य के समान परम तत्व या परमात्मा को प्रकाशित करता है। इसका अर्थ है कि सच्चे ज्ञान से आत्मा का प्रकाश होता है और व्यक्ति वास्तविकता को स्पष्ट रूप से देख सकता है।

कर्म

आज के दिन किसी वृद्ध व्यक्ति के साथ समय बिताएँ। उनसे उनके जीवन के अनुभव सुनें और सीखें।

आध्यात्मिक मार्गदर्शन

Day-92

संस्कृत

तद्‌बुद्धयस्तदात्मानस्तन्निष्ठास्तत्परायणाः।
गच्छन्त्यपुनरावृत्तिं ज्ञाननिर्धूतकल्मषाः॥

लिप्यांतरण

tad-buddhayas tad-ātmānas tan-niṣhṭhās tat-parāyaṇāḥ
gachchhanty apunar-āvṛittiṁ jñāna-nirdhūta-kalmaṣhāḥ

अनुवाद

जिनकी बुद्धि तद्रूप (उसी का रूप) हो रही है, जिनकी आत्मा उसी सच्चिदानंद परमात्मा में एकनिष्ठ हो रही है, जिनकी निष्ठा उसी में है, ऐसे ज्ञानवान मनुष्य पाप-रहित होकर अपुनरावृत्ति अर्थात मोक्ष को प्राप्त होते हैं।

व्याख्या

भगवान कृष्ण कहते हैं कि जिनकी बुद्धि, आत्मा, निष्ठा भगवान में स्थित हैं, वे ज्ञान द्वारा शुद्ध होकर पुनर्जन्म के चक्र से मुक्त हो जाते हैं। इसका अर्थ है कि भगवान के प्रति समर्पण से व्यक्ति मोक्ष प्राप्त करता है।

कर्म

आज के दिन किसी गरीब व्यक्ति को नाश्ता कराएँ और उसे खुशी दें।

आध्यात्मिक मार्गदर्शन

Day-93

विद्याविनयसम्पन्ने ब्राह्मणे गवि हस्तिनि।
शुनि चैव श्वपाके च पण्डिताः समदर्शिनः॥

लिप्यांतरण

vidyā-vinaya-sampanne brāhmaṇe gavi hastini
śuni caiva śvapāke ca paṇḍitāḥ sama-darśinaḥ

अनुवाद

वे विद्या और विनय से सम्पन्न ज्ञानीजन ब्राह्मण, गाय और हाथी, कुत्ते और चाण्डाल को भी समभाव से ही देखते हैं।

व्याख्या

जो विद्या और विनय से सम्पन्न हैं, वे सब जीवधारियों की योनि, वर्ण या समुदाय में भेद नहीं करते। यहाँ तक कि मनुष्य हो या पशु वे सभी को एक दृष्टि से देखते है और इसलिए वे ही सच्चे पंडित हैं।

कर्म

आज के दिन किसी गरीब बच्चे को स्कूल में प्रवेश दिलाएँ। उसकी शिक्षा का ध्यान रखें और उसे बढ़ावा दें

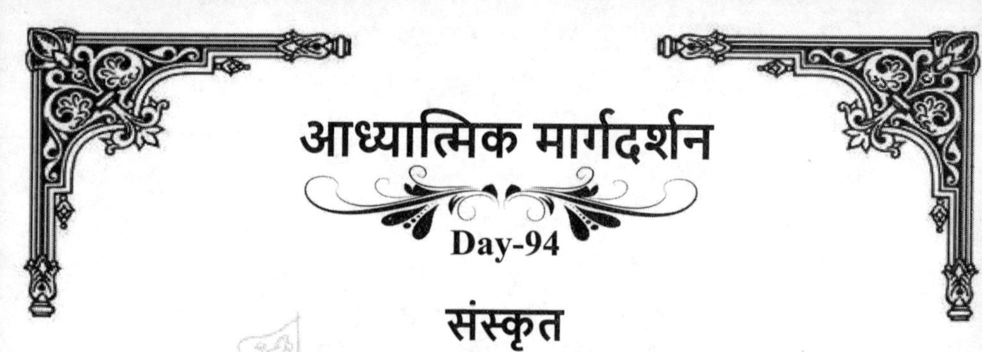

आध्यात्मिक मार्गदर्शन

Day-94

संस्कृत

बाह्यस्पर्शेष्वसक्तात्मा विन्दत्यात्मनि यत्सुखम्।
स ब्रह्मयोगयुक्तात्मा सुखमक्षयमश्नुते॥

लिप्यांतरण

bāhya-sparśheṣhv asaktātmā vindaty ātmani yat sukham
sa brahma-yoga-yuktātmā sukham akṣhayam aśhnute

अनुवाद

स्पर्श आदि बाह्य विषयों में आसक्ति-रहित अंतःकरण वाला आत्मा में स्थित जो सात्विक आनन्द है उसे प्राप्त करता है, वह परमात्मा के ध्यान-रूप योग से युक्त होकर अक्षय सुख का अनुभव करता है।

व्याख्या

भगवान कृष्ण कहते हैं कि जो व्यक्ति बाहरी विषयों में आसक्त नहीं होता और आत्मा में ही सुख प्राप्त करता है, वह ब्रह्मयोग में स्थित होकर अक्षय सुख का अनुभव करता है। इसका अर्थ है कि आत्मज्ञान से स्थायी और अक्षय सुख मिलता है।

कर्म

आज के दिन किसी गरीब महिला की शादी में मदद करें। उसकी शादी का खर्चा उठाएँ और उसे खुशी दें।

आध्यात्मिक मार्गदर्शन

Day-95

संस्कृत

ये हि संस्पर्शजा भोगा दुःखयोनय एव ते।
आद्यन्तवन्तः कौन्तेय न तेषु रमते बुधाः॥

लिप्यांतरण

ye hi saṁsparśha-jā bhogā duḥkha-yonaya eva te
ādy-antavantaḥ kaunteya na teṣhu ramate budhaḥ

अनुवाद

ये जो इन्द्रिय तथा विषयों के संयोग से उत्पन्न होने वाले भोग हैं, वे सब दुःख के ही हेतु हैं। ये आदि-अन्त की प्रक्रिया वाले अर्थात् अनित्य हैं। इसलिए हे कुन्तीपुत्र! बुद्धिमान व्यक्ति उनमें नहीं रमते।

व्याख्या

भगवान कृष्ण कहते हैं कि जो भोग इन्द्रियों के संयोग से उत्पन्न होते हैं, वे अंततः दुःख का कारण बनते हैं क्योंकि वे सदा के लिए नहीं होते - समय की एक निश्चित अवधि के बाद समाप्त हो जाते हैं। ऐसे भोगों का आनन्द समाप्त हो जाने के बाद व्यक्ति को दुःख का अनुभव होता है। इसलिए बुद्धिमान व्यक्ति इन भोगों में आनंद नहीं लेता।

कर्म

आज के दिन किसी गरीब व्यक्ति की दवा का खर्चा उठाएँ। उसकी बीमारी का इलाज कराएँ और उसे स्वस्थ रखें।

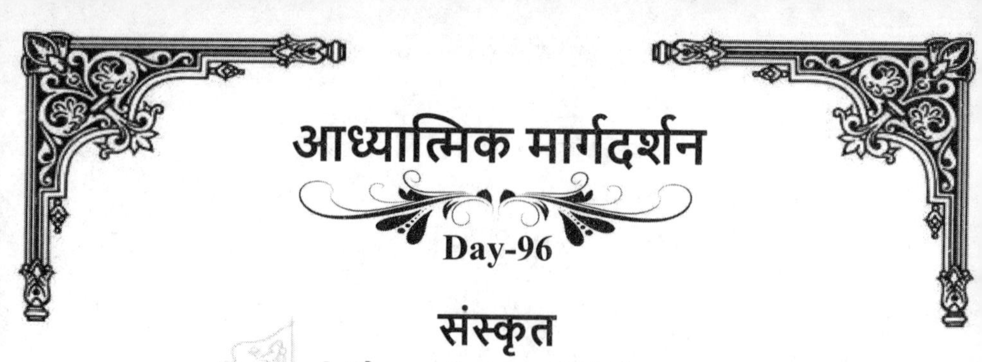

आध्यात्मिक मार्गदर्शन

Day-96

संस्कृत

शक्नोतीहैव यः सोढुं प्राक्शरीरविमोक्षणात्।
कामक्रोधोद्भवं वेगं स युक्तः स सुखी नरः॥

लिप्यांतरण

śhaknotīhaiva yaḥ soḍhuṁ prāk-śharīra-vimokṣhaṇāt
kāma-krodhodbhavaṁ vegaṁ sa yuktaḥ sa sukhī naraḥ

अनुवाद

जो भी मनुष्य इस शरीर के नष्ट होने से पहले ही काम-क्रोध से उत्पन्न वेग को सहन करने की सामर्थ्य प्राप्त कर लेता है, वही योगी है और वही सुखी है।

व्याख्या

भगवान कृष्ण कहते हैं कि जो व्यक्ति अपने जीवनकाल में ही काम और क्रोध के वेग को सहन कर सकता है, वह वास्तव में योगयुक्त और सुखी व्यक्ति है क्योंकि उसे न पहले सुखी और न बाद में दुखी होना पड़ता है। इसका अर्थ है कि आत्मसंयम से व्यक्ति सच्चे सुख का अनुभव करता है।

कर्म

आज के दिन किसी गरीब व्यक्ति को कपड़े दान करें।

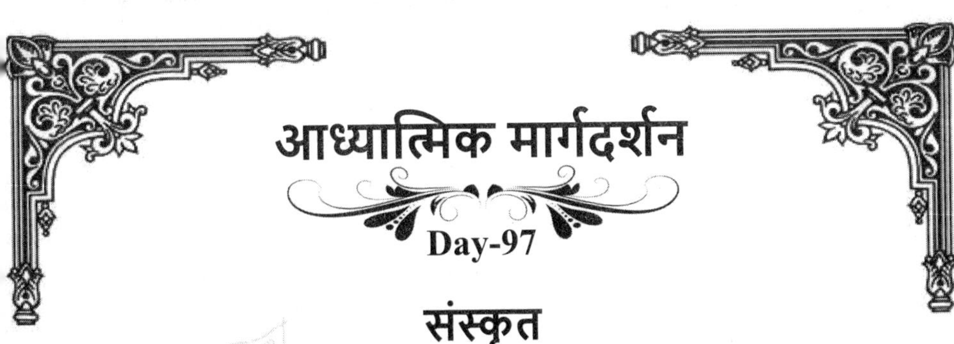

आध्यात्मिक मार्गदर्शन

Day-97

संस्कृत

योऽन्तःसुखोऽन्तरारामस्तथान्तर्ज्योतिरेव यः।
स योगी ब्रह्मनिर्वाणं ब्रह्मभूतोऽधिगच्छति॥

लिप्यांतरण

yo 'ntaḥ-sukho 'ntar-ārāmas tathāntar-jyotir eva yaḥ
sa yogī brahma-nirvāṇaṁ brahma-bhūto 'dhigachchhati

अनुवाद

जो व्यक्ति अपनी अन्तरात्मा में ही सुखी है, अपनी आत्मा में ही रमण करने वाला है, तथा अपनी अंतर्ज्योति में ही (स्वयं प्रकाशित) है, वह योगी परब्रह्म परमात्मा के साथ एकी-भाव को प्राप्त करके निर्वाण रुपी ब्रह्म को प्राप्त करता है।

व्याख्या

भगवान कृष्ण कहते हैं कि जो व्यक्ति आंतरिक सुख और अपने भीतर के संतोष-भाव में स्थित है और जिसका अंतःकरण सच्ची आत्मिक ज्योति से प्रकाशित हो चुका है, वह योगी ब्रह्म-निर्वाण को प्राप्त करता है। इसका अर्थ है कि आंतरिक आनंद और आत्मज्ञान से व्यक्ति मोक्ष प्राप्त करता है।

कर्म

आज के दिन किसी धार्मिक स्थान पर सेवा करें। वहाँ की सफाई करें और अपनी सेवा से पुण्य कमाएँ।

आध्यात्मिक मार्गदर्शन

Day-98

संस्कृत

लभन्ते ब्रह्मनिर्वाणमृषयः क्षीणकल्मषाः।
छिन्नद्वैधा यतात्मानः सर्वभूतहिते रताः॥

लिप्यांतरण

labhante brahma-nirvāṇam ṛiṣhayaḥ kṣhīṇa-kalmaṣhāḥ
chhinna-dvaidhā yatātmānaḥ sarva-bhūta-hite ratāḥ

अनुवाद

जिनके सभी पाप नष्ट हो गए हैं, जिनके सारे द्वंद्व (संशय) समाप्त हो गए हैं, जो सभी प्राणियों के हित में रत हैं, जो आत्म-संयमित हैं वे ब्रह्मवेत्ता ऋषि ब्रह्म अर्थात् निर्वाण को प्राप्त होते हैं।

व्याख्या

भगवान कृष्ण कहते हैं कि जो ऋषि अपने पापों को क्षीण कर चुके हैं, जिनके संदेह छिन्न-भिन्न हो चुके हैं, और जो आत्म-संयमित और सभी प्राणियों के हित में लगे हुए हैं, वे ब्रह्म-निर्वाण को प्राप्त करते हैं।

कर्म

आज के दिन किसी जरूरतमंद व्यक्ति की आर्थिक मदद करें। उसकी समस्याओं का समाधान करें और उसे सहारा दें।

आध्यात्मिक मार्गदर्शन

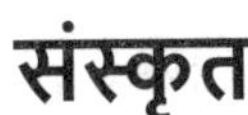

Day-99

संस्कृत

कामक्रोधवियुक्तानां यतीनां यतचेतसाम्।
अभितो ब्रह्मनिर्वाणं वर्तते विदितात्मनाम्॥

लिप्यांतरण

kāma-krodha-viyuktānāṁ yatīnāṁ yata-chetasām
abhito brahma-nirvāṇaṁ vartate viditātmanām

अनुवाद

काम-क्रोध से रहित, सधी हुई चेतना है जिनकी, आत्मज्ञान प्राप्त किये हुए ऐसे ज्ञानी पुरुषों के लिए हर ओर से ब्रह्म ही निर्वाण हैं।

व्याख्या

भगवान कृष्ण कहते हैं कि जो व्यक्ति काम और क्रोध से मुक्त है, जिसकी चेतना उसके वश में है, और जिसने आत्मज्ञान प्राप्त कर लिया है, उसके लिए ब्रह्म-निर्वाण हर ओर से सहज ही उपलब्ध होता है। इसका अर्थ है कि आत्मज्ञान से व्यक्ति हर जगह ब्रह्म को अनुभव करता है।

कर्म

आज के दिन किसी अनाथालय में बच्चों के साथ समय बिताएँ। उन्हें प्यार दें और उनकी देखभाल करें।

आध्यात्मिक मार्गदर्शन

Day-100

संस्कृत

स्पर्शान्कृत्वा बहिर्बाह्यांश्चक्षुश्चैवान्तरे भ्रुवोः।
प्राणापानौ समौ कृत्वा नासाभ्यन्तरचारिणौ॥
यतेन्द्रियमनोबुद्धिर्मुनिर्मोक्षपरायणः।
विगतेच्छाभयक्रोधो यः सदा मुक्त एव सः॥

लिप्यांतरण

sparśhān kṛitvā bahir bāhyāṁśh chakṣhuśh chaivāntare bhruvoḥ
prāṇāpānau samau kṛitvā nāsābhyantara-chāriṇau
yatendriya-mano-buddhir munir mokṣha-parāyaṇaḥ
vigatechchhā-bhaya-krodho yaḥ sadā mukta eva saḥ

अनुवाद

बाह्य विषय-भोगों का चिन्तन न करता हुआ, उन्हें बाहर ही रखता हुआ, नेत्रों की दृष्टि को भृकुटियों के बीच में स्थिर करके, तथा नासिका में विचरने वाले प्राण और अपान वायु को सम करके, जिसने इन्द्रियाँ, मन और बुद्धि जीती हुई हैं ऐसा मोक्ष-परायण मुनि जो इच्छा, भय और क्रोध से रहित हो गया हो – वह सदा ही (सर्वथा) मुक्त है।

व्याख्या

भगवान कृष्ण बताते हैं कि जो व्यक्ति बाहरी विषयों से ध्यान हटा कर, अपनी दृष्टि को भ्रू (भौंहों) के बीच केंद्रित करता है, प्राण और अपान वायु को समान रूप से नियंत्रित करता है, और इच्छाओं, भय, व क्रोध से मुक्त रहता है, वह स्थायी मुक्ति प्राप्त करता है।

कर्म

आज के दिन किसी गरीब बच्चे को खिलौने दें। उसकी खुशी में शामिल हों और उसका मन बहलाएँ।

आध्यात्मिक मार्गदर्शन

Day-101

संस्कृत

श्रीभगवानुवाच ।
अनाश्रितः कर्मफलं कार्यं कर्म करोति यः।
स संन्यासी च योगी च न निरग्निर्न चाक्रियः॥

लिप्यांतरण

śhrī-bhagavān uvācha
anāśhritaḥ karma-phalaṁ kāryaṁ karma karoti yaḥ
sa sannyāsī cha yogī cha na niragnir na chākriyaḥ

अनुवाद

जो व्यक्ति कर्मफल पर आश्रित न होकर करने योग्य कर्म करता है, वह केवल अग्नि का त्याग करने वाला या क्रियाओं का त्याग करने वाला नहीं, बल्कि सच्चा सन्यासी और योगी है।

व्याख्या

भगवान कृष्ण कहते हैं कि जो व्यक्ति कर्मफल की आसक्ति से मुक्त होकर अपने कर्तव्यों का पालन करता है, वही सच्चा संन्यासी और योगी है। संन्यास और योग कर्मों का त्याग नहीं कर्मों में आसक्ति का त्याग है।

कर्म

आज के दिन किसी गरीब परिवार को वस्त्र दान करें। उनकी जरूरतें पूरी करें और उन्हे खुशी दें।

आध्यात्मिक मार्गदर्शन

Day-102

संस्कृत

बन्धुरात्मात्मनस्तस्य येनात्मैवात्मना जितः।
अनात्मनस्तु शत्रुत्वे वर्तेतात्मैव शत्रुवत्॥

लिप्यांतरण

bandhur ātmātmanas tasya yenātmaivātmanā jitaḥ
anātmanas tu śhatrutve vartetātmaiva śhatru-vat

अनुवाद

जिसने अपने मन और इन्द्रियों को जीत लिया है, वह जीवात्मा स्वयं अपना मित्र है और जिसने अपने मन और इन्द्रियों को नहीं जीता है, वह स्वयं अपने आप को ही अपने शत्रु के समान बर्तता है अर्थात् अपना शत्रु खुद है।

व्याख्या

भगवान कृष्ण कहते हैं कि जिसने अपने मन को नियंत्रित कर लिया है, उसके लिए मन मित्र के समान है। लेकिन जिसने अपने मन को नियंत्रित नहीं किया है, उसके लिए मन शत्रु के समान कार्य करता है। मन को नियंत्रण में रखने से वह अनावश्यक दु:खों का कारण नहीं बनता।

कर्म

आज के दिन किसी गरीब महिला को स्वरोजगार के साधन दिलाएँ। उसे आत्मनिर्भर बनने में मदद करें।

आध्यात्मिक मार्गदर्शन

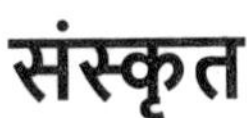

Day-103

संस्कृत

जितात्मनः प्रशान्तस्य परमात्मा समाहितः।
शीतोष्णसुखदुःखेषु तथा मानापमानयोः॥

लिप्यांतरण

jitātmanaḥ praśhāntasya paramātmā samāhitaḥ
śhītoṣhṇa-sukha-duḥkheṣhu tathā mānāpamānayoḥ

अनुवाद

सर्दी-गर्मी, सुख-दुःख और मान-अपमान आदि (की स्थितियों) में जिराका अंतःकरण शान्त है (विचलित नहीं होता), ऐसे जितेन्द्रिय मनुष्य (के गन) में परमात्मा समाहित हैं।

व्याख्या

भगवान कृष्ण कहते हैं कि जिसने अपने मन को जीत लिया है, वह शांतिपूर्ण और परमात्मा में स्थित होता है। वह व्यक्ति शीत-उष्ण, सुख-दुःख, और मान-अपमान में समान भाव रखता है। इसका अर्थ है कि आत्मसंयम से व्यक्ति द्वंद्वों से मुक्त हो जाता है।

कर्म

आज के दिन किसी गरीब व्यक्ति को भोजन कराएँ और अपने मन को शांति दें।

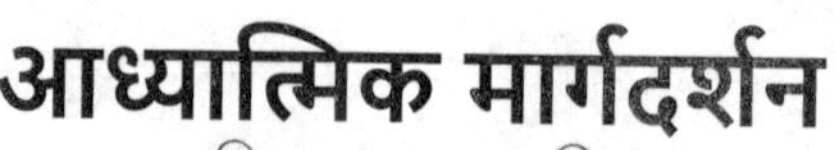

आध्यात्मिक मार्गदर्शन

Day-104

संस्कृत

योगी युञ्जीत सततमात्मानं रहसि स्थितः।
एकाकी यतचित्तात्मा निराशीरपरिग्रहः॥

लिप्यांतरण

yogī yuñjīta satatam ātmānaṁ rahasi sthitaḥ
ekākī yata-chittātmā nirāśhīr aparigrahaḥ

अनुवाद

योगी को निरन्तर स्वयं एकांत में स्थिर रह कर, आशा-रहित तथा संग्रह-वृत्ति से सर्वथा रहित होकर, अपने आप को परमात्मा के ध्यान में लगाना चाहिए।

व्याख्या

भगवान कृष्ण कहते हैं कि योगी को एकांत में स्थित होकर, अकेले रहकर, अपने मन और आत्मा को संयमित करके, आशा-निराशा और धन आदि भोगों को संग्रह करने के मोह से मुक्त होकर निरंतर ध्यान करना चाहिए।

कर्म

आज के दिन किसी परेशान व्यक्ति की मदद करें। उसकी समस्याओं का समाधान करें और उसे राहत दें।

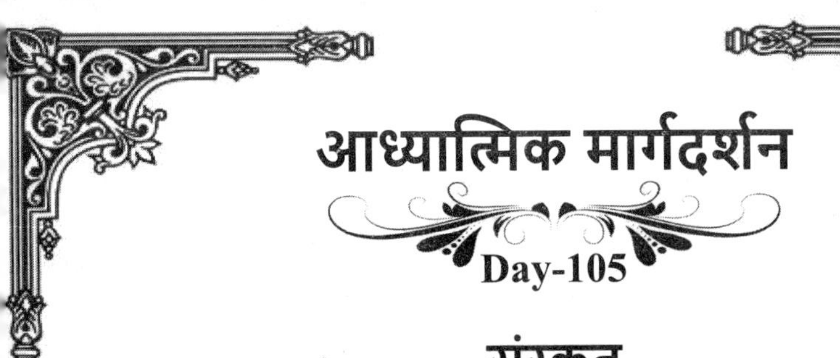

आध्यात्मिक मार्गदर्शन

Day-105

संस्कृत

समं कायशिरोग्रीवं धारयन्नचलं स्थिरः।
सम्प्रेक्ष्य नासिकाग्रं स्वं दिशश्चानवलोकयन्॥
प्रशान्तात्मा विगतभीर्ब्रह्मचारिव्रते स्थितः।
मनः संयम्य मच्चित्तो युक्त आसीत मत्परः॥

लिप्यांतरण

samaṁ kāya-śhiro-grīvaṁ dhārayann achalaṁ sthiraḥ
samprekṣhya nāsikāgraṁ svaṁ diśhaś chānavalokayan
praśhāntātmā vigata-bhīr brahma-chāri-vrate sthitaḥ
manaḥ saṁyamya mach-chitto yukta āsīta mat-paraḥ

अनुवाद

अपने शरीर, सिर और कंठ को एक सीध में और अचल करके, स्थिर होकर, दृष्टि को नासिका के अग्र भाग पर जमा कर, अन्य दिशाओं में न देखता हुआ, ब्रह्मचर्य व्रत में स्थित, भय से मुक्त तथा शान्त अंतःकरण वाला योगी सावधानी पूर्वक मन को साध कर, मुझमें चित्त लगा कर मेरे परायण होकर स्थिर हो।

व्याख्या

भगवान कृष्ण कहते हैं कि ध्यान करते समय योगी को अपने शरीर, सिर और गर्दन को सीधा और स्थिर रखना चाहिए, अपनी दृष्टि को नासिका के अग्रभाग पर टिकाना चाहिए, चारों दिशाओं में न देखकर शांति और निर्भीकता के साथ ब्रह्मचर्य व्रत का पालन करना चाहिए, और अपने मन को संयमित करके मुझमें चित्त को लगाना चाहिए।

कर्म

आज के दिन किसी मंदिर में जाकर पूजा करें। अपने मन की शांति के लिए भगवान का स्मरण करें।

आध्यात्मिक मार्गदर्शन

Day-106

संस्कृत

युञ्जन्नेवं सदात्मानं योगी नियतमानसः।
शान्तिं निर्वाणपरमां मत्संस्थामधिगच्छति॥

लिप्यांतरण

yuñjann evaṁ sadātmānaṁ yogī niyata-mānasaḥ
śhāntiṁ nirvāṇa-paramāṁ mat-saṁsthām adhigachchhati

अनुवाद

मन को वश में रखने वाला योगी इस प्रकार स्वयं को निरन्तर मुझमें लगाता हुआ मुझमें स्थित रहने वाली परम शान्ति को प्राप्त होता है।

व्याख्या

भगवान कृष्ण कहते हैं कि इस प्रकार निरंतर खुद को साधते हुए और मन को नियंत्रित रखते हुए योगी परम शांति और निर्वाण को प्राप्त करता है, जिस परम सुखकारी अवस्था के आधारभूत स्वयं भगवान् हैं।

कर्म

आज के दिन किसी जरूरतमंद की आर्थिक मदद करें। उसकी समस्याओं का समाधान करें और उसे सहारा दें।

आध्यात्मिक मार्गदर्शन

Day-107

संस्कृत

युक्ताहारविहारस्य युक्तचेष्टस्य कर्मसु।
युक्तस्वप्नावबोधस्य योगो भवति दुःखहा॥

लिप्यांतरण

yuktāhāra-vihārasya yukta-cheṣhṭasya karmasu
yukta-svapnāvabodhasya yogo bhavati duḥkha-hā

अनुवाद

दुःखों को नष्ट करने वाला योग समुचित आहार-विहार करने वाले, कर्मों में यथायोग्य प्रयत्न करने वाले, तथा यथा योग्य सोने और जागने वाले का ही सिद्ध होता है।

व्याख्या

भगवान कृष्ण कहते हैं कि जो व्यक्ति उचित आहार-विहार, उचित कर्मों में चेष्टा, और उचित निद्रा-जागरण करता है, उसके लिए योग सिद्ध होता है। ऐसा योग सभी सांसारिक कष्टों और भौतिक दुःखों का नाश करने वाला होता है। इसका अर्थ है कि संतुलित जीवन शैली से योग साधना सफल होती है।

कर्म

आज के दिन किसी गरीब को कपड़े दान करें और उसे खुश रखें।

आध्यात्मिक मार्गदर्शन

Day-108

संस्कृत

यदा विनियतं चित्तमात्मन्येवावतिष्ठते।
निःस्पृहः सर्वकामेभ्यो युक्त इत्युच्यते तदा॥

लिप्यांतरण

yadā viniyataṁ chittam ātmany evāvatiṣhṭhate
niḥspṛihaḥ sarva-kāmebhyo yukta ity uchyate tadā

अनुवाद

भली भाँति वश में किया गया चित्त जिस समय परमात्मा में ही स्थित हो जाता है, उस अवस्था में सभी प्रकार की कामनाओं से रहित मनुष्य योग-युक्त है, ऐसा कहा जाता है।

व्याख्या

भगवान कृष्ण कहते हैं कि जब व्यक्ति का चित्त पूरी तरह से नियंत्रित होकर परमात्मा में स्थित हो जाता है और सभी कामनाओं से मुक्त हो कर अचंचल या स्थिर हो जाता है, तब उसे सच्चा योगी कहा जाता है।

कर्म

आज के दिन किसी गरीब व्यक्ति को चिकित्सा सुविधा दिलाएँ। उसकी बीमारी का इलाज कराएँ और उसका दर्द कम करें।

आध्यात्मिक मार्गदर्शन

Day-109

संस्कृत

यथा दीपो निवातस्थो नेङ्गते सोपमा स्मृता।
योगिनो यतचित्तस्य युञ्जतो योगमात्मनः॥

लिप्यांतरण

yathā dīpo nivāta-stho neṅgate sopamā smṛitā
yogino yata-chittasya yuñjato yogam ātmanaḥ

अनुवाद

जिस प्रकार वायु से रहित स्थान में दीपक चलायमान (कम्पायमान) नहीं होता, वैसी ही उपमा परमात्मा के ध्यान में चित्त लगाए हुए योगी के मन की दी गई है।

व्याख्या

भगवान कृष्ण कहते हैं कि जैसे वायुरहित स्थान में दीपक की ज्योति स्थिर रहती है, वैसे ही नियंत्रित चित्त वाले योगी का मन ध्यान में स्थिर रहता है। इसका अर्थ है कि परमात्मा के ध्यान में मग्न एक सच्चा योगी किसी भी परिस्थिति में, कैसे भी लालच या मोह के कारण ईश्वर प्राप्ति की राह से विचलित नहीं होता।

कर्म

आज के दिन किसी पेड़ को पानी दें। पर्यावरण की सुरक्षा करें और स्वच्छ हवा प्राप्त करें।

आध्यात्मिक मार्गदर्शन

Day-110

संस्कृत

यत्रोपरमते चित्तं निरुद्धं योगसेवया।
यत्र चैवात्मनात्मानं पश्यन्नात्मनि तुष्यति॥
सुखमात्यन्तिकं यत्तद् बुद्धिग्राह्यमतीन्द्रियम्।
वेत्ति यत्र न चैवायं स्थितश्चलति तत्त्वतः॥

लिप्यांतरण

yatroparamate chittaṁ niruddhaṁ yoga-sevayā
yatra chaivātmanātmānaṁ paśhyann ātmani tuṣhyati
sukham ātyantikaṁ yat tad buddhi-grāhyam atīndriyam
vetti yatra na chaivāyaṁ sthitaśh chalati tattvataḥ

अनुवाद

योग के सेवन (अभ्यास) से साधा गया चित्त जब उपराम हो जाता है (सध जाता है) और ध्यान से शुद्ध हुई बुद्धि द्वारा परमात्मा का साक्षात्कार करता हुआ उसी में संतुष्ट रहने वाला, इन्द्रियों से परे और केवल शुद्ध-बुद्धि द्वारा ग्रहण करने योग्य अखण्ड आनन्द को जब अनुभव कर लेता है, तब उस स्थिति से वह (योगी) 'ऐसा सुख अन्यत्र नहीं है' ऐसा जान कर विचलित नहीं होता।

व्याख्या

भगवान कृष्ण कहते हैं कि जहाँ योगी का मन ध्यान द्वारा नियंत्रित होकर शांत हो जाता है और आत्मा में परमात्मा का अनुभव करके तृप्त हो जाता है, वहाँ उसे सर्वोच्च सुख प्राप्त होता है जो इन्द्रियों से परे है। ऐसा महान संतोष देने वाला परम सुख शुद्ध बुद्धि द्वारा ही ग्रहण किया जा सकता है। इस अवस्था में पहुँचकर व्यक्ति सत्य से विचलित नहीं होता और किसी अन्य ऐसे लाभ से अधिक श्रेष्ठ नहीं मानता।

कर्म

आज के दिन किसी गरीब बच्चे की शिक्षा का खर्चा उठाएँ। उसकी पढ़ाई में मदद करें और उसे आगे बढ़ाएं।

आध्यात्मिक मार्गदर्शन

Day-111

संस्कृत

सङ्कल्पप्रभवान्कामांस्त्यक्त्वा सर्वानशेषतः।
मनसैवेन्द्रियग्रामं विनियम्य समन्ततः॥

लिप्यांतरण

saṅkalpa-prabhavān kāmāṁs tyaktvā sarvān aśheṣhataḥ
manasaivendriya-grāmaṁ viniyamya samantataḥ

अनुवाद

संकल्प से उत्पन्न होने वाली सभी कामनाओं को निःशेष रूप से त्याग कर और मन द्वारा इन्द्रिय-समुदाय को सभी ओर से नियंत्रित कर।

व्याख्या

भगवान कृष्ण कहते हैं कि सभी संकल्पों से उत्पन्न कामनाओं को पूर्ण रूप से त्याग कर, और मन द्वारा सभी इन्द्रियों के समूह को सभी ओर से नियंत्रित करके योगी को ध्यान साधना चाहिए। इसका अर्थ है कि मन के सभी संकल्पों और इन्द्रियों के नियंत्रण से ध्यान साधना सफल होती है।

कर्म

आज के दिन किसी गरीब परिवार को राशन सामग्री दें। उनकी जरूरतें पूरी करें और उन्हें सुखी रखें।

आध्यात्मिक मार्गदर्शन

Day-112

संस्कृत

शनैः शनैरुपरमेद् बुद्ध्या धृतिगृहीतया।
आत्मसंस्थं मनः कृत्वा न किञ्चिदपि चिन्तयेत्॥

लिप्यांतरण

śhanaiḥ śhanair uparamed buddhyā dhṛiti-gṛihītayā
ātma-saṁsthaṁ manaḥ kṛitvā na kiñchid api chintayet

अनुवाद

धीरे धीरे धैर्ययुक्त बुद्धि द्वारा अपने मन को अपने ही भीतर स्थिर करके (परमात्मा के सिवा) किसी और का चिंतन न करे।

व्याख्या

भगवान कृष्ण कहते हैं कि धीरे-धीरे धैर्यवान होकर सात्विक बुद्धि से मन को ईश्वर के ध्यान में स्थित करते हुए, किसी भी अन्य वस्तु का विचार नहीं करना चाहिए। इसका अर्थ है कि ध्यान साधना में मन को परमात्मा के ध्यान में स्थिर रखना चाहिए और उसे बाहरी विचारों से मुक्त होना चाहिए।

कर्म

आज के दिन किसी बीमार व्यक्ति की देखभाल करें। उसकी स्वास्थ्य की चिंता करें और उसे आराम पहुंचाएं।

आध्यात्मिक मार्गदर्शन

Day-113

संस्कृत

यतो यतो निश्चरति मनश्चञ्चलमस्थिरम् ।
ततस्ततो नियम्यैतदात्मन्येव वशं नयेत्॥

लिप्यांतरण

yato yato niśhcharati manaśh chañchalam aśthiram
tatas tato niyamyaitad ātmany eva vaśhaṁ nayet

अनुवाद

यह अस्थिर और चंचल मन जिस-जिस विषय में रमण करता है, वहाँ वहाँ से उसे नियंत्रित कर (रोक कर) यत्नपूर्वक (वश में) ले आना चाहिए।

व्याख्या

भगवान कृष्ण कहते हैं कि जहाँ-जहाँ से चंचल और अस्थिर मन विचलित होता है, वहाँ-वहाँ से उसे नियंत्रित करके आत्मा में स्थिर करना चाहिए। इसका अर्थ है कि ध्यान साधना करते समय बार बार भटकने वाले चंचल मन को बार-बार रोक कर उसे स्वयं में स्थिर करना चाहिए।

कर्म

आज के दिन किसी गरीब को कम्बल दान करें।

आध्यात्मिक मार्गदर्शन

Day-114

संस्कृत

यो मां पश्यति सर्वत्र सर्वं च मयि पश्यति ।
तस्याहं न प्रणश्यामि स च मे न प्रणश्यति॥

लिप्यांतरण

yo māṁ paśhyati sarvatra sarvaṁ cha mayi paśhyati
tasyāhaṁ na praṇaśhyāmi sa cha me na praṇaśhyati

अनुवाद

जो मुझे हर जगह, और हर जगह को मुझमें देखता है, मैं उरो नष्ट नहीं करता और न ही वह गेरे लिए नष्ट होता है।

व्याख्या

भगवान कृष्ण कहते हैं कि जो व्यक्ति मुझे सब जगह देखता है और सब कुछ मुझमें देखता है, मैं उससे कभी दूर नहीं होता और वह मुझसे कभी दूर नहीं होता। इसका अर्थ है कि भगवान की सर्वव्यापकता का अनुभव करने वाला व्यक्ति हमेशा भगवान के समीप रहता है। ऐसा व्यक्ति न तो नष्ट होता है, न भगवान उसे नष्ट होने देते हैं - अर्थात प्रभु उसकी हर समय, हर ओर से रक्षा करते हैं।

कर्म

आज के दिन किसी वृद्ध व्यक्ति के साथ समय बिताएँ। उनसे उनके जीवन के अनुभव सुनें और सीखें।

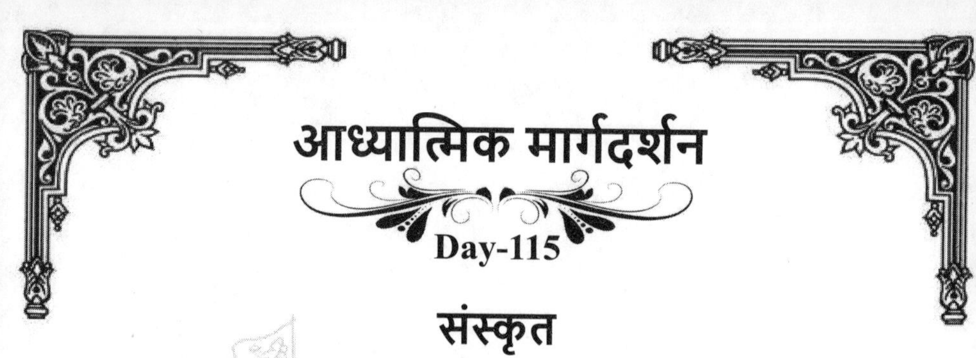

आध्यात्मिक मार्गदर्शन

Day-115

संस्कृत

सर्वभूतस्थितं यो मां भजत्येकत्वमास्थितः।
सर्वथा वर्तमानोऽपि स योगी मयि वर्तते॥

लिप्यांतरण

sarva-bhūta-sthitaṁ yo māṁ bhajaty ekatvam āsthitaḥ
sarvathā vartamāno 'pi sa yogī mayi vartate

अनुवाद

जो सब भूतों में स्थित मुझ को एकत्वभाव से भजता है, वह योगी मनुष्य सभी प्रकार से व्यवहार करता हुआ भी मुझमें ही बरतता है (अर्थात् मुझमें ही व्यवहृत है)।

व्याख्या

भगवान कृष्ण कहते हैं कि जो व्यक्ति सभी प्राणियों में स्थित मुझमें एकता का अनुभव करके भक्ति करता है, वह चाहे जैसे भी आचरण करे, वह योगी मुझमें स्थित होता है। इसका अर्थ है कि भगवान की सर्वव्यापकता का अनुभव करने वाले व्यक्ति का चित्त हमेशा भगवान में स्थित रहता है।

कर्म

आज के दिन किसी गरीब व्यक्ति को नाश्ता कराएँ उसे खुशी दें।

आध्यात्मिक मार्गदर्शन

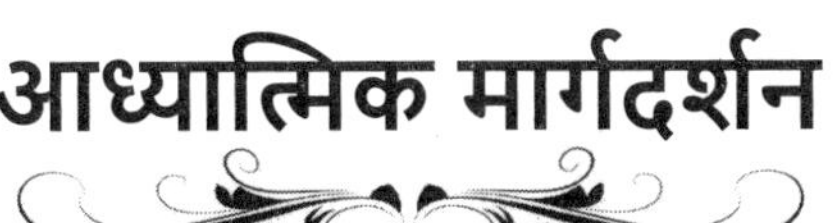

Day-116

संस्कृत

असंयतात्मना योगो दुष्प्राप इति मे मतिः।
वश्यात्मना तु यतता शक्योऽवाप्तुमुपायतः॥

लिप्यांतरण

asaṁyatātmanā yogo duṣhprāpa iti me matiḥ
vaśhyātmanā tu yatatā śhakyo 'vāptum upāyataḥ

अनुवाद

असंयत मन (बिना साधे गए मन) वाले गनुष्य के लिए योग दुष्प्राप्य (प्राप्त होने योग्य नहीं) है, और वश में किये गए मन वाले प्रयत्नशील व्यक्ति के लिए उचित साधन से उसका प्राप्त होना सहज है – ऐसा मेरा मत है।

व्याख्या

भगवान कृष्ण कहते हैं कि असंयमित मन वाले व्यक्ति के लिए योग दुर्लभ है, परंतु संयमित व्यक्ति के लिए यह उचित साधन द्वारा सुलभ है। इसका अर्थ है कि आत्मसंयम और साधना द्वारा योग की प्राप्ति होती है।

कर्म

आज के दिन किसी गरीब बच्चे को स्कूल में प्रवेश दिलाएँ। उसकी शिक्षा का ध्यान रखें और उसे बढ़ावा दें।

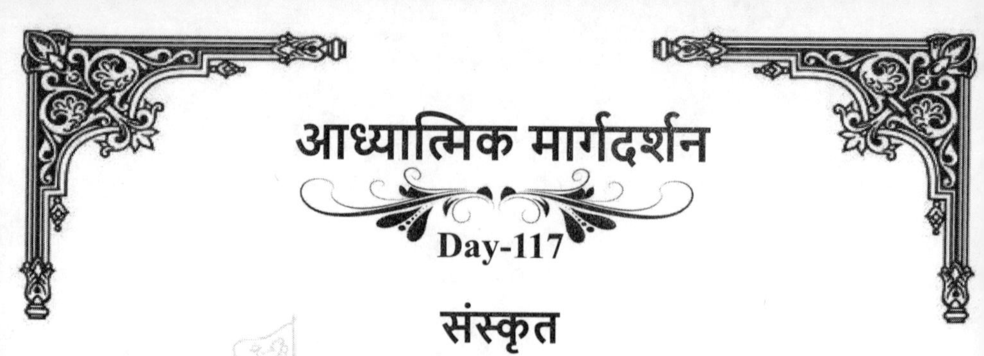

आध्यात्मिक मार्गदर्शन

Day-117

संस्कृत

श्रीभगवानुवाच।
पार्थ नैवेह नामुत्र विनाशस्तस्य विद्यते।
न हि कल्याणकृत्कश्चिद् दुर्गतिं तात गच्छति॥

लिप्यंतरण

śhrī-bhagavān uvācha
pārtha naiveha nāmutra vināśhas tasya vidyate
na hi kalyāṇa-kṛit kaśhchid durgatiṁ tāta gachchhati

अनुवाद

हे पार्थ! उस व्यक्ति का न तो इस लोक में नाश होता है और न परलोक में ही वह नष्ट होता है। क्योंकि हे तात! कल्याणकारी कर्म करने वाला कोई भी (मनुष्य) दुर्गति को प्राप्त नहीं होता।

व्याख्या

भगवान कृष्ण कहते हैं कि हे अर्जुन, न तो इस लोक में और न ही परलोक में योगाभ्यास करने वाले का नाश होता है। जो व्यक्ति कल्याणकारी कर्म करता है, वह कभी भी दुर्गति को प्राप्त नहीं होता। इसका अर्थ है कि योगाभ्यास और सत्कर्म करने वाले व्यक्ति का कल्याण सुनिश्चित है।

कर्म

आज के दिन किसी गरीब महिला की शादी में मदद करें। उसकी शादी का खर्चा उठाएँ और उसे खुशी दें।

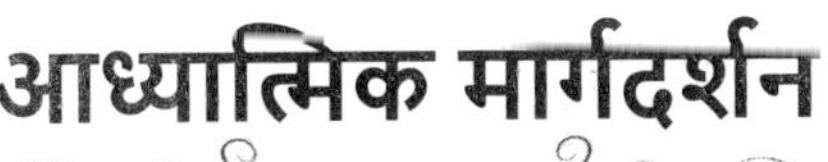

आध्यात्मिक मार्गदर्शन

Day-118

संस्कृत

प्रयत्नाद्यतमानस्तु योगी संशुद्धकिल्बिषः ।
अनेकजन्मसंसिद्धस्ततो याति परां गतिम्॥

लिप्यांतरण

prayatnād yatamānas tu yogī sanśhuddha-kilbiṣhaḥ
aneka-janma-sansiddhas tato yāti parāṁ gatim

अनुवाद

प्रयत्न पूर्वक अभ्यास करने वाला योगी पिछले अनेक जन्मों के संस्कारों के बल पर सिद्ध होकर, सभी पापों से मुक्त होकर अन्ततः परमगति को प्राप्त हो जाता है।

व्याख्या

भगवान कृष्ण कहते हैं कि प्रयत्नपूर्वक प्रयास करने वाला योगी, पापों से शुद्ध होकर, अनेक जन्मों की सिद्धि प्राप्त करता है और फिर परम गति को प्राप्त होता है। इसका अर्थ है कि योगाभ्यास द्वारा पापों का शुद्धिकरण और परम लक्ष्य की प्राप्ति होती है।

कर्म

आज के दिन किसी गरीब व्यक्ति की दवा का खर्चा उठाएँ।

आध्यात्मिक मार्गदर्शन

Day-119

संस्कृत

योगिनामपि सर्वेषां मद्गतेनान्तरात्मना ।
श्रद्धावान्भजते यो मां स मे युक्ततमो मतः॥

लिप्यांतरण

yogināṁ api sarveṣhāṁ mad-gatenāntar-ātmanā
śhraddhāvān bhajate yo māṁ sa me yukta-tamo mataḥ

अनुवाद

मेरे मत में सभी योगियों में भी जो मुझमें ही रमे हुए, अन्तरात्मा से मेरा चिन्तन करते हैं, ऐसे श्रद्धावान योगी परम श्रेष्ठ हैं।

व्याख्या

भगवान कृष्ण कहते हैं कि सभी योगियों में से जो व्यक्ति मुझमें अंतःकरण से स्थित होकर श्रद्धा के साथ मेरी भक्ति करता है, वह मेरे मत में सर्वश्रेष्ठ योगी है। इसका अर्थ है कि भगवान की भक्ति में लीन योगी सर्वश्रेष्ठ होता है।

कर्म

आज के दिन किसी गरीब व्यक्ति को कपड़े दान करें। उसकी जरूरतें पूरी करें और उसे खुश रखें।

आध्यात्मिक मार्गदर्शन

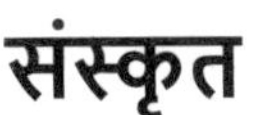

Day-120

संस्कृत

श्रीभगवानुवाच।
मय्यासक्तमना पार्थ योगं युञ्जन्मदाश्रय।
असंशयं समग्रं मां यथा ज्ञास्यसि तच्छृणु॥

लिप्यांतरण

śhrī-bhagavān uvācha
mayy āsakta-manāḥ pārtha yogaṁ yuñjan mad-āśhrayaḥ
asaṁśhayaṁ samagraṁ māṁ yathā jñāsyasi tach chhṛiṇu

अनुवाद

श्री भगवान् बोले
हे पार्थ! मुझमें आसक्त चित्त वाला तथा मेरे आश्रित होकर योग में लगा हुआ तू जिस प्रकार मुझे संशयरहित भाव से पूर्णतः जान सकेगा वह सुन।

व्याख्या

भगवान कहते हैं कि हे पार्थ, जो व्यक्ति मुझमें आसक्त मन से और मेरे शरण होकर योग को अभ्यास करता है, वह निश्चय ही मुझे सम्पूर्ण रूप से जान लेगा। इस अत्यंत महत्वपूर्ण ज्ञान को सुन।

कर्म

आज के दिन किसी मंदिर में सेवा करें। वहाँ की सफाई करें और अपनी सेवा से पुण्य कमाएँ।

आध्यात्मिक मार्गदर्शन

Day-123

संस्कृत

पुण्यो गन्धः पृथिव्यां च तेजश्चास्मि विभावसौ।
जीवनं सर्वभूतेषु तपश्चास्मि तपस्विषु॥

लिप्यांतरण

puṇyo gandhaḥ pṛithivyāṁ cha tejaśh chāsmi vibhāvasau
jīvanaṁ sarva-bhūteṣhu tapaśh chāsmi tapasviṣhu

अनुवाद

पृथ्वी में पवित्र गंध, तथा अग्नि में तेज मैं हूँ, सभी भूतों में मैं जीवन और तपस्वियों में तप हूँ।

व्याख्या

भगवान कहते हैं कि पवित्र धरती की सुगंध मैं हूँ, और अग्नि का तेज, वह भी मैं हूँ। इसका अर्थ है कि सृष्टि की हर वस्तु में जो भी गुण इत्यादि हैं वे भगवान का ही स्वरुप हैं - उनसे परे कुछ भी कहीं नहीं है। यहाँ तक कि देहधारियों में जीवन और तपस्या से प्राप्त होने वाला तप-फल, यह भी उस सर्वशक्तिमान परमात्मा का ही स्वरुप है।

कर्म

आज के दिन किसी गरीब बच्चे को खिलौने दें। उसकी खुशी में शामिल हों और उसका मन बहलाएँ।

आध्यात्मिक मार्गदर्शन

Day-124

संस्कृत

बीजं मां सर्वभूतानां विद्धि पार्थ सनातनम्।
बुद्धिर्बुद्धिमतामस्मि तेजस्तेजस्विनामहम्॥

लिप्यांतरण

bījaṁ māṁ sarva-bhūtānāṁ viddhi pārtha sanātanam
buddhir buddhi-matām asmi tejas tejasvinām aham

अनुवाद

हे पार्थ! सभी भूतों का बीज तू मुझ सनातन को ही जान। मैं बुद्धिमानों की बुद्धि और तेजस्वियों का तेज हूँ।

व्याख्या

भगवान कहते हैं कि हे पार्थ, सभी देहधारियों के पञ्चतत्वों से बने शरीरों का आधार मैं हूँ। सबकी उत्पत्ति उसी सर्वशक्तिमान परमात्मा से हुई है जो कि सनातन हैं, पुरातन और सृष्टि के मूल कारण हैं। वे परमपिता परमात्मा ही बुद्धिमानों की मेधा और तेजस्वियों का तेज हैं - अर्थात सभी के गुणों का कारण स्वरुप एक ईश्वर ही हैं।

कर्म

आज के दिन किसी गरीब परिवार को वस्त्र दान करें। उनकी जरूरतें पूरी करें और उन्हें खुशी दें।

आध्यात्मिक मार्गदर्शन

Day-125

संस्कृत

ये चैव सात्त्विका भावा राजसास्तामसाश्च ये।
मत्त एवेति तान्विद्धि न त्वहं तेषु ते मयि॥

लिप्यांतरण

ye chaiva sāttvikā bhāvā rājasās tāmasāśh cha ye
matta eveti tān viddhi na tvahaṁ teṣhu te mayi

अनुवाद

और भी, जितने सात्विक, राजसिक तथा तामसिक भाव हैं, उन सबको तू मुझसे ही उत्पन्न होने वाले जान। परन्तु वास्तव में न तो उनमें मैं हूँ और न वे मुझमें हैं।

व्याख्या

भगवान कहते हैं कि जो भाव सत्त्वगुण से उत्पन्न होते हैं, और जो रजोगुण या तमोगुण से भी उत्पन्न होने वाले भाव हैं - वे सभी ईश्वर से उत्पन्न होते हैं। किन्तु ईश्वर से उत्पन्न हुए ये सभी भाव ईश्वर में नहीं हैं, और न ही ईश्वर इनमें हैं। इसका अर्थ है कि सभी गुण यद्यपि भगवान से ही उत्पन्न हुए हैं, किन्तु भगवान स्वयं निर्गुण हैं| न तो भगवान में कोई गुण वास करता है और न गुणों में भगवान - क्योंकि ईश्वर स्वयं गुण-दोषों से परे हैं।

कर्म

आज के दिन किसी गरीब महिला को स्वरोजगार के साधन दिलाएँ। उसे आत्मनिर्भर बनने में मदद करें।

आध्यात्मिक मार्गदर्शन

Day-126

संस्कृत

दैवी ह्येषा गुणमयी मम माया दुरत्यया।
मामेव ये प्रपद्यन्ते मायामेतां तरन्ति ते॥

लिप्यांतरण

daivī hyeṣhā guṇa-mayī mama māyā duratyayā
mām eva ye prapadyante māyām etāṁ taranti te

अनुवाद

क्योंकि यह मेरी अलौकिक और (त्रि)गुणमयी माया बड़ी ही दुस्तर है – जो मेरी शरण होते हैं वे ही इस माया से तर जाते हैं।

व्याख्या

भगवान कहते हैं कि मेरी सत्, रज और तम - इन तीन गुणों वाली माया बड़ी ही दुस्तर है। जो मेरी शरण में आते हैं वे ही इससे तर पाते हैं। ऐसा इसलिए कहा गया है क्योंकि माया के ये तीनों गुण किसी को भी मोहित करके अपने फंद में उलझा लेते हैं। इनसे छूटने का एक ही उपाय है जो भगवान स्वयं अर्जुन को बता रहे हैं - एकात्म भाव से उनकी शरण में हो जाना। परमात्मा के निकट आने और माया से दूर रहने का केवल एक यही मार्ग है।

कर्म

आज के दिन किसी गरीब व्यक्ति को भोजन कराएँ और अपने मन को शांति दें।

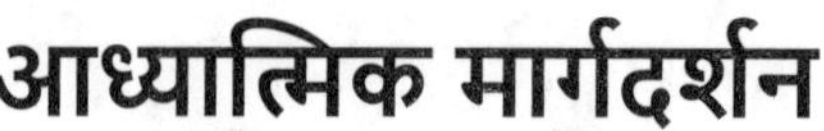

आध्यात्मिक मार्गदर्शन

Day-127

संस्कृत

न माम् दुष्कृतिनो मूढाः प्रपद्यन्ते नराधमाः।
माययापहृतज्ञाना आसुरं भावमाश्रिताः॥

लिप्यांतरण

na māṁ duṣkṛtino mūḍhāḥ prapadyante narādhamāḥ
māyayāpahṛta-jñānā āsuraṁ bhāvam āśritāḥ

अनुवाद

माया द्वारा अपहृत ज्ञान वाले, असुर भाव को धारण किये हुए, दोषपूर्ण कर्म करने वाले मूढ़, अधम मनुष्य मुझे नहीं भजते।

व्याख्या

भगवान कहते हैं कि जिनका मन माया में भटक रहा है, उनका ज्ञान नष्ट हो जाता है। ऐसे मूर्ख मनुष्य बुरे कर्म करने लगते हैं और मुझसे निरन्तर दूर होते जाते हैं। ऐसे अज्ञानी लोगों की बुद्धि तामसिक होती है और वे अधम कोटि के व्यक्ति होते हैं।

कर्म

आज के दिन किसी गरीब व्यक्ति की मदद करें। उसकी समस्याओं का समाधान करें और उसे राहत दें।

आध्यात्मिक मार्गदर्शन

Day-128

संस्कृत

उदाराः सर्व एवैते ज्ञानी त्वात्मैव मे मतम्।
आस्थितः स हि युक्तात्मा मामेवानुत्तमां गतिम्॥

लिप्यांतरण

udārāḥ sarva evaite jñānī tvātmaiva me matam
āsthitaḥ sa hi yuktātmā mām evānuttamāṁ gatim

अनुवाद

ये सभी उदार (बुद्धि) हैं, परन्तु ज्ञानी जन तो साक्षात् मेरा ही स्वरुप है – ऐसा मेरा मत है। क्योंकि मुझमें आदत्त (लगाई हुई) मन-बुद्धि वाला वह मेरी ही अति-उत्तम गति को प्राप्त होता है।

व्याख्या

भगवान कहते हैं कि इन सभी में ज्ञानी जन मुझे सर्वाधिक प्रिय हैं - क्योंकि ज्ञानी मेरे सबसे अधिक निकट हैं। भगवान् कहते हैं कि सच्चा ज्ञान प्राप्त करने वाला व्यक्ति ही भली प्रकार परमात्मा का वास्तविक स्वरुप जान पाता है। अपनी प्रभु के प्रति समर्पित बुद्धि से वह जान लेता है कि मुझमें पूरी तरह से लगाए हुए चित्त के द्वारा ही उसे परमगति की प्राप्ति होगी।

कर्म

आज के दिन किसी मंदिर में जाकर पूजा करें। अपने मन की शांति के लिए भगवान का स्मरण करें।

आध्यात्मिक मार्गदर्शन

Day-129

संस्कृत

वेदाहं समतीतानि वर्तमानानि चार्जुन।
भविष्याणि च भूतानि मां तु वेद न कश्चन॥

लिप्यांतरण

vedāhaṁ samatītāni vartamānāni chārjuna
bhaviṣhyāṇi cha bhūtāni māṁ tu veda na kaśhchana

अनुवाद

हे अर्जुन! पूर्वकाल में हो चुके, वर्त्तमान में स्थित तथा आगे होने वाले सभी भूतों (प्राणियों) को मैं जानता हूँ, परन्तु मुझे कोई भी नहीं जानता।

व्याख्या

भगवान कहते हैं कि हे अर्जुन! मैं सभी प्राणियों को और उनके भूत, वर्तमान और भविष्य के सारे वृतान्त को जानता हूँ, परन्तु मुझे कोई भी नहीं जानता।

कर्म

आज के दिन किसी जरूरतमंद की मदद करें। उसकी समस्याओं का समाधान करें और उसे सहारा दें।

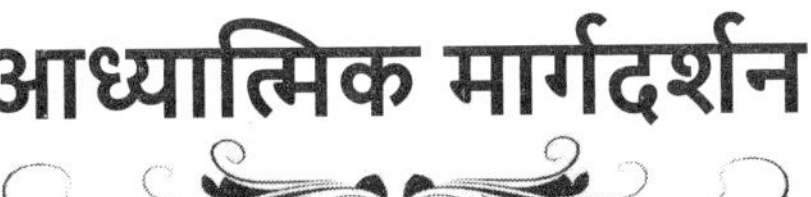

आध्यात्मिक मार्गदर्शन

Day-130

संस्कृत

अभ्यासयोगयुक्तेन चेतसा नान्यगामिना।
परमं पुरुषं दिव्यं याति पार्थानुचिन्तयन्॥

लिप्यांतरण

abhyāsa-yoga-yuktena chetasā nānya-gāminā
paramaṁ puruṣhaṁ divyaṁ yāti pārthānuchintayan

अनुवाद

हे पार्थ! परमात्मा के ध्यान के अभ्यास रुपी योग से युक्त, अन्य किसी ओर न जाने वाले चित्त से निरन्तर चिंतन करता हुआ मनुष्य दिव्य परम पुरुष अर्थात् परमात्मा को प्राप्त होता है।

व्याख्या

यहाँ भगवान कहते हैं कि ध्यान योग का निरन्तर अभ्यास करने से व्यक्ति का चित्त कहीं और भटकता नहीं है। इस प्रकार सधे हुए मन से निरंतर परमात्मा का चिंतन-स्मरण करता हुआ व्यक्ति निश्चित ही ईश्वर को प्राप्त कर लेता है। यही दिव्य है, यही परम गति है।

कर्म

आज के दिन किसी गरीब को कपड़े दान करें। उसकी जरूरतें पूरी करें और उसे खुश रखें।

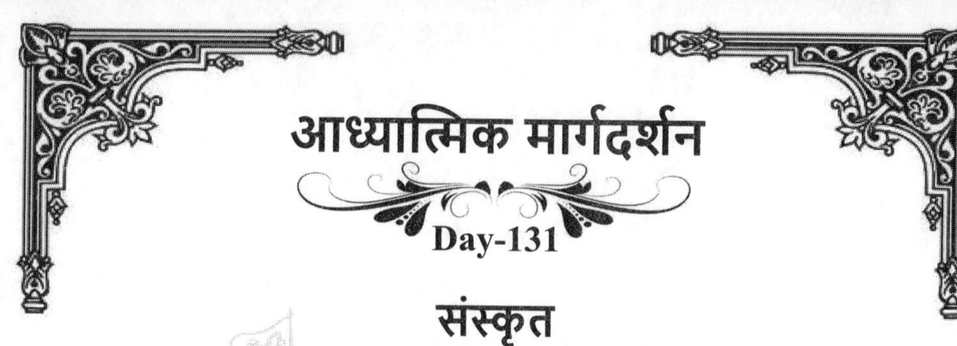

आध्यात्मिक मार्गदर्शन

Day-131

संस्कृत

कविं पुराणमनुशासितारमणोरणीयांसमनुस्मरेद्यः।
सर्वस्य धातारमचिन्त्यरूपमादित्यवर्णं तमसः परस्तात्॥

लिप्यांतरण

kaviṁ purāṇam anuśhāsitāram anor aṇīyān
saṁsmared yaḥ sarvasya dhātāram achintya-rūpam
āditya-varṇaṁ tamasaḥ parastāt

अनुवाद

जो व्यक्ति सर्वज्ञ, सनातन, सबके नियंता, सूक्ष्म से भी अति सूक्ष्म, सबको धारण करने वाले, अचिन्त्य स्वरुप वाले, सूर्य के समान स्वयं प्रकाशित, अन्धकार (या अविद्या) से सर्वथा परे (शुद्ध स्वरुप परमात्मा) का चिंतन करता है।

व्याख्या

इस श्लोक में कहा गया है कि जो उस परमात्मा का ध्यान करता है जो कि पुरातन, सनातन, सूक्ष्म, अचिन्त्य, प्रकाशमान, शुद्ध और बुद्ध है - वही सत्य समझता है। परमात्मा सर्वज्ञ है, सबको धारण करने वाला, स्थिर रखने वाला, सभी को चलाने वाला और अज्ञान या अविद्या से परे स्वयं प्रकाश स्वरुप भी है। ऐसा जान कर ही उसका ध्यान करना चाहिए।

कर्म

आज के दिन किसी गरीब व्यक्ति को चिकित्सा सुविधा दिलाएँ। उसकी बीमारी का इलाज कराएँ और उसका दर्द कम करें।

आध्यात्मिक मार्गदर्शन

Day-132

संस्कृत

प्रयाणकाले मनसाचलेन भक्त्या युक्तो योगबलेन चैव।
भ्रुवोर्मध्ये प्राणमावेश्य सम्यक् स तं परं पुरुषमुपैति दिव्यम्॥

लिप्यांतरण

prayāṇa-kāle manasāchalena bhaktyā yukto yoga-balena chaiva
bhruvor madhye prāṇam āveśhya samyak sa taṁ paraṁ puruṣham
upaiti divyam

अनुवाद

वह भक्ति से युक्त व्यक्ति (अपने) अन्त समय में भी स्थिर मन से योगबल द्वारा प्राणों को भृकुटियों के मध्य में ठीक से स्थापित करके उस दिव्य स्वरुप परमात्मा को ही प्राप्त हो जाता है।

व्याख्या

इस श्लोक में बताया गया है अपना अंत समय आने पर भक्तिभाव से युक्त एक योगी को क्या करना चाहिए। भगवान कहते हैं कि ऐसे समय में वह योगी स्थिर चित्त होकर बैठ जाए, और योगबल से अपने प्राणों व नेत्रों को भृकुटियों (भौंहों) के बीच में स्थापित करे। इस प्रकार से स्थिर मन से भक्ति करता हुआ वह योगी परमपिता परमात्मा को ही प्राप्त होता है, उसे दिव्य गति मिलती है।

कर्म

आज के दिन किसी पेड़ को पानी दें। पर्यावरण की सुरक्षा करें और स्वच्छ हवा प्राप्त करें।

आध्यात्मिक मार्गदर्शन

Day-133

संस्कृत

सर्वद्वाराणि संयम्य मनो हृदि निरुध्य च।
मूर्धन्याधायात्मन: प्राणमास्थितो योगधारणाम्॥

लिप्यांतरण

sarva-dvārāṇi saṁyamya mano hṛidi nirudhya cha
mūrdhny ādhāya ātmanaḥ prāṇam āsthito yoga-dhāraṇām

अनुवाद

सभी इन्द्रिय-द्वारों को रोककर तथा मन को हृदय-देश में स्थिर करके, मस्तिष्क द्वारा प्राण को मस्तक में स्थापित करके, योग को धारण करते हुए, आत्मा की गहराइयों में जाकर अपने वास्तविक स्वरूप को पहचानना है।

व्याख्या

इस श्लोक में कहा गया है कि योगी को सम्पूर्ण इंद्रियों को वश में करना चाहिए, मन को हृदय में स्थिर रखना चाहिए, अपने मस्तिष्क को मस्तक प्रदेश में स्थिर करके योग को धारण किया जाता है। इस प्रकार योग धारण करने से, ध्यान करने से ही मनुष्य आत्मिक स्थिरता और भगवत्-प्राप्ति की ओर बढ़ता है।

कर्म

आज के दिन किसी गरीब बच्चे की शिक्षा का खर्चा उठाएँ। उसकी पढ़ाई में मदद करें और उसे आगे बढ़ाएं।

आध्यात्मिक मार्गदर्शन

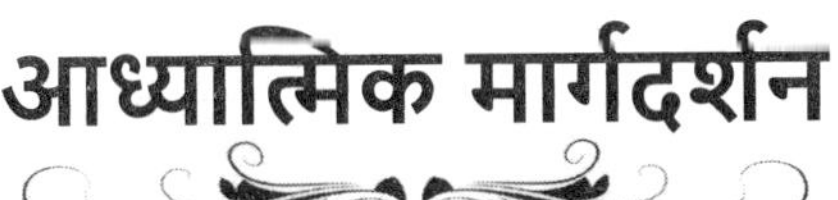

Day-134

संस्कृत

ओमित्येकाक्षरं ब्रह्म व्याहरान्मामनुस्मरन्।
यः प्रयाति त्यजन्देहं सः याति परमां गतिम्॥

लिप्यांतरण

oṁ ityekākṣharaṁ brahma vyāharan mām anusmaran
yaḥ prayāti tyajan dehaṁ sa yāti paramāṁ gatim

अनुवाद

जो (व्यक्ति) 'ॐ' इस एक अक्षर (रुपी) ब्रह्म का चिंतन करके मुझे स्मरण करता हुआ शरीर को त्याग कर जाता है, वह परम गति को प्राप्त होता है।

व्याख्या

यहाँ कहा गया है कि जो योगी ॐ - इस एकाक्षर रुपी परब्रह्म का ध्यान करता हुआ, मुझे स्मरण करता हुआ शरीर त्याग करता है, वह परमगति को प्राप्त होता है।

कर्म

आज के दिन किसी गरीब परिवार को राशन सामग्री दें। उनकी जरूरतें पूरी करें और उन्हें सुखी रखें।

आध्यात्मिक मार्गदर्शन

Day-135

संस्कृत

मामुपेत्य पुनर्जन्म दुःखालयमशाश्वतम्।
नाप्नुवन्ति महात्मानः संसिद्धिं परमां गताः॥

लिप्यांतरण

mām upetya punar janma duḥkhālayam aśhāśvatam
nāpnuvanti mahātmānaḥ saṁsiddhiṁ paramāṁ gatāḥ

अनुवाद

परम सिद्धि को प्राप्त महात्मा मुझको प्राप्त होकर फिर दुःखों के घर व अशाश्वत पुनर्जन्म को नहीं प्राप्त होते (अर्थात् वे पुनर्जन्म से छूट जाते हैं)।

व्याख्या

यहाँ कहा गया है कि जो महान आत्माएँ मुझ तक पहुँच जाती हैं, उनको पुनर्जन्म से मुक्ति रुपी परम सिद्धि प्राप्त होती है। इस परम गति को प्राप्त करने के बाद सुख-दुःख रुपी संसार के जन्म-मरण के चक्र से मुक्ति मिल जाती है और इस प्रकार शाश्वत शान्ति प्राप्त होती है।

कर्म

आज के दिन किसी बीमार व्यक्ति की देखभाल करें। उसकी स्वास्थ्य की चिंता करें और उसे आराम पहुंचाएं।

आध्यात्मिक मार्गदर्शन

Day-136

संस्कृत

आब्रह्मभुवनाल्लोकाः पुनरावर्तिनोऽर्जुन।
मामुपेत्य तु कौन्तेय पुनर्जन्म न विद्यते॥

लिप्यांतरण

ābrahma-bhuvanāl lokāḥ punar āvartino 'rjuna
mām upetya tu kaunteya punar janma na vidyate

अनुवाद

हे अर्जुन! ब्रह्मलोक पर्यन्त सभी लोक पुनरावर्ती (जिनमें पुनर्जन्म होता है) हैं, किन्तु हे कुन्तीपुत्र! मुझको प्राप्त होने के बाद पुनर्जन्म नहीं होता।

व्याख्या

इस श्लोक में कहा गया है कि इस पृथ्वीलोक से लेकर देवलोक, ब्रह्मलोक अथवा जितने भी लोक हैं उन सभी में आत्माएँ आती हैं और जाती हैं - सभी लोकों में जीवात्मा का आना भी होता है और जाना भी। किन्तु एक ईश्वर का लोक ऐसा है जहाँ आ कर फिर जाया नहीं जाता। अर्थात जो प्रभु तक पहुँच जाए, उसे फिर न कहीं आना होता है - न कहीं जाना। भगवान स्पष्ट कहते हैं कि मेरे पास आने पर पुनर्जन्म नहीं होता।

कर्म

आज के दिन किसी गरीब को कम्बल दान करें।

आध्यात्मिक मार्गदर्शन

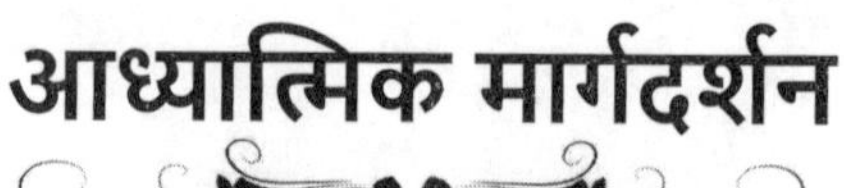

Day-137

संस्कृत

अव्यक्तोऽक्षर इत्युक्तस्तमाहुः परमां गतिम्।
यं प्राप्य न निवर्तन्ते तद्धाम परमं मम॥

लिप्यांतरण

avyakto 'kṣhara ityuktaḥ tamāhuḥ paramāṁ gatim
yaṁ prāpya na nivartante tad dhāma paramaṁ mama

अनुवाद

जो अव्यक्त, अक्षर कहा गया है उसे (उस भाव को) ही परम गति कहते हैं – जिसे प्राप्त करके फिर वापस नहीं आया जाता, वही मेरा परम धाम है।

व्याख्या

इस श्लोक में कहा गया है कि ईश्वर के जिस स्वरुप को अव्यक्त, अक्षर कहा गया है, उसे ठीक से जान लेना और उसके समर्पित हो जाने को ही परम गति कहते हैं। जिसको प्राप्त होकर फिर वहाँ से लौटा नहीं जाता, वह मेरा परम धाम है।

कर्म

आज के दिन किसी गरीब व्यक्ति को जूते दान करें।

आध्यात्मिक मार्गदर्शन

Day-138

संस्कृत

अग्निर्ज्योतिरहः शुक्लः षण्मासा उत्तरायणम्।
तत्र प्रयाता गच्छन्ति ब्रह्म ब्रह्मविदो जनाः॥

लिप्यांतरण

agnir jyotir ahaḥ śhuklaḥ ṣhaṇmāsā uttarāyaṇam
tatra prayātā gachchhanti brahma brahma-vido janāḥ

अनुवाद

जो ज्योति (स्वरुप) है, अग्नि है, ऐसे शुक्ल पक्ष के छ मास उत्तरायण के होते हैं। इस अवधि में मरकर गए हुए ब्रह्मवेत्ता ब्रह्म को ही प्राप्त होते हैं।

व्याख्या

इस श्लोक में कहा गया है कि जो ज्योतिर्मय है, वह उज्ज्वल, शुद्ध और शुक्ल पक्ष के छह महीने उत्तरायण के होते हैं। जिनकी मृत्यु उत्तरायण की इस अवधि में हुई होती है, वे श्रेष्ठ मनुष्य मृत्यु के बाद ब्रह्मलोक को जाते हैं।

कर्म

आज के दिन किसी वृद्ध व्यक्ति के साथ समय बिताएँ। उनसे उनके जीवन के अनुभव सुनें और सीखें।

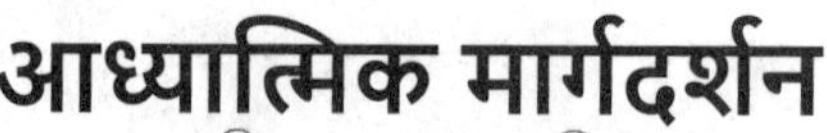

आध्यात्मिक मार्गदर्शन

Day-139

संस्कृत

अश्रद्दधानाः पुरुषा धर्मस्यास्य परन्तप।
अप्राप्य मां निवर्तन्ते मृत्युसंसारवर्त्मनि॥

लिप्यांतरण

aśhraddadhānāḥ puruṣhā dharmasyāsya parantapa
aprāpya māṁ nivartante mṛityu-saṁsāra-vartmani

अनुवाद

हे परन्तप! इस (बतलाये गए) धर्म में श्रद्धा न रखने वाले पुरुष मुझको प्राप्त न होकर मृत्यु रुपी संसार (जीवन-मरण) के चक्र में लौटते रहते हैं।

व्याख्या

भगवान कहते हैं कि जो लोग इस धर्म में विश्वास नहीं रखते, वे मुझ तक नहीं पहुँच सकते। इस बात का आशय यह है कि सत्य से दूर रहने पर, सत्य-स्वरुप परमात्मा तक भला पहुँचा ही कैसे जा सकता है! तो जो भी मनुष्य भगवान के बताये मार्ग पर श्रद्धा नहीं रखता वह उन तक नहीं पहुँच पाता और जन्मों जन्मों तक जीवन-मृत्यु के संसार चक्र में बन्धा घूमता रहता है।

कर्म

आज के दिन किसी गरीब व्यक्ति को नाश्ता कराएँ। उसकी भूख मिटाएँ और उसे खुशी दें।

आध्यात्मिक मार्गदर्शन

Day-140

संस्कृत

मया ततमिदं सर्वं जगदव्यक्तमूर्तिना।
मत्स्थानि सर्वभूतानि न चाहं तेष्ववस्थितः॥

लिप्यांतरण

mayā tatam idaṁ sarvaṁ jagad avyakta-mūrtinā
mat-sthāni sarva-bhūtāni na chāhaṁ teṣhv avasthitaḥ

अनुवाद

मेरे अव्यक्त रूप से यह सारा जगत व्याप्त है। और सभी प्राणी मुझमें स्थित हैं, परन्तु मैं उनमें स्थित नहीं हूँ।

व्याख्या

भगवान कहते हैं कि वे स्वयं अव्यक्त या अप्रकट हैं, किन्तु उन्हीं से यह सारा जगत व्याप्त है। चराचर विश्व का सभी कुछ उनमें स्थित है, किन्तु प्रभु स्वयं किसी में स्थित नहीं हैं। ऐसा इसलिए कहा गया है क्योंकि परमात्मा अव्यक्त और अलक्ष्य है। वह सर्वव्यापी होने पर भी इन्द्रिय-गोचर नहीं है।

कर्म

आज के दिन किसी गरीब बच्चे को स्कूल में प्रवेश दिलाएँ। उसकी शिक्षा का ध्यान रखें और उसे बढ़ावा दें।

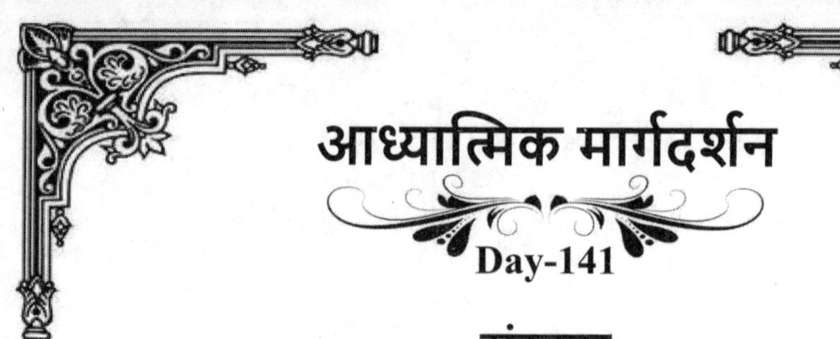

आध्यात्मिक मार्गदर्शन

Day-141

संस्कृत

न च मत्स्थानि भूतानि पश्य मे योगमैश्वरम्।
भूतभृन्न च भूतस्थो ममात्मा भूतभावनः॥

लिप्यांतरण

na cha mat-sthāni bhūtāni paśhya me yogam aiśhvaram
bhūta-bhṛin na cha bhūta-stho mamātmā bhūta-bhāvanaḥ

अनुवाद

और वे सब भूत मुझमें स्थित नहीं हैं, किन्तु मेरी योगशक्ति को देख – कि भूतों को धारण करने वाला और भूतों का (उत्पत्ति) कारण होकर भी मैं वस्तुतः भूतों में स्थित नहीं हूँ।

व्याख्या

भगवान कहते हैं कि उनकी योगमाया बहुत आश्चर्यमयी है। अपनी योग शक्ति से वे सभी चराचर जगत को धारण करते हुए भी स्वयं उसमें स्थित नहीं रहते। सभी कुछ उन ईश्वर से उत्पन्न हुआ है, किन्तु वे स्वयं अगोचर और अनन्त हैं इसलिए किसी भी वस्तु या तत्व में उनकी स्थिति नहीं है। ऐसा ही प्रभु का वैभव है।

कर्म

आज के दिन किसी दुःखी महिला की सहायता करें। उससे बात करें और अपनी छोटी छोटी कोशिशों से उसका दुःख दूर करने का प्रयास करें।

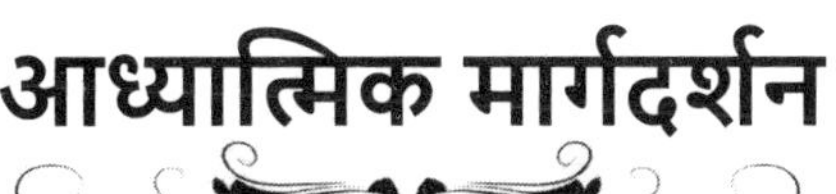

आध्यात्मिक मार्गदर्शन

Day-142

संस्कृत

यथाकाशस्थितो नित्यं वायुः सर्वत्रगो महान्।
तथा सर्वाणि भूतानि मत्स्थानीत्युपधारय॥

लिप्यांतरण

yathākāśha-sthito nityaṁ vāyuḥ sarvatra-go mahān
tathā sarvāṇi bhūtāni mat-sthānītyupadhāraya

अनुवाद

जिस प्रकार सर्वत्र विचरण करने वाला महान् वायु सदा आकाश में ही स्थित है, उसी प्रकार सभी प्राणी (सदा) मुझमें स्थित हैं - तू ऐसा जान।

व्याख्या

भगवान कहते हैं कि आकाश में स्थित रहने वाले वायु की ही भांति वे स्वयं सबमें, और सर्वत्र विद्यमान हैं। अर्जुन को अपने वास्तविक रूप के बारे में बताते हुए श्रीकृष्ण अर्जुन को बताते हैं कि यह सारा जड़-चेतन जगत उनमें स्थिर होकर स्थित है, और वे ही सम्पूर्ण सृष्टि को धारण करने वाले हैं।

कर्म

आज के दिन किसी गरीब व्यक्ति की दवा का खर्चा उठाएँ। उसकी बीमारी का इलाज कराएँ और उसे स्वस्थ रखें।

आध्यात्मिक मार्गदर्शन

Day-143

संस्कृत

प्रकृतिं स्वामवष्टभ्य विसृजामि पुनः पुनः।
भूतग्राममिमं कृत्स्नमवशं प्रकृतेर्वशात्॥

लिप्यांतरण

prakṛitiṁ svām avaṣhṭabhya visṛijāmi punaḥ punaḥ
bhūta-grāmam imaṁ kṛitsnam avaśhaṁ prakṛiter vaśhāt

अनुवाद

अपनी प्रकृति को धारण करके स्वभावतः ही परतंत्र इस समूचे भूत-समुदाय को मैं बारम्बार (फिर उत्पन्न होने के लिए) छोड़ता हूँ।

व्याख्या

भगवान कहते हैं कि सभी जीव-धारी स्वतंत्र नहीं हैं, वे सब सदा प्रकृति के वश में होते हैं। बारम्बार उत्पन्न होना, फिर नष्ट होना और फिर उत्पन्न होना - प्राणियों की जीवन-मृत्यु का यह अनवरत चलने वाला चक्र प्रकृति के वश में होता है। वही प्रकृति ईश्वर की प्रकृति है, जिसे वे स्वयं धारण और संतुलित करते हैं।

कर्म

आज के दिन किसी गरीब व्यक्ति को कपड़े दान करें और उसे खुश रखें।

आध्यात्मिक मार्गदर्शन

Day-144

संस्कृत

न च मां तानि कर्माणि निबध्नन्ति धनञ्जय।
उदासीनवदासीनमसक्तं तेषु कर्मसु॥

लिप्यांतरण

na cha māṁ tāni karmāṇi nibadhnanti dhanañjaya
udāsīna-vad āsīnam asaktaṁ teṣhu karmasu

अनुवाद

हे अर्जुन! उन कर्मों में अनासक्त और उदासीन होकर स्थित हुए मुझ को वे कर्म नहीं बाँधते।

व्याख्या

भगवान कहते हैं कि सृष्टि के उत्पत्तिकर्ता और संचालक के रूप में वे स्वयं जो कुछ भी करते हैं, उनके कर्म उन्हें नहीं बाँधते। ऐसा इसलिए क्योंकि ईश्वर जगत का पालन निर्विकार, निरपेक्ष, अलिप्त, उदासीन और अकर्ता भाव से करते हैं - वे अपने किसी कर्म में आसक्ति नहीं रखते। इसी प्रकार कर्म करने के लिए भगवान ने गीता का उपदेशामृत अर्जुन के माध्यम से सारे विश्व को दिया है।

कर्म

आज के दिन किसी धार्मिक स्थान पर सेवा करें। वहाँ की सफाई करें और अपनी सेवा से पुण्य कमाएँ।

आध्यात्मिक मार्गदर्शन

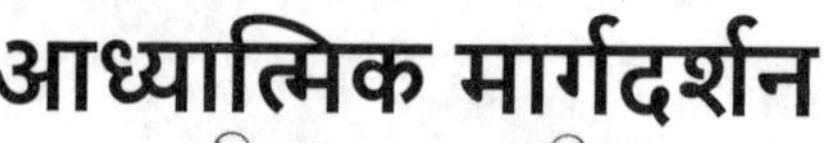

Day-145

संस्कृत

मयाध्यक्षेण प्रकृतिः सूयते सचराचरम्।
हेतुनानेन कौन्तेय जगद्विपरिवर्तते॥

लिप्यांतरण

mayādhyakṣeṇa prakṛitiḥ sūyate sa-charācharam
hetunānena kaunteya jagad viparivartate

अनुवाद

हे कुन्तीपुत्र! मुझ अधिष्ठाता के कारण प्रकृति सकल चराचर जगत को रचती है। इस कारण से ही यह संसार चक्र घूम रहा है।

व्याख्या

भगवान कहते हैं कि सारे चराचर जगत को धारण करने वाले अधिष्ठाता वे स्वयं हैं। सभी कुछ वहन करने वाले भगवान हैं, इसी आधार पर स्थिर होकर प्रकृति सारे जगत की रचना करती है और उसका पालन करती है। ईश्वर प्रकृति को आधार देते हैं - इसी से वह स्वयं स्थिर रहती है और संसार-चक्र को भी नियमित रख पाती है।

कर्म

आज के दिन किसी जरूरतमंद व्यक्ति की आर्थिक मदद करें। उसकी समस्याओं का समाधान करें और उसे सहारा दें।

आध्यात्मिक मार्गदर्शन

Day-146

संस्कृत

महात्मनस्तु मां पार्थ दैवीं प्रकृतिमाश्रिताः।
भजन्त्यनन्यमनसो ज्ञात्वा भूतादिमव्ययम्॥

लिप्यांतरण

mahātmānas tu māṁ pārtha daivīm prakṛitim āśhritāḥ
bhajanty ananya-manaso jñātvā bhūtādim avyayam

अनुवाद

हे पार्थ! दैवी प्रकृति वाले महात्माजन तो मुझे सब भूतों का अविनाशी और सतत-सनातन कारण जान कर अनन्य भाव से भजते हैं।

व्याख्या

भगवान कहते हैं कि जिनकी प्रकृति दैवीय होती है, ऐसे महात्मा ही परमात्मा को पहचानते हैं। वे जानते हैं कि ईश्वर ही सब प्राणियों के कर्ता, रचयिता और मूल कारण हैं। वे जानते हैं कि भगवान अविनाशी हैं, सतत् हैं, अनन्त हैं, सनातन और पुरातन हैं। ऐसे सुन्दर और सत्य भाव रखने वाले श्रीकृष्ण की अनन्य भाव से भक्ति करते हैं और भव-सागर से तर जाते हैं।

कर्म

आज के दिन किसी अनाथालय में बच्चों के साथ समय बिताएँ। उन्हें प्यार दें और उनकी देखभाल करें।

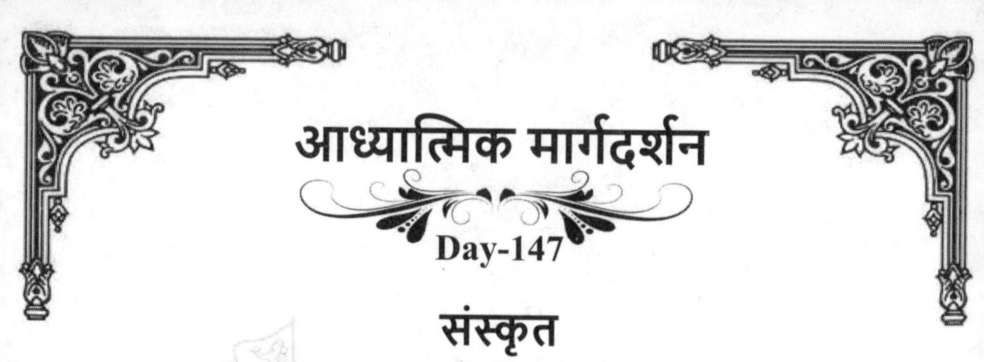

आध्यात्मिक मार्गदर्शन

Day-147

संस्कृत

पिताहमस्य जगतो माता धाता पितामहः।
वेद्यं पवित्रमोङ्कार ऋक्साम यजुरेव च॥

लिप्यांतरण

pitāham asya jagato mātā dhātā pitāmahaḥ
vedyaṁ pavitram oṁkāra ṛik sāma yajur eva cha

अनुवाद

मैं इस अखिल जगत को धारण करने वाला, माता, पिता और पितामह हूँ। मैं ही जानने योग्य हूँ, मैं ही पवित्र ओंकार, ऋग्वेद, सामवेद और यजुर्वेद भी हूँ।

व्याख्या

भगवान कहते हैं कि इस सारे जग के माता-पिता और पूर्वज भी वे स्वयं हैं। अर्थात सभी प्राणियों को उत्पन्न करने वाले, उन्हें धारण करने वाले, उनका पालन करने वाले और सभी के आदि-कारण भगवान स्वयं हैं। परम पवित्र ॐ, वेदों के रूप में व्यापक विद्या और ज्ञान भी वे ही हैं। इस प्रकार भगवान श्रीकृष्ण अर्जुन को ईश्वर की सर्व-धारणमयी और सर्व-व्यापक शक्ति के बारे में बताते हुए अपना वास्तविक स्वरुप बताते हैं।

कर्म

आज के दिन किसी गरीब बच्चे को खिलौने दें। उसकी खुशी में शामिल हों और उसका मन बहलाएँ।

आध्यात्मिक मार्गदर्शन

Day-148

संस्कृत

गतिर्भर्ता प्रभु: साक्षी निवासः शरणं सुहृत्।
प्रभवः प्रलयः स्थानं निधानं बीजमव्ययम्॥

लिप्यांतरण

gatir bhartā prabhuḥ sākṣhī nivāsaḥ śharaṇaṁ suhṛit
prabhavaḥ pralayaḥ sthānaṁ nidhānaṁ bījam avyayam

अनुवाद

प्राप्य स्थान, भर्ता (भरण-पोषण करने वाला), सबका स्वामी, सबका साक्षी, सबका निवास-स्थल, शरण देने वाला, सुहृद, उत्पत्ति-प्रलय का कारण, स्थान, निधान, बीज और अनश्वर कारण भी मैं हूँ।

व्याख्या

श्रीकृष्ण अर्जुन को अपने वास्तविक स्वरुप का परिचय देते हुए बताते हैं कि वे अविनाशी ईश्वर स्वयं सभी जीवों के जनक, स्वामी, सखा, पालक और सुहृत हैं। वे ही सबको सब समय देखने वाले, शरण देने वाले और सबके रक्षक हैं। वे ही प्राणियों की उत्पत्ति के कारण और अंतिम गति भी हैं।

कर्म

आज के दिन किसी गरीब परिवार को वस्त्र दान करें और उन्हें खुशी दें।

आध्यात्मिक मार्गदर्शन

Day-149

संस्कृत

तपाम्यहमहं वर्षं निगृह्णाम्युत्सृजामि च।
अमृतं चैव मृत्युश्च सदसच्चाहमर्जुन॥

लिप्यांतरण

tapāmy aham ahaṁ varṣhaṁ nigṛihṇāmy utsṛijāmi cha
amṛitaṁ chaiva mṛityuśh cha sad asach chāham arjuna

अनुवाद

हे अर्जुन! मैं ही तपाता हूँ, मैं ही वर्षण को ग्रहण करता व उसे छोड़ता (नियंत्रित करता) हूँ। मैं ही अमृत हूँ, मृत्यु हूँ और मैं ही सत्-असत् भी हूँ।

व्याख्या

भगवान कहते हैं कि जगत को ताप और ऊर्जा वे देते हैं, बादल के रूप में वर्षण करते हैं, धरती के रूप में वर्षा को ग्रहण करते हैं, वे ही जीवों का मृत्यु रुपी अंत हैं, और जिनका अंत नहीं होता उनका अमरत्व हैं। सत् और असत् - ये दोनों भी वे ही हैं। सत् उसे कहा गया है जिसकी सत्ता है, और असत् वह है जिसकी सत्ता नहीं है। यहाँ भगवान कहते हैं कि जो कुछ है अथवा जो कुछ नहीं भी है, वह भी परमात्मा का ही स्वरुप है। इसका सीधा सा अर्थ यह है कि वास्तविकता हो या कल्पना, सच हो या भ्रम - भगवान से परे कुछ नहीं है।

कर्म

आज के दिन किसी गरीब महिला को स्वरोजगार के साधन दिलाएँ। उसे आत्मनिर्भर बनने में मदद करें।

आध्यात्मिक मार्गदर्शन

Day-150

संस्कृत

त्रैविद्या मां सोमपाः पूतपापा यज्ञैरिष्ट्वा स्वर्गतिं प्रार्थयन्ते।
ते पुण्यमासाद्य सुरेन्द्रलोकमश्नन्ति दिव्यान्दिवि देवभोगान्॥

लिप्यांतरण

traividyā māṁ soma-pāḥ pūta-pāpā
yajñair iṣhṭvā svar-gatiṁ prārthayante
te puṇyam āsādya surendra-lokamaśhnanti
divyān divi deva-bhogān

अनुवाद

तीनों वेदों (त्रैविद्या – ऋग्वेद, यजुर्वेद और सामवेद इन तीनों वेदों को कहते हैं) को जानने वाले, सोमरस का पान करने वाले, पाप से मुक्त हुए जो मनुष्य यज्ञ द्वारा मेरा पूजन कर स्वर्ग-प्राप्ति के लिए प्रार्थना करते हैं, वे अपने पुण्यों के फलस्वरूप दिव्यलोकों को प्राप्त करके इन्द्र के समान भोग भोगते हैं।

व्याख्या

यहाँ कहा गया है कि जो लोग वेदों को जानने वाले, सोम-पान के अधिकारी, पापरहित होकर स्वर्ग की इच्छा से यज्ञ करने वाले होते हैं, वे स्वर्ग में इन्द्र के समान देवताओं के दिव्य भोगों का आनंद लेते हैं।

कर्म

आज के दिन किसी गरीब व्यक्ति को भोजन कराएँ और अपने मन को शांति दें।

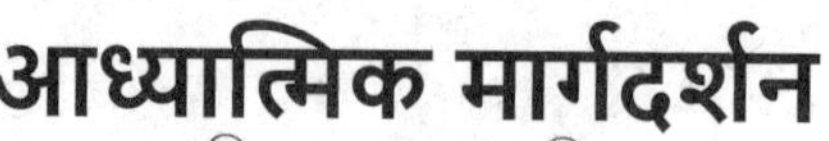

आध्यात्मिक मार्गदर्शन

Day-151

संस्कृत

अनन्याश्चिन्तयन्तो मां ये जनाः पर्युपासते।
तेषां नित्याभियुक्तानां योगक्षेमं वहाम्यहम्॥

लिप्यांतरण

ananyāśh chintayanto māṁ ye janāḥ paryupāsate
teṣhāṁ nityābhiyuktānāṁ yoga-kṣhemaṁ vahāmy aham

अनुवाद

जो लोग अनन्य भाव से मेरा चिन्तन करते हुए मेरी उपासना करते हैं, उन नित्य और निरन्तर मेरे ध्यान में रहने वालों का कुशल-क्षेम मैं स्वयं वहन करता हूँ।

व्याख्या

भगवान कहते हैं कि जो लोग अनन्य भक्ति से उनका चिंतन और पूजन करते हैं, उनकी बहुआयामी कुशलता, सफलता और क्षेम (रक्षा) का भार वे स्वयं वहन करते हैं।

कर्म

आज के दिन किसी गरीब व्यक्ति की मदद करें। उसकी समस्याओं का समाधान करें और उसे राहत दें।

आध्यात्मिक मार्गदर्शन

Day-152

संस्कृत

यान्ति देवव्रता देवान्पितृन्यान्ति पितृव्रताः।
भूतानि यान्ति भूतेज्या यान्ति मद्याजिनोऽपि माम्॥

लिप्यांतरण

yānti deva-vratā devān pitṝīn yānti pitṛi-vratāḥ
bhūtāni yānti bhūtejyā yānti mad-yājino 'pi mām

अनुवाद

देवताओं की पूजा करने वाले देवताओं को प्राप्त होते हैं, पितरों को पूजने वाले पितरों को प्राप्त होते हैं, भूतों को पूजने वाले भूतों को प्राप्त होते हैं तथा मेरा पूजन करने वाले मुझे प्राप्त होते हैं।

व्याख्या

भगवान कहते हैं कि जिसकी जैसी श्रद्धा होती है, उसे वैसा ही फल मिलता है। देवता, गुरु, पितृ आदि गुरुजनों में श्रद्धा रखने और पूजन करने वाले उन-उनको ही प्राप्त करते हैं जिनका वे अनुसरण करते हैं। इसी तरह भूत-प्रेतों को पूजने वाले भूतों को ही प्राप्त करते हैं। और केवल भगवान में पूर्ण रूप से समर्पित श्रद्धा रखने वाले भी भगवान को ही प्राप्त होते हैं।

कर्म

आज के दिन किसी मंदिर में जाकर पूजा करें। अपने मन की शांति के लिए भगवान का स्मरण करें।

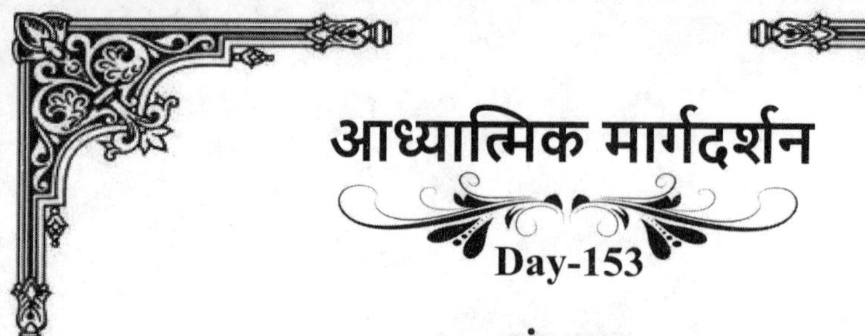

आध्यात्मिक मार्गदर्शन

Day-153

संस्कृत

पत्रं पुष्पं फलं तोयं यो मे भक्त्या प्रयच्छति।
तदहं भक्त्युपहृतमश्नामि प्रयतात्मनः॥

लिप्यांतरण

patraṁ puṣhpaṁ phalaṁ toyaṁ yo me bhaktyā prayachchhati
tad ahaṁ bhaktyupahṛitam aśhnāmi prayatātmanaḥ

अनुवाद

जो (भक्त) मुझे पत्र, पुष्प, फल, जल आदि भक्ति पूर्वक समर्पित करता है, उस शुद्ध भाव से अर्पण किये हुए को मैं प्रेम पूर्वक स्वीकार (ग्रहण करता) हूँ।

व्याख्या

यहाँ कहा गया है कि भगवान के प्रति समर्पित भक्त जो कुछ भी श्रद्धाभाव से उन्हें अर्पित करता है, चाहे वह पत्र हो, पुष्प हो, फल या जल हो - भगवान उसे प्रेम से ग्रहण करते हैं। भावार्थ यह है कि भगवान केवल भावना देखते हैं - भोग पदार्थ को नहीं। अतः मनुष्य को चाहिए कि भगवान के प्रति समर्पण भाव से, आडम्बर रहित होकर उनका पूजन-अर्चन करे।

कर्म

आज के दिन किसी सार्वजनिक स्थल की साफ़-सफाई अथवा देख-रेख करें, जिससे आम जन को सुविधा हो।

आध्यात्मिक मार्गदर्शन

Day-154

संस्कृत

यत्करोषि यदश्नासि यज्जुहोषि ददासि यत्।
यत्तपस्यसि कौन्तेय तत्कुरुष्व मदर्पणम्॥

लिप्यांतरण

yat karoṣhi yad aśhnāsi yaj juhoṣhi dadāsi yat
yat tapasyasi kaunteya tat kuruṣhva mad-arpaṇam

अनुवाद

हे कुन्तीपुत्र! तू जो भी कर्म करता है, जो खाता है, जो हवन करता है, जो दान करता है, जो तप करता है, वह सब मेरे अर्पण (भाव से) कर।

व्याख्या

इस श्लोक में कहा गया है कि हे कुंतीपुत्र! जो भी कर्म तू करता है, जो भोजन करता है, जो यज्ञ करता है, जो दान देता है, जो तप करता है, वह सब मुझको अर्पण कर। इससे उसका (अर्जुन का) कर्ता भाव नहीं रहेगा और वह कर्म-फल के बंधनों से मुक्त रहेगा। इस प्रकार अर्जुन को उसके कल्याण का सरलतम मार्ग बताते हुए भगवान सभी मानवों को कठिन कर्तव्य-पथ पर सुगमता से चल पाने की राह दिखाते हैं।

कर्म

आज के दिन किसी गरीब व्यक्ति को ऊनी कपड़े दान करें।

आध्यात्मिक मार्गदर्शन

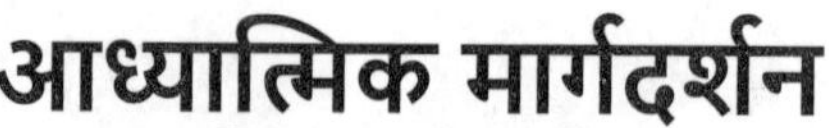

Day-155

संस्कृत

शुभाशुभफलैरेवं मोक्ष्यसे कर्मबन्धनैः।
सन्न्यासयोगयुक्तात्मा विमुक्तो मामुपैष्यसि॥

लिप्यांतरण

śhubhāśhubha-phalair evaṁ mokṣhyase karma-bandhanaiḥ
sannyāsa-yoga-yuktātmā vimukto mām upaiṣhyasi

अनुवाद

इस प्रकार सन्यास योग से युक्त होकर, शुभ-अशुभ फल रुपी कर्मबंधनों से मुक्त होकर, तू पूर्णतः मुक्ति-लाभ कर मुझको प्राप्त होगा।

व्याख्या

यहाँ कहा गया है कि एक सन्यासी तभी योग से युक्त होता है जब वह कर्मों के शुभ या अशुभ परिणामों को सम-दृष्टि से देखे। जो न अपने कर्मों के शुभ परिणामों से प्रसन्न हो, न ही अशुभ फलों से दुखी हो वही सच्चा सन्यासी है। भगवान अर्जुन से कहते हैं कि जिस समय वह एक सच्चे सन्यासी की भांति योग धारण करके कर्म-फलों से पूर्णतः मुक्त हो जाएगा, तब वह स्वयंप्रभु परमात्मा श्रीकृष्ण को प्राप्त हो जाएगा।

कर्म

आज के दिन किसी लाचार व्यक्ति को सहारा दें। उनकी स्थिति को समझें और उनकी मदद करें ताकि वे बेहतर महसूस कर सकें।

आध्यात्मिक मार्गदर्शन

Day-156

संस्कृत

समोऽहं सर्वभूतेषु न मे द्वेष्योऽस्ति न प्रियः।
ये भजन्ति तु मां भक्त्या मयि ते तेषु चाप्यहम्॥

लिप्यांतरण

samo 'haṁ sarva-bhūteṣhu na me dveṣhyo 'sti na priyaḥ
ye bhajanti tu māṁ bhaktyā mayi te teṣhu chāpy aham

अनुवाद

मैं सभी प्राणियों में समभाव से व्याप्त हूँ, न कोई मेरा प्रिय है और न मुझे किसी से द्वेष है। परन्तु जो मुझे भक्तिपूर्वक भजते हैं वे मुझमें और मैं उनमें स्थित हूँ।

व्याख्या

भगवान कहते हैं कि वे सभी जीवों में समान रूप से व्याप्त हैं, किसी से द्वेष नहीं करते और न ही किसी को विशेष प्रिय मानते हैं। जो लोग उनकी भक्ति करते हैं, वे भगवान में स्थित होते हैं और भगवान उनमें।

कर्म

आज के दिन किसी जानवर के लिए आश्रय स्थल बनाएं। उन्हें सुरक्षित स्थान प्रदान करें, ताकि वे सुरक्षित रहें।

आध्यात्मिक मार्गदर्शन

Day-157

संस्कृत

अपि चेत्सुदुराचारो भजते मामनन्यभाक्।
साधुरेव स मन्तव्यः सम्यग्व्यवसितो हि सः॥

लिप्यांतरण

api chet su-durāchāro bhajate mām ananya-bhāk
sādhur eva sa mantavyaḥ samyag vyavasito hi saḥ

अनुवाद

यदि कोई अत्यन्त दुराचारी भी अनन्य भाव से मेरा भक्त होकर मुझे भजता है तो वह भी साधु ही माना जाना चाहिए, क्योंकि उसने (प्रभु को भजने का) भली-भांति सही निश्चय किया है।

व्याख्या

भगवान कहते हैं कि यदि कोई दुराचारी भी अनन्य भक्ति से उनकी पूजा करता है, तो उसे साधु मानना चाहिए, क्योंकि उसने सही निश्चय कर लिया है और वह सही मार्ग पर है।

कर्म

आज के दिन किसी गरीब बच्चे को मुफ्त ट्यूशन दें। उसकी शिक्षा में मदद करें और उसे बेहतर भविष्य के लिए तैयार करें।

आध्यात्मिक मार्गदर्शन

Day-158

संस्कृत

क्षिप्रं भवति धर्मात्मा शश्वच्छान्तिं निगच्छति।
कौन्तेय प्रतिजानीहि न मे भक्तः प्रणश्यति॥

लिप्यांतरण

kṣhipraṁ bhavati dharmātmā śhaśhvat-chhāntiṁ nigachchhati
kaunteya pratijānīhi na me bhaktaḥ praṇaśhyati

अनुवाद

वह शीघ्र ही धर्मात्मा हो जाता है तथा शाश्वत शान्ति को प्राप्त होता है। हे कुन्तीपुत्र! तू यह निश्चयपूर्वक जान ले कि मेरा भक्त कभी नष्ट नहीं होता है।

व्याख्या

भगवान कहते हैं कि उनका भक्त शीघ्र ही धर्मात्मा बन जाता है और शाश्वत शांति प्राप्त करता है। भगवान यह भी कहते हैं कि उनके भक्त कभी नष्ट नहीं होते।

कर्म

आज के दिन किसी धार्मिक आयोजन में भाग लें। धर्म और संस्कृति की समझ बढ़ाएं और सामुदायिक भावना को मजबूत करें।

आध्यात्मिक मार्गदर्शन

Day-159

संस्कृत

मां हि पार्थ व्यपाश्रित्य येऽपि स्युः पापयोनयः।
स्त्रियो वैश्यास्तथा शूद्रास्तेऽपि यान्ति परां गतिम्॥

लिप्यंतरण

māṁ hi pārtha vyapāśhritya ye 'pi syuḥ pāpa-yonayaḥ
striyo vaiśhyās tathā śhūdrās te 'pi yānti parāṁ gatim

अनुवाद

हे अर्जुन! स्त्री, वैश्य, शूद्र अथवा जो कोई भी पापयोनि हो, वे भी मेरी शरण के आश्रित होकर परम गति को ही प्राप्त होते हैं।

व्याख्या

भगवान कहते हैं कि जो लोग क्षुद्र योनि में उत्पन्न होते हैं, जैसे स्त्रियां, वैश्य और शूद्र, (यहाँ यह ध्यातव्य है कि इस प्रकार का वर्ण विभाजन गुणों और कर्मों के आधार पर किया गया है, जन्म के आधार पर नहीं। भारत के किसी भी ग्रन्थ में जाति व्यवस्था कर्म-आधारित है, जन्मगत नहीं) यदि वे भगवान पर आश्रित हो जाते हैं, तो वे भी परमगति को प्राप्त होते हैं।

कर्म

आज के दिन किसी गरीब व्यक्ति को कंबल दान करें।

आध्यात्मिक मार्गदर्शन

Day-162

संस्कृत

बुद्धिर्ज्ञानमसम्मोहः क्षमा सत्यं दमः शमः।
सुखं दुःखं भवोऽभावो भयं चाभयमेव च॥

लिप्यांतरण

buddhir jñānam asammohaḥ kṣhamā satyaṁ damaḥ śhamaḥ
sukhaṁ duḥkhaṁ bhavo 'bhāvo bhayaṁ chābhayameva cha

अनुवाद

बुद्धि, ज्ञान, असम्मोह (मूढ़ता से मुक्त), क्षमा, सत्य, इन्द्रिय-नियंत्रण, मन की शांति, सुख, दुःख, उत्पत्ति और अभाव, भय और अभय—ये सभी भावनाएँ और गुण मेरे ही द्वारा उत्पन्न होते हैं।

व्याख्या

भगवान श्रीकृष्ण इस श्लोक में बताते हैं कि बुद्धि, ज्ञान, भ्रम से मुक्ति, क्षमा, सत्य, इन्द्रिय-नियंत्रण, मन की शांति, सुख, दुःख, उत्पत्ति और प्रलय, भय और अभय ये सभी गुण और अवस्थाएँ भगवान की शक्ति से उत्पन्न होती हैं। यहाँ कहा गया है कि सारे द्वन्द्वात्मक भाव, गुण और अवस्थाएँ ईश्वारोत्पन्न हैं और यह मनुष्य की अपनी प्रकृति पर निर्भर करता है कि वह किसमें लिप्त रहता है।

कर्म

आज के दिन किसी छोटे बच्चे को नैतिक शिक्षा दें। उसे अच्छे संस्कार सिखाएँ और समाज का अच्छा नागरिक बनाएं।

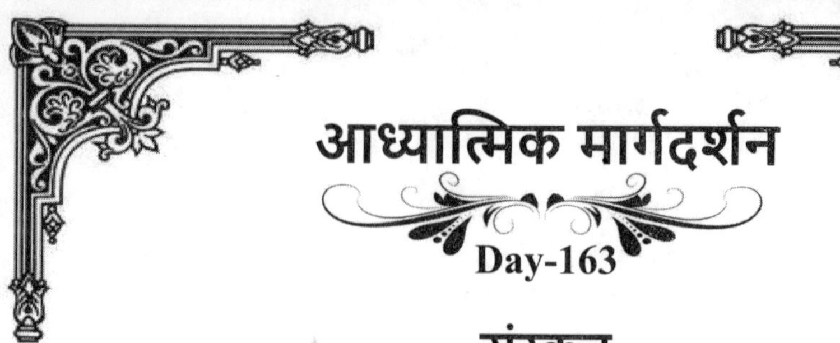

आध्यात्मिक मार्गदर्शन

Day-163

संस्कृत

अहिंसा समता तुष्टिस्तपो दानं यशोऽयश:।
भवन्ति भावा भूतानां मत्त एव पृथग्विधा:॥

लिप्यांतरण

ahiṁsā samatā tuṣhṭis tapo dānaṁ yasho 'yaśhaḥ
bhavanti bhāvā bhūtānāṁ matta eva pṛithag-vidhāḥ

अनुवाद

अहिंसा, समभाव, संतोष, तप, दान, यश-अपयश – प्राणियों के ये ऐसे नाना प्रकार के (विरोधी) भाव मुझसे ही (उत्पन्न) होते हैं।

व्याख्या

भगवान श्रीकृष्ण इस श्लोक में बताते हैं कि अहिंसा, संतोष, तप, दान और यश-अपयश जैसे जीवधारियों के बहुत प्रकार के गुण-अवगुण मेरे द्वारा ही उत्पन्न होते हैं। इसका भाव यह है कि न केवल सात्विक, बल्कि राजसी और तामसिक गुण और भाव भी परमेश्वर की प्रकृति के ही अवयव हैं। विश्व भर के प्राणियों में जो कुछ भी अच्छा, बुरा या परस्पर विरोधी गुण-दोष है वह सब उन सर्वशक्तिमान परमेश्वर की ही सृष्टि का अंग है।

कर्म

आज के दिन किसी गरीब व्यक्ति को भोजन कराएँ।

आध्यात्मिक मार्गदर्शन

Day-164

संस्कृत

महर्षयः सप्त पूर्वे चत्वारो मनवस्तथा।
मद्भावा मानसा जाता येषाम् लोक इमाः प्रजाः॥

लिप्यांतरण

Maharṣayaḥ sapta pūrve catvāro manavas tathā
mad-bhāvā mānasā jātā yeṣām loka imāḥ prajāḥ

अनुवाद

सप्तर्षि गण, उनसे पहले होने वाले चार (सनकादी चार ऋषि – सनक, सनंदन, रानत, सनातन), तथा (चौदह) मनु इत्यादि – मेरे मानसिक भाव से उत्पन्न हुए ये लोग है, जिनकी संसार में यह समस्त प्रजाएँ हैं।

व्याख्या

भगवान श्रीकृष्ण यहाँ सृष्टि रचना का क्रम बताते हुए कहते हैं कि सृष्टि के आदिकाल में सबसे पहले चार ऋषिगण हुए जिन्हें सनत्कुमार कहा जाता है। उनके नाम हैं - सनक, सनंदन, सनत और सनातन। इसके बाद सप्तऋषि हुए - ये ब्रह्मा के मन से उत्पन्न हुए उनके मानस पुत्र कहलाते हैं। हर मन्वन्तर के आरम्भ में नए सप्तऋषियों के नाम नियत होते हैं। इनके अतिरिक्त समाज के संचालन के लिए चौदह मनु भी नियत किये गए हैं - मनु एक पदवी है और हर मन्वन्तर के लिए एक मनु नियुक्त होते हैं जो महाप्रलय के बाद नए सिरे से सृष्टि का संचालन शुरू करते हैं। नए युगारंभ के समय मनु के संरक्षण में प्रजाएँ पुनः फलती-फूलती हैं। श्री भगवान् कहते हैं कि मानत जाति के ये सभी नायक उन परब्रह्म परमात्मा के मानसिक संकल्प से उत्पन्न होकर प्रजाओं का पालन करते हैं।

कर्म

आज के दिन किसी अनाथ बच्चे के लिए कोई प्रयत्न करें - उसकी शिक्षा, भोजन या वस्त्र से मदद करें।

आध्यात्मिक मार्गदर्शन

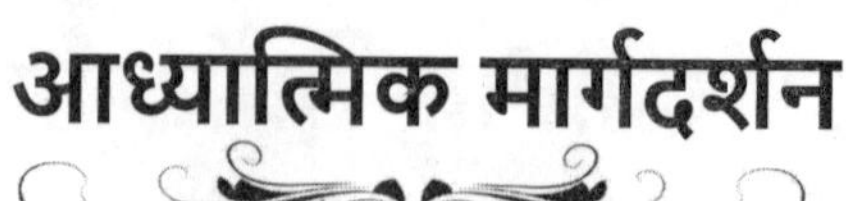

Day-165

संस्कृत

एतां विभूतिं योगं च मम यो वेत्ति तत्त्वतः।
सोऽविकम्पेन योगेन युज्यते नात्र संशयः॥

लिप्यांतरण

etāṁ vibhūtiṁ yogaṁ cha mama yo vetti tattvataḥ
so 'vikampena yogena yujyate nātra sanśhayaḥ

अनुवाद

जो व्यक्ति मेरी इस विभूति और योगशक्ति को तत्व से जानता है, वह निश्चल योग से (स्वतः) युक्त हो जाता है – इसमें तनिक भी संशय नहीं है।

व्याख्या

भगवान कहते हैं कि योग और ज्ञान - ये दोनों परस्पर संयुक्त और एक दुसरे के पूरक हैं। जो ईश्वर को तत्व से जानता है, उसे योग सुगमता से सिद्ध हो जाता है। इसी प्रकार सच्चे योगी को भी तत्व-ज्ञान स्वयं प्राप्त होता है| यही भगवान का आशय और उपदेश है।

कर्म

आज के दिन किसी घायल पशु या पक्षी की मदद करें। उसकी चोटों का इलाज कराएँ और उसे स्वस्थ करें।

आध्यात्मिक मार्गदर्शन

Day-166

संस्कृत

अहं सर्वस्य प्रभवो मत्तः सर्वं प्रवर्तते।
इति मत्वा भजन्ते मां बुधा भावसमन्विता॥

लिप्यांतरण

aham̐ sarvasya prabhavo mattaḥ sarvam̐ pravartate
iti matvā bhajante mām̐ budhā bhāva-samanvitāḥ

अनुवाद

मैं ही सम्पूर्ण जगत की उत्पत्ति का कारण हूँ और मुझसे ही सभी कुछ चेष्टा-रत रहता है – इस प्रकार जान कर बुद्धिगान मनुष्य भावनापूर्वक मुझे ही भजते हैं।

व्याख्या

भगवान कहते हैं कि वे ही सब कुछ का स्रोत हैं और सभी चीजें उनसे उत्पन्न होती हैं। इस सत्य को जानकर बुद्धिमान व्यक्ति उनकी भक्ति और पूजा करते हैं।

कर्म

आज के दिन किसी असहाय के लिए आश्रय खोजने का विचार करें। किसी प्रकार से उसे आवश्यक सहायता पहुँचाएँ।

आध्यात्मिक मार्गदर्शन

Day-167

संस्कृत

मच्चित्ता मद्गतप्राणा बोधयन्तः परस्परं।
कथयंतश्च मां नित्यं तुष्यन्ति च रमन्ति च॥

लिप्यांतरण

maccittā madgataprāṇā bodhayantaḥ parasparaṁ
kathayantaś ca māṁ nityaṁ tuṣyanti ca ramanti ca

अनुवाद

मुझमें मन लगाने वाले, अपने प्राणों को मेरे अर्पण कर देने वाले एक दूसरे को परस्पर (मेरे विषय में) अवगत कराते हुए और नित्यप्रति मेरे ही गुणों को कहते हुए प्रसन्न भाव से रमण किया करते हैं।

व्याख्या

इस श्लोक से यह स्पष्ट होता है कि जब भक्त आपस में मिलकर भगवान की कथाएँ और गुण साझा करते हैं, तो वे आध्यात्मिक आनंद और संतोष प्राप्त करते हैं। यह न केवल उनके व्यक्तिगत भक्ति अनुभव को गहरा करता है, बल्कि सामुदायिक रूप से भी उन्हें एक-दूसरे के साथ आध्यात्मिक संबंध और आनंद का अनुभव होता है।

कर्म

आज के दिन किसी गरीब परिवार को सर्दियों के कपड़े दें।

आध्यात्मिक मार्गदर्शन

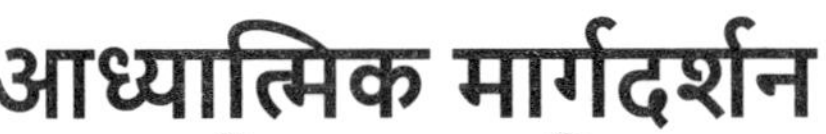

Day-168

संस्कृत

तेषामेवानुकम्पार्थमहमज्ञानजं तमः।
नाशयाम्यात्मभावस्थो ज्ञानदीपेन भास्वता॥

लिप्यांतरण

teṣām evānukampārtham aham ajñānajaṁ tamaḥ
nāśayāmy ātmabhāvastho jñānadīpena bhāsvatā

अनुवाद

उन पर अनुग्रह करने के लिए ही अज्ञान जनित अन्धकार को नष्ट करने के लिए मैं (उनके अंतःकरण में शोभित) ज्ञान रुपी दीपक के समान स्थित रहता हूँ।

व्याख्या

भगवान श्रीकृष्ण कहते हैं कि जो भक्त उन्हें प्रेम और भक्ति से पूजते हैं, वे उनके हृदय में स्थित होकर अज्ञान के अंधकार को ज्ञान के प्रकाश से नष्ट कर देते हैं। यह श्लोक दर्शाता है कि भगवान की कृपा से भक्तों का जीवन ज्ञान के प्रकाश से आलोकित हो जाता है।

कर्म

आज के दिन हो सके तो किसी गरीब महिला को सिलाई मशीन दान करें। उसे आत्मनिर्भर बनने में मदद करें।

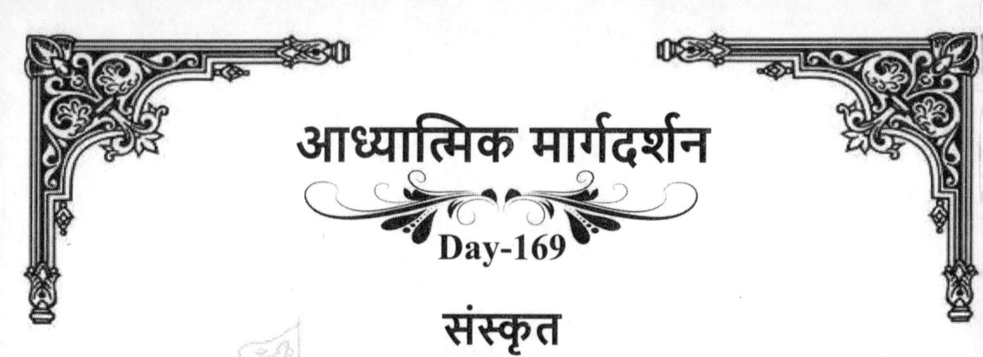

आध्यात्मिक मार्गदर्शन

Day-169

संस्कृत

अहमात्मा गुडाकेश सर्वभूताशयस्थित:।
अहमादिश्च मध्यं च भूतानामन्त एव च॥

लिप्यांतरण

aham ātmā guḍākeśa sarva-bhūtāśhaya-sthitaḥ
aham ādiśh cha madhyaṁ cha bhūtānām anta eva cha

अनुवाद

हे गुडाकेश (अर्जुन)! मैं सभी भूतों के हृदय-स्थल में स्थित आत्मा हूँ, और मैं ही सब प्राणियों का आदि, मध्य और अन्त भी हूँ।

व्याख्या

भगवान अर्जुन से कहते हैं कि सभी देहधारियों के हृदय-देश में स्थित रहने वाला आत्मा वे स्वयं हैं। सभी का आदि, मध्य और अंत भी स्वयं ईश्वर हैं - यह बताने का तात्पर्य यह है कि यह सारा चराचर जगत और उस में पलता जीवन आदि से अंत तक परमात्मा के स्वरूप का ही एक प्रकटीकरण है। उनसे अलग कुछ नहीं है, उनके बिना कुछ नहीं है।

कर्म

आज के दिन किसी मंदिर में जाकर भजन-कीर्तन में भाग लें। धार्मिक और आध्यात्मिक अनुभव प्राप्त करें।

आध्यात्मिक मार्गदर्शन

Day-170

संस्कृत

आदित्यानामहं विष्णुर्ज्योतिषां रविरंशुमान्।
मरीचिर्मरुतामस्मि नक्षत्राणामहं शशी॥

लिप्यांतरण

ādityānām ahaṁ viṣhṇur jyotiṣhāṁ ravir anśhumān
marīchir marutām asmi nakṣhatrāṇām ahaṁ śhaśhī

अनुवाद

मैं (बारह) आदित्यों में विष्णु हूँ, और ज्योतिर्मयों में रश्मियों वाला सूर्य हूँ। मरुतों (49 मरुत हैं) में मैं मरीचि हूँ, नक्षत्रों में मैं चन्द्रमा हूँ।

व्याख्या

भारतीय परम्परा में 12 आदित्य हैं, 49 प्रकार के वायु हैं और इसी कोटि में श्रीकृष्ण अर्जुन से कहते हैं कि आदित्यों में श्रेष्ठतम विष्णु वे ही हैं, तेज प्रदान करने वालों में श्रेष्ठ सूर्य भी वे स्वयं हैं, 49 मरुतों का तेज वे स्वयं हैं (या मरीचि - जो सर्वोत्तम मरुत कहा गया है) तथा नक्षत्रों (27 नक्षत्र कहे गए हैं) में श्रेष्ठ चन्द्रमा भी वे ही हैं।

कर्म

आज के दिन किसी गरीब छात्र को स्कूल की फीस भरें। उसकी शिक्षा को बढ़ावा दें और उसे आगे बढ़ाएं।

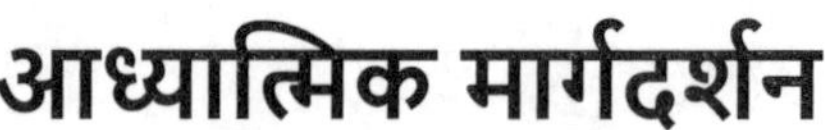

आध्यात्मिक मार्गदर्शन

Day-171

संस्कृत

वेदानां सामवेदोऽस्मि देवानामस्मि वासवः।
इन्द्रियाणां मनश्चास्मि भूतानामस्मि चेतना॥

लिप्यांतरण

vedānāṁ sāma-vedo ’smi devānām asmi vāsavaḥ
indriyāṇāṁ manaśh chāsmi bhūtānām asmi chetanā

अनुवाद

वेदों में मैं सामवेद हूँ, देवताओं में इन्द्र हूँ, इन्द्रियों में मन हूँ तथा भूतों में चेतना हूँ।

व्याख्या

भगवान कहते हैं कि वे वेदों में सामवेद हैं, देवताओं में इन्द्र हैं, इन्द्रियों में मन हैं, और प्राणियों में चेतना हैं।

कर्म

आज के दिन किसी मंदिर की सफाई करें। धार्मिक स्थल की सुंदरता बढ़ाएं और उसे स्वच्छ रखें।

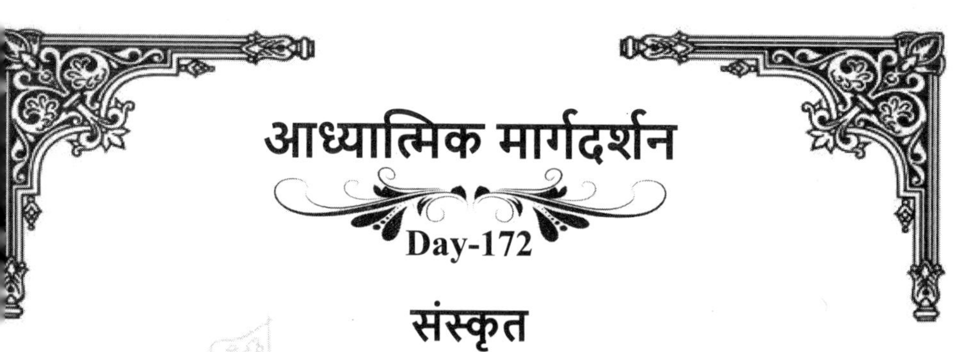

आध्यात्मिक मार्गदर्शन

Day-172

संस्कृत

रुद्राणां शङ्करश्चास्मि वित्तेशो यक्षरक्षसाम्।
वसूनां पावकश्चास्मि मेरु: शिखरिणामहम्॥

लिप्यांतरण

rudrāṇāṁ śhaṅkaraśh chāsmi vitteśho yakṣha-rakṣhasām
vasūnāṁ pāvakaśh chāsmi meruḥ śhikhariṇām aham

अनुवाद

(एकादश) रुद्रों में मैं शकर हूँ, और यक्ष-राक्षसों में धनपति कुबेर हूँ। (आठ) वसुओं में मैं अग्नि हूँ तथा ऊँचे पर्वतों में मैं सुमेरु हूँ।

व्याख्या

भगवान कहते हैं कि रुद्रों में वे शंकर हैं, यक्षों और राक्षसों में कुबेर हैं, वसुओं में अग्नि हैं, और पर्वतों में मेरु हैं।

कर्म

आज के दिन किसी लाचार व्यक्ति को सहारा दें। उसकी समस्याओं को सुनें और उसकी मदद करें।

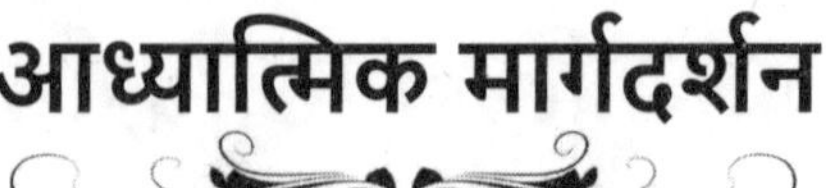

आध्यात्मिक मार्गदर्शन

Day-173

संस्कृत

पुरोधसां च मुख्यं मां विद्धि पार्थ बृहस्पतिम्।
सेनानीनामहं स्कन्दः सरसामस्मि सागरः॥

लिप्यांतरण

purodhasāṁ cha mukhyaṁ māṁ viddhi pārtha bṛihaspatim
senānīnām ahaṁ skandaḥ sarasām asmi sāgaraḥ

अनुवाद

और पुरोहितों में मुख्य बृहस्पति हे पार्थ! तू मुझको ही जान। सेनापतियों में मैं स्कन्द (कार्तिकेय) हूँ, जलाशयों में मैं समुद्र हूँ।

व्याख्या

भगवान कहते हैं कि पुरोहितों में वे श्रेष्ठतम बृहस्पति हैं, सेनापतियों में स्कन्द हैं, और जलाशयों में समुद्र हैं। इसका आशय यह है कि जो भी श्रेष्ठतम है, वह उस सर्वशक्तिमान ईश्वर का ही स्वरुप है।

कर्म

आज के दिन किसी जरूरतमंद की आर्थिक मदद करें। उसकी समस्याओं का समाधान करें और उसे राहत दें।

आध्यात्मिक मार्गदर्शन

Day-174

संस्कृत

महर्षीणां भृगुरहं गिरामस्म्येकमक्षरम्।
यज्ञानां जपयज्ञोऽस्मि स्थावराणां हिमालयः॥

लिप्यांतरण

maharṣhīṇāṁ bhṛigur ahaṁ girām asmy ekam akṣharam
yajñānāṁ japa-yajño 'smi sthāvarāṇāṁ himālayaḥ

अनुवाद

महर्षियों में मैं भृगु हूँ, वाणी में मैं एक अक्षर अर्थात् ॐ हूँ। यज्ञों में मैं जप रुपी यज्ञ हूँ, स्थिर रहने वालों में हिमालय हूँ।

व्याख्या

भगवान कहते हैं कि महर्षियों में वे भृगु हैं, शब्दों में एकाक्षर (ॐ) हैं, यज्ञों में जप यज्ञ हैं, और स्थावरों में हिमालय हैं।

कर्म

आज के दिन किसी अनाथ बच्चे की उचित देखरेख की व्यवस्था करें, या फिर उसकी खुशी के लिए कोई दान करें और उसे प्यार दें।

आध्यात्मिक मार्गदर्शन

Day-175

संस्कृत

अश्वत्थ: सर्ववृक्षाणां देवर्षीणां च नारद:।
गन्धर्वाणां चित्ररथ: सिद्धानां कपिलो मुनि:॥

लिप्यांतरण

aśhvatthaḥ sarva-vṛikṣhāṇāṁ devarṣhīṇāṁ cha nāradaḥ
gandharvāṇāṁ chitrarathaḥ siddhānāṁ kapilo muniḥ

अनुवाद

मैं सभी वृक्षों में अश्वत्थ (पीपल) हूँ, और देवर्षियों में नारद हूँ। गन्धर्वों में चित्ररथ हूँ, सिद्धों में कपिल मुनि हूँ।

व्याख्या

भगवान कहते हैं कि सभी वृक्षों में वे पीपल हैं, देवर्षियों में नारद हैं, गंधर्वों में चित्ररथ हैं, और सिद्धों में कपिल मुनि हैं। इसका आशय यह है कि सभी प्रकार से जो कुछ भी सर्वश्रेष्ठ है, वह ईश्वर का ही रूप होता है।

कर्म

आज के दिन किसी निराश्रित पशु की देखभाल करें। उसे भोजन और पानी दें और उसकी सुरक्षा सुनिश्चित करें।

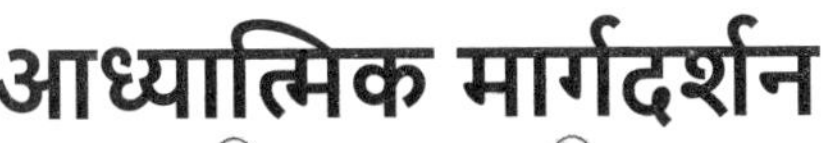

आध्यात्मिक मार्गदर्शन

Day-176

संस्कृत

उच्चैः श्रवसमश्वानां विद्धि माममृतोद्भवम्।
ऐरावतं गजेन्द्राणां नराणां च नराधिपम्॥

लिप्यांतरण

uchchaiḥśhravasam aśhvānāṁ viddhi mām amṛitodbhavam
airāvataṁ gajendrāṇāṁ narāṇāṁ cha narādhipam

अनुवाद

अश्वों में मुझे अमृत के साथ उत्पन्न होने वाला उच्चैश्रवा, हाथियों में श्रेष्ठ ऐरावत और मनुष्यों में राजा जान।

व्याख्या

श्री भगवान कहते हैं कि घोड़ों में सर्वश्रेष्ठ है उच्चैःश्रवा - जो सागर मन्थन के समय अमृत के साथ उत्पन्न हुआ था। इसी प्रकार अमृत के साथ निकला ऐरावत हाथियों में सर्वश्रेष्ठ माना गया है। मनुष्यों में सबसे अधिक श्रेष्ठ होता है राजा - और ये सभी उन सच्चिदानंदघन ईश्वर के ही स्वरुप हैं।

कर्म

आज के दिन किसी गरीब बच्चे को किताबें दान करें। उसकी पढ़ाई में मदद करें और उसे ज्ञान प्राप्त करने में सहयोग दें।

आध्यात्मिक मार्गदर्शन

Day-177

संस्कृत

आयुधानामहं वज्रं धेनूनामस्मि कामधुक्।
प्रजनश्चास्मि कन्दर्पः सर्पाणामस्मि वासुकिः॥

लिप्यांतरण

āyudhānām ahaṁ vajraṁ dhenūnām asmi kāmadhuk
prajanaśh chāsmi kandarpaḥ sarpāṇām asmi vāsukiḥ

अनुवाद

मैं आयुधों में वज्र हूँ, गौओं में कामधेनु हूँ। संतानोत्पत्ति (के लिए) मैं कामदेव हूँ, सर्पों में मैं वासुकी हूँ।

व्याख्या

भगवान कहते हैं कि आयुधों में वे वज्र हैं, गायों में कामधेनु हैं, सन्तान उत्पन्न करने वालों में कामदेव हैं, और सर्पों में वासुकि हैं।

कर्म

आज के दिन किसी बीमार व्यक्ति के लिए दवाइयों की व्यवस्था करें। उसकी स्वास्थ्य की चिंता करें और उसे जल्द स्वस्थ होने में मदद करें।

आध्यात्मिक मार्गदर्शन

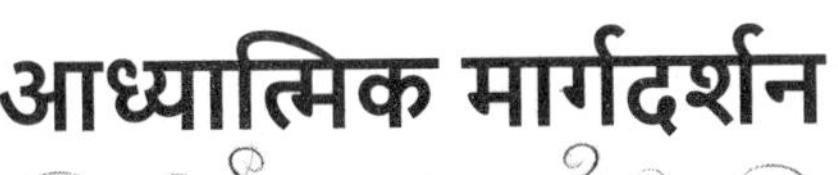

Day-178

संस्कृत

अनन्तश्चास्मि नागानां वरुणो यादसामहम्।
पितृणामर्यमा चास्मि यमः संयमतामहम्॥

लिप्यांतरण

anantaśh chāsmi nāgānāṁ varuṇo yādasām aham
pitṝiṇām aryamā chāsmi yamaḥ saṁyamatām aham

अनुवाद

नागों में मैं अनन्त (शेष) नाग हूँ, जलाधिपतियों में मैं वरुण हूँ, पितृगणों में मैं अर्यमा हूँ और संयम रखने वालों में मैं यम हूँ।

व्याख्या

भगवान कहते हैं कि नागों में वे अनन्त हैं या शेषनाग, जल के स्वामियों में वरुण हैं, पितरों में अर्यमा हैं, और संयम करने वालों में यम हैं।

कर्म

आज के दिन किसी मंदिर में जाकर भगवान की आरती में भाग लें। अपने मन की शांति के लिए प्रार्थना करें।

आध्यात्मिक मार्गदर्शन

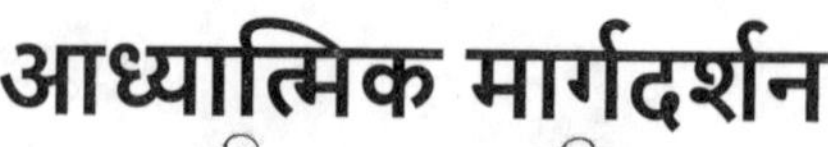

Day-179

संस्कृत

प्रह्लादश्चास्मि दैत्यानां कालः कलयतामहम्।
मृगाणां च मृगेन्द्रोऽहं वैनतेयश्च पक्षिणाम्॥

लिप्यांतरण

prahlādaśh chāsmi daityānāṁ kālaḥ kalayatām aham
mṛigāṇāṁ cha mṛigendro 'haṁ vainateyaśh cha pakṣhiṇām

अनुवाद

दैत्यों में मैं प्रह्लाद हूँ, यापन होने वालों (बीतने वालों) में मैं काल हूँ। पशुओं में मैं सिंह हूँ और पक्षियों में गरुड़ हूँ।

व्याख्या

भगवान कहते हैं कि दैत्यों में वे प्रह्लाद हैं, समय या काल भी वे स्वयं हैं, पशुओं में सिंह हैं, और पक्षियों में गरुड़ हैं।

कर्म

आज के दिन किसी गरीब व्यक्ति को रोजगार दिलाने में मदद करें। उसकी आर्थिक स्थिति सुधारें और उसे आत्मनिर्भर बनाएं।

आध्यात्मिक मार्गदर्शन

Day-180

संस्कृत

पवनः पवतामस्मि रामः शस्त्रभृतामहम्।
झषाणां मकरश्चास्मि स्रोतसामस्मि जाह्नवी॥

लिप्यांतरण

pavanaḥ pavatām asmi rāmaḥ śhastra-bhṛitām aham
jhaṣhāṇāṁ makaraśh chāsmi srotasām asmi jāhnavī

अनुवाद

पवित्र करने वालों में मैं वायु हूँ, शस्त्रधारियों में राम हूँ। मछलियों में मैं मगर हूँ, और नदियों में मैं गंगा हूँ।

व्याख्या

भगवान कहते हैं कि शुद्ध करने वालों में वे पवन हैं, योद्धाओं में राम हैं, मछलियों (जलचरों) में मकर हैं, और नदियों में गंगा हैं।

कर्म

आज के दिन किसी गरीब परिवार को भोजन सामग्री दें और उन्हें खुश रखें।

आध्यात्मिक मार्गदर्शन

Day-181

संस्कृत

सर्गाणामादिरन्तश्च मध्यं चैवाहमर्जुन।
अध्यात्मविद्या विद्यानां वादः प्रवदतामहम्॥

लिप्यांतरण

sargāṇām ādir antaś cha madhyaṁ chaivāham arjuna
adhyātma-vidyā vidyānāṁ vādaḥ pravadatām aham

अनुवाद

हे अर्जुन! सृष्टियों का आदि, मध्य और अन्त भी मैं ही हूँ। विद्याओं में अध्यात्म विद्या तथा विवाद करने वालों के लिए मैं वाद हूँ।

व्याख्या

अखिल ब्रह्माण्ड में जितनी भी सृष्टियाँ हैं, उनका आदि-मध्य-अंत सभी परब्रह्म परमात्मा श्रीकृष्ण हैं। वे विद्याओं में श्रेष्ठ आध्यात्म-विद्या हैं, और वाद-विवाद करने वालों की तर्क शक्ति हैं।

कर्म

आज के दिन किसी गरीब महिला को आत्मनिर्भर बनने के लिए प्रशिक्षित करें। उसे स्वावलंबन के साधन सिखाएँ।

आध्यात्मिक मार्गदर्शन

Day-182

संस्कृत

अक्षराणामकारोऽस्मि द्वन्द्वः सामासिकस्य च।
अहमेवाक्षयः कालो धाताहं विश्वतोमुखः॥

लिप्यांतरण

akṣharāṇām a-kāro 'smi dvandvaḥ sāmāsikasya cha
ahamevā'kṣhayaḥ kālo dhātāhaṁ viśhvato-mukhaḥ

अनुवाद

अक्षरों में मैं अ-कार हूँ, और सगासों में द्वन्द्व समास हूँ। मैं ही अक्षय काल हूँ, सभी ओर मुख वाला (विश्वमुख) और सबको धारण करने वाला हूँ।

व्याख्या

भगवान कहते हैं कि अक्षरों में वे 'अ' प्रथम अक्षर हैं, समासों में द्वन्द्व समास हैं, स्वयं अविनाशी काल हैं, और सर्वत्र मुख वाले धाता (पालनहार) हैं।

कर्म

आज के दिन किसी मंदिर में जाकर भगवान के दर्शन करें। धार्मिक भावना को बढ़ाएं और अपने मन की शांति के लिए प्रार्थना करें।

आध्यात्मिक मार्गदर्शन

Day-183

संस्कृत

मृत्युः सर्वहरश्चाहमुद्भवश्च भविष्यताम्।
कीर्तिः श्रीर्वाक्च नारीणां स्मृतिर्मेधा धृतिः क्षमा॥

लिप्यांतरण

mṛityuḥ sarva-haraśh chāham udbhavaśh cha bhaviṣhyatām
kīrtiḥ śhrīr vāk cha nārīṇāṁ smṛitir medhā dhṛitiḥ kṣhamā

अनुवाद

सबका हरण करने वाला मृत्यु मैं हूँ, और उत्पन्न होने वालों का हेतु भी मैं ही हूँगा। स्त्रियों में कीर्ति, शोभा, वाक्, स्मृति, मेधा, धृति और क्षमा हूँ।

व्याख्या

भगवान कहते हैं कि सबका प्राण हरने वाली मृत्यु वे स्वयं हैं, और पैदा या उत्पन्न होने वाले सभी का उत्पत्ति कारण भी वे ही हैं। स्त्रियों में वे सारे स्त्रियोचित गुण जैसे - कीर्ति, शोभा, धैर्य, चातुर्य, मेधा, क्षमा इत्यादि हैं।

कर्म

आज के दिन किसी गरीब बच्चे की शिक्षा का खर्चा उठाएँ। उसकी पढ़ाई में मदद करें और उसे बेहतर भविष्य के लिए तैयार करें।

आध्यात्मिक मार्गदर्शन

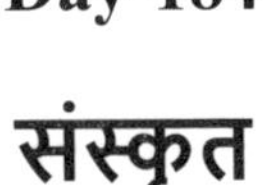

Day-184

संस्कृत

बृहत्साम तथा साम्नां गायत्री छन्दसामहम्।
मासानां मार्गशीर्षोऽहमृतूनां कुसुमाकरः॥

लिप्यांतरण

bṛihat-sāma tathā sāmnāṁ gāyatrī chhandasām aham
māsānāṁ mārga-śhīrṣho 'ham ṛitūnāṁ kusumākaraḥ

अनुवाद

श्रुतियों (वेदों) में मैं श्रेष्ठ साम तथा साम के छंदों में मैं गायत्री छन्द हूँ। मासों में मैं मार्गशीर्ष और ऋतुओं में वसंत हूँ।

व्याख्या

भगवान कहते हैं कि वेदों में वे श्रेष्ठ सामवेद हैं, छंदों में गायत्री हैं, महीनों में मार्गशीर्ष हैं, और ऋतुओं में वसंत हैं।

कर्म

आज के दिन किसी गरीब व्यक्ति को गरम कपड़े दान करें।

आध्यात्मिक मार्गदर्शन

Day-185

संस्कृत

द्यूतम् छलयतामस्मि तेजस्तेजस्विनामहम्।
जयोऽस्मि व्यवसायोऽस्मि सत्त्वं सत्त्ववतामहम्॥

लिप्यांतरण

dyūtaṁ chhalayatām asmi tejas tejasvinām aham
jayo 'smi vyavasāyo 'smi sattvaṁ sattvavatām aham

अनुवाद

छल करने वालों में मैं जुआ हूँ, तेजस्वियों का तेज हूँ, मैं ही जय हूँ, मैं ही संकल्प हूँ, सात्विकों का सात्विक भाव हूँ।

व्याख्या

भगवान कहते हैं कि धोखा देने वालों में वे जुआ हैं, वे तेजस्वियों में तेज हैं, वे विजय हैं, वे संकल्प हैं, और सत्त्ववानों में सत्त्व हैं।

कर्म

आज के दिन किसी अनाथ बच्चे के प्रति स्नेह जताएँ। हो सके तो उसके लिए कुछ अच्छा करें, जिससे उसका भविष्य उज्ज्वल बन सके।

आध्यात्मिक मार्गदर्शन

Day-186

संस्कृत

वृष्णीनां वासुदेवोऽस्मि पाण्डवानां धनञ्जयः।
मुनीनामप्यहं व्यासः कवीनामुशना कविः॥

लिप्यांतरण

vṛiṣhṇīnāṁ vāsudevo ’smi pāṇḍavānāṁ dhanañjayaḥ
munīnām apy ahaṁ vyāsaḥ kavīnām uśhanā kaviḥ

अनुवाद

वृष्णि वंशियों में मैं वासुदेव हूँ, पाण्डवों में धनञ्जय हूँ। मुनियों में भी मैं व्यास हूँ, कवियों में मैं उश्ना कवि (शुक्राचार्य) हूँ।

व्याख्या

भगवान कहते हैं कि वृष्णियों में वे वासुदेव (कृष्ण) हैं, पाण्डवों में अर्जुन हैं, मुनियों में व्यास हैं, और कवियों में शुक्राचार्य हैं।

कर्म

आज के दिन किसी घायल पशु की मदद करें। उसकी चोटों का इलाज कराएँ और उसे स्वस्थ करें।

आध्यात्मिक मार्गदर्शन

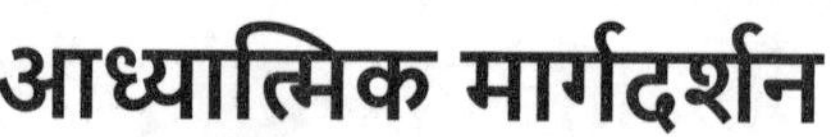

Day-187

संस्कृत

दण्डो दमयतामस्मि नीतिरस्मि जिगीषताम्।
मौनं चैवास्मि गुह्यानां ज्ञानं ज्ञानवतामहम्॥

लिप्यांतरण

daṇḍo damayatām asmi nītir asmi jigīṣhatām
maunaṁ chaivāsmi guhyānāṁ jñānaṁ jñānavatām aham

अनुवाद

दमन करने वालों का मैं दण्ड (दमनकारी शक्ति) हूँ, जीतने वालों की नीति हूँ, गोपनीयता का (रक्षक) मौन हूँ, ज्ञानवानों का ज्ञान मैं हूँ।

व्याख्या

भगवान कहते हैं कि दमन करने वालों में वे दण्ड (सज़ा) हैं, विजय चाहने वालों में नीति हैं, गुप्त बातों में मौन हैं, और ज्ञानी जनों में ज्ञान हैं।

कर्म

आज के दिन किसी जरूरतमंद के लिए आश्रय की व्यवस्था करने में अपना योगदान दें।

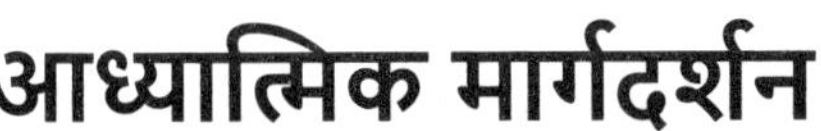

आध्यात्मिक मार्गदर्शन

Day-188

संस्कृत

यच्चापि सर्वभूतानां बीजं तदहमर्जुन।
न तदस्ति विना यत्स्यान्मया भूतं चराचरम्॥

लिप्यांतरण

yach chāpi sarva-bhūtānāṁ bījaṁ tad aham arjuna
na tad asti vinā yat syān mayā bhūtaṁ charācharam

अनुवाद

और हे अर्जुन! जो सभी भूतों की उत्पत्ति का कारण है वह भी मैं ही हूँ, क्योंकि चराचर भूतों में ऐसा कोई नहीं है जो मुझसे रहित हो।

व्याख्या

भगवान अर्जुन से कहते हैं कि वे सभी प्राणियों का बीज (मूल कारण) हैं। ऐसा कुछ भी नहीं है जो उनके बिना अस्तित्व में हो, चाहे वह चर हो या अचर, जड़ हो या चेतन - क्योंकि ईश्वर सर्वव्यापी हैं, उनकी उपस्थिति हर वस्तु, हर तत्व में है।

कर्म

आज के दिन किसी गरीब परिवार को सर्दियों के कपड़े दें।

आध्यात्मिक मार्गदर्शन

Day-189

संस्कृत

यद्यद्विभूतिमत्सत्त्वं श्रीमदूर्जितमेव वा।
तत्तदेवावगच्छ त्वं मम तेजोंऽशसम्भवम्॥

लिप्यांतरण

yad yad vibhūtimat sattvaṁ śhrīmad ūrjitam eva vā
tat tad evāvagachchha tvaṁ mama tejo-'nśha-sambhavam

अनुवाद

जो कुछ भी विभूति-युक्त, कान्तियुक्त, अथवा शक्ति-संयुक्त सत्व (पदार्थ) है, उसे उसे ही तू मेरे तेज के अंशोद्भूत मान।

व्याख्या

भगवान कहते हैं कि जो कुछ भी सुन्दर, शोभासम्पन्न, कांतिमय, शक्ति सम्पन्न अथवा सत्वयुक्त है, वह उनके ही तेज के अंश से विभूतिमय बना है। इसका अर्थ है की भगवान के तेज के अंशमात्र से ही इस संसार में तेज और शोभा का अस्तित्व है।

कर्म

आज के दिन किसी गरीब महिला को सिलाई मशीन दान करें। उसे आत्मनिर्भर बनने में मदद करें।

आध्यात्मिक मार्गदर्शन

Day-190

संस्कृत

अनेकवक्त्रनयनमनेकाद्‌तदर्शनम्।
अनेकदिव्याभरणं दिव्यानेकोद्यतायुधम्॥
दिव्यमाल्याम्बरधरं दिव्यगन्धानुलेपनम्।
सर्वाश्चर्यमयं देवमनन्तं विश्वतोमुखम्॥

लिप्यांतरण

anekavaktra-nayanam anekādbhutadarśanam
anekadivyābharaṇaṁ divyānekodyatāyudham
divya-mālyāmbaradharaṁ divyagandhānulepanam
sarvāścaryamayaṁ devam anantaṁ viśvatomukham

अनुवाद

अनेक मुखों और अनेक नेत्रों से युक्त अद्‌भुत दर्शनों वाले, अनेक दिव्य आभूषणों से सुशोभित और अनेक दिव्य आयुध हाथों में उठाए हुए, दिव्य माला और वस्त्र धारण किये हुए, दिव्य सुगंध का लेप किये हुए, हर ओर से आश्चर्यचकित करने वाले, भगवान् के अनन्त, विराट स्वरुप (को अर्जुन ने देखा)।

व्याख्या

अर्जुन ने भगवान का विराट रूप देखा, जिसमें अनेक मुख और नेत्र थे, जो अद्‌भुत शोभा से युक्त था। वे दिव्य आभूषण और आयुधों से सुसज्जित थे। वे दिव्य मालाएँ और वस्त्र धारण किए हुए थे और दिव्य गंधों से सुशोभित थे। यह रूप सभी आश्चर्यों से भरा हुआ, अनन्त और सर्वत्र मुख वाला था।

कर्म

आज के दिन किसी मंदिर में जाकर भजन-कीर्तन में भाग लें। धार्मिक और आध्यात्मिक अनुभव प्राप्त करें।

आध्यात्मिक मार्गदर्शन

Day-191

संस्कृत

दिवि सूर्यसहस्रस्य भवेद्गपदुत्थिता।
यदि भाः सदृशी सा स्याद्भासस्तस्य महात्मनः॥

लिप्यांतरण

divi sūrya-sahasrasya bhaved yugapad utthitā
yadi bhāḥ sadṛśī sā syād bhāsas tasya mahātmanaḥ

अनुवाद

आकाश में एक सहस्र सूर्यों के एक साथ उदित हो जाने से जो प्रकाश उत्पन्न होगा, वह भी उन विश्वरूप परमात्मा के तेज के सदृश कदाचित (शायद) ही हो।

व्याख्या

भगवान के विराट रूप के तेज की तुलना सहस्रों सूर्यों के एक साथ उदित हो जाने पर होने वाले प्रकाश से की गई है। अर्जुन को भगवान का वह अद्भुत रूप अत्यंत तेजस्वी और प्रकाशमान दिखाई दिया, जो सहस्रों सूर्यों के प्रकाश के समान था।

कर्म

आज के दिन किसी गरीब छात्र के स्कूल की फीस भरें। उसकी शिक्षा को बढ़ावा दें और उसे समर्थ बनाएँ।

आध्यात्मिक मार्गदर्शन

Day-192

संस्कृत

तत्रैकस्थं जगत्कृत्स्नं प्रविभक्तमनेकधा।
अपश्यद्देवदेवस्य शरीरे पाण्डवस्तदा॥

लिप्यांतरण

tatraikasṭhaṁ jagat kṛtsnaṁ pravibhaktam anekadhā
apaśyad deva-devasya śarīre pāṇḍavas tadā

अनुवाद

उस समय पाण्डव (अर्जुन) ने अनेक प्रकार से विभक्त हुए (अलग अलग हुए) समस्त जगत को जगत के कारण स्वरुप देवों के भी देव भगवान् श्रीकृष्ण के शरीर में एक जगह पर स्थित देखा।

व्याख्या

अर्जुन ने भगवान के विराट रूप में सम्पूर्ण जगत को एक स्थान पर स्थित देखा। भगवान का यह रूप सभी दिशाओं में फैला हुआ था और इसमें सम्पूर्ण सृष्टि समाहित थी। यह दृश्य अद्भुत और अनोखा था।

कर्म

आज के दिन किसी मंदिर की सफाई करें। धार्मिक स्थल की सुंदरता बढ़ाएं और उसे स्वच्छ रखें।

आध्यात्मिक मार्गदर्शन

Day-193

संस्कृत

अर्जुन उवाच
पश्यामि देवांस्तव देव देहे
सर्वांस्तथा भूतविशेषसङ्घान्।
ब्रह्माणमीशं कमलासनस्थम्
ऋषींश्च सर्वानुरगांश्च दिव्यान्॥

लिप्यांतरण

arjuna uvāca
paśyāmi devāṁs tava deva dehe
sarvāṁs tathā bhūta-viśeṣa-saṅghān
brahmāṇam īśaṁ kamalāsanastham
ṛṣīṁś ca sarvān uragāṁś ca divyān

अनुवाद

अर्जुन बोले, "हे देव! मैं आपके शरीर में सभी देवताओं को, भूत-समुदायों को, कमल के आसन पर विराजमान ब्रह्मा को, महादेव को, समस्त ऋषियों को और दिव्य सर्पों को देखता हूँ।"

व्याख्या

अर्जुन भगवान के विराट रूप में सभी देवताओं, भूतों के समूहों, कमलासन पर स्थित ब्रह्मा, सभी ऋषियों और दिव्य नागों को देख रहे हैं। भगवान के इस रूप में सम्पूर्ण सृष्टि समाहित है और अर्जुन इसे देख कर चकित हैं।

कर्म

आज के दिन किसी लाचार व्यक्ति को सहारा दें। उसकी समस्याओं को सुनें और उसकी मदद करें।

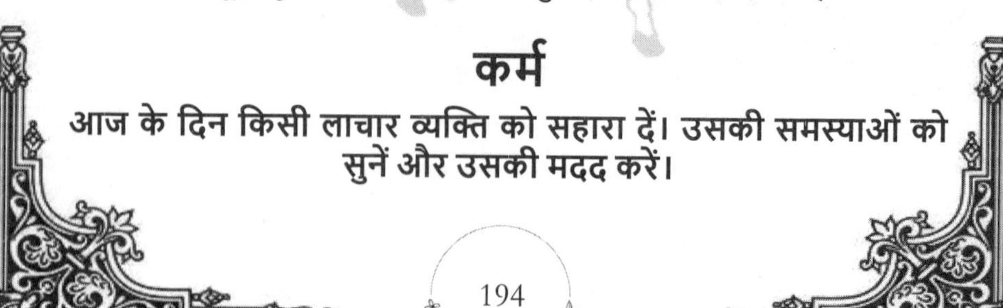

आध्यात्मिक मार्गदर्शन

Day-194

संस्कृत

अनेकबाहूदरवक्त्रनेत्रं
पश्यामि त्वां सर्वतोऽनन्तरूप।
नान्तं न मध्यं न पुनस्तवादिं
पश्यामि विश्वेश्वर विश्वरूप॥

लिप्यांतरण

aneka-bāhūdara-vaktra-netraṁ
paśyāmi tvāṁ sarvato'nanta-rūpa
nāntaṁ na madhyaṁ na punas tavādiṁ
paśyāmi viśveśvara viśva-rūpa

अनुवाद

हे अनन्तरूप प्रभो! आपको चारों ओर अनेक भुजाओं, उदर, मुख और नेत्रों से युक्त तथा अनन्त रूपों वाला देखता हूँ। हे विश्वरूप! मैं न आपके आदि को देख पा रहा हूँ, न मध्य को, और न अंत को ही।

व्याख्या

अर्जुन भगवान के विराट रूप में हर दिशा में अनेक हाथ, पेट, मुख और नेत्र देख रहे हैं। भगवान का यह रूप अनन्त है, जिसका कोई आदि-मध्य-अन्त नहीं है। यह रूप सम्पूर्ण विश्व में व्याप्त है और सभी दिशाओं में फैला हुआ है।

कर्म

आज के दिन किसी जरूरतमंद की आर्थिक मदद करें। उसकी समस्याओं का समाधान करें और उसे राहत दें।

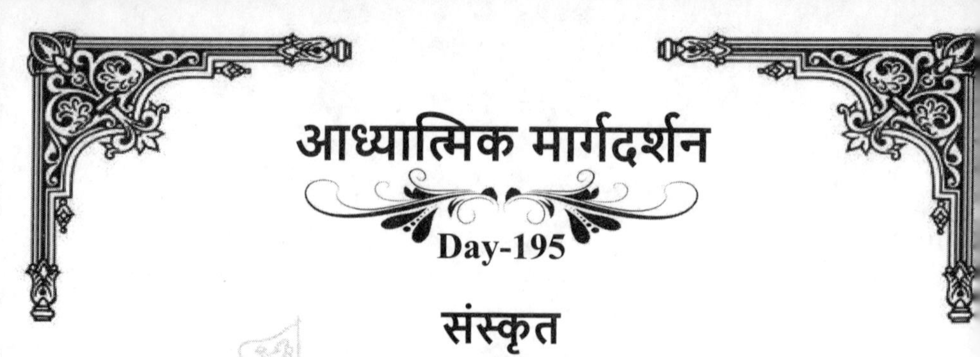

आध्यात्मिक मार्गदर्शन

Day-195

संस्कृत

किरीटिनम् गदिनं चक्रिणं च तेजोराशिम् सर्वतो दीप्तिमन्तम्।
पश्यामि त्वां दुर्निरीक्ष्यं समंताद्दीप्तानलार्कद्तिमप्रमेयम्॥

लिप्यांतरण

kirīṭinaṁ gadinaṁ cakriṇaṁ catejo-rāśiṁ sarvato dīptimantam
paśyāmi tvāṁ durnirīkṣyaṁ samantāt dīptānalārka-dyutim
aprameyam

अनुवाद

मैं आपको मुकुट धारण किये, गदा और चक्र से सुशोभित, तथा सब ओर से प्रकाशमान तेजराशि, प्रज्ज्वलित अग्नि और सूर्य के समान कांतिमय, चहुँ ओर से अप्रमेय (जिसे मापा न जा सके) और कठिनता से देखे जाने योग्य आपके स्वरुप को देखता हूँ।

व्याख्या

अर्जुन भगवान के विराट रूप को देख रहे हैं, जिसमें वे मुकुट, गदा और चक्र धारण किए हुए हैं। यह रूप अत्यन्त तेजोमय और सभी दिशाओं में प्रकाशमान है। यह रूप दीप्त अग्नि और सूर्य के समान अत्यन्त तेजस्वी और अप्रमेय है।

कर्म

आज के दिन किसी अनाथ बच्चे की मदद करने का प्रयास करें। उसे शिक्षा और स्वरोजगार के लिए प्रेरित करें और इस दिशा में उसकी सहायता करें।

आध्यात्मिक मार्गदर्शन

Day-196

संस्कृत

त्वमक्षरं परमं वेदितव्यं
त्वमस्य विश्वस्य परं निधानम्।
त्वमव्ययः शाश्वतधर्मगोप्ता
सनातनस्त्वं पुरुषो मतो मे॥

लिप्यांतरण

tvam akṣaraṁ paramaṁ veditavyaṁ
tvam asya viśvasya paraṁ nidhānam
tvam avyayaḥ śāśvata-dharma-goptā
sanātanas tvaṁ puruṣo mato me

अनुवाद

आप ही परम, अविनाशी, और जानने योग्य हैं, आप इस जगत का परम आश्रय हैं। आप अक्षर हैं, शाश्वत धर्म के जानने वाले हैं, आप ही सनातन पुरुष हैं ऐसा मेरा मानना है।

व्याख्या

भगवान अविनाशी, परमात्मा और जानने योग्य हैं। वे इस विश्व के परम आधार हैं। वे अव्यय और शाश्वत धर्म के रक्षक हैं। वे सनातन पुरुष हैं। अर्जुन ने यह जानकर भगवान की स्तुति की है।

कर्म

आज के दिन किसी पशु की देखभाल करें। उसे भोजन और पानी दें और उसकी सुरक्षा सुनिश्चित करें।

आध्यात्मिक मार्गदर्शन

Day-199

संस्कृत

अमी हि त्वां सुरसङ्घा विशन्ति
केचिद्भीताः प्राञ्जलयो गृणन्ति।
स्वस्तीत्युक्त्वा महर्षिसिद्धसङ्घाः
स्तुवन्ति त्वां स्तुतिभिः पुष्कलाभिः॥

लिप्यांतरण

amī hi tvāṁ sura-saṅghā viśanti
kecid bhītāḥ prāñjalayo gṛṇanti
svastīty uktvā maharṣi-siddha-saṅghāḥ
stuvanti tvāṁ stutibhiḥ puṣkalābhiḥ

अनुवाद

वे ही सारे देवताओं के समूह आपमें प्रविष्ट हो रहे हैं और कुछ भयभीत हुए, हाथ जोड़ कर आपके गुणों की स्तुति करते हैं। महर्षियों तथा सिद्धों के समूह 'कल्याण हो' इस प्रकार कह कर उत्तम स्तोत्रों द्वारा आपकी स्तुति करते हैं।

व्याख्या

भगवान के विराट रूप में सभी देवता प्रवेश कर रहे हैं और कुछ भयभीत होकर हाथ जोड़कर उनकी स्तुति कर रहे हैं। महर्षि और सिद्ध भी 'स्वस्ति' कहकर उनकी महिमा का गुणगान कर रहे हैं।

कर्म

आज के दिन किसी मंदिर में जाकर भगवान की आरती में भाग लें। अपने मन की शांति के लिए प्रार्थना करें।

आध्यात्मिक मार्गदर्शन

Day-200

संस्कृत

रुद्रादित्या वसवो ये च साध्या
विश्वेऽश्विनौ मरुतश्चोष्मपाश्च।
गन्धर्वयक्षासुरसिद्धसङ्घा
वीक्षन्ते त्वां विस्मिताश्चैव सर्वे॥

लिप्यांतरण

rudrādityā vasavo ye ca sādhyā
viśve'śvinau marutaś coṣmapāś ca
gandharva-yakṣāsura-siddha-saṅghā
vīkṣante tvāṁ vismitāś caiva sarve

अनुवाद

जो रूद्र, आदित्य, वसु, साध्यगण, विश्वेदेव, अश्विनीकुमार, मरुद्गण, पितर, गन्धर्व, यक्ष, राक्षस, और सिद्धों के समुदाय हैं वे सभी विस्मित होकर आपको देखते हैं।

व्याख्या

रुद्र, आदित्य, वसु, साध्य, विश्वेदेव, अश्विनीकुमार, मरुत, पितर, गंधर्व, यक्ष, असुर और सिद्ध सभी भगवान के विराट रूप को देखकर विस्मित हैं। वे सब इस अद्भुत दृश्य को आश्चर्य और भक्ति से देख रहे हैं।

कर्म

आज के दिन किसी गरीब व्यक्ति की स्वरोजगार में मदद करें। उसकी आर्थिक स्थिति सुधारें और उसे आत्मनिर्भर बनाएं।

आध्यात्मिक मार्गदर्शन

Day-201

संस्कृत

रूपं महत्ते बहुवक्त्रनेत्रम्
महाबाहो बहुबाहूरुपादम्।
बहूदरं बहुदंष्ट्राकरालं
दृष्ट्वा लोकाः प्रव्यथितास्तथाऽहम्॥

लिप्यांतरण

rūpaṁ mahat te bahu-vaktra-netram
mahā-bāho bahu-bāhūru-pādam
bahūdaraṁ bahu-daṁṣṭrā-karālaṁ
dṛṣṭvā lokāḥ pravyathitās tathāham

अनुवाद

हे महाबाहो! आपके बहुत से मुख और नेत्रों वाले, बहुत से हाथों, उरुओं (जंघा) और पैरों वाले, बहुत से उदरों वाले और बहुत सी दाढ़ों वाले अत्यन्त विकराल महान रूप को देखकर अन्य सभी लोगों सहित मैं भी बहुत व्याकुल हो रहा हूँ।

व्याख्या

भगवान के इस विराट रूप में कई मुख, नेत्र, हाथ, पैर, पेट और भयानक दाँत हैं। इसे देखकर सभी लोक और स्वयं अर्जुन भी भयभीत हो रहे हैं। यह रूप उनके लिए बहुत ही विलक्षण और भयानक है।

कर्म

आज के दिन किसी गरीब परिवार को भोजन सामग्री दें। उनकी जरूरतें पूरी करें और उन्हें खुश रखें।

आध्यात्मिक मार्गदर्शन

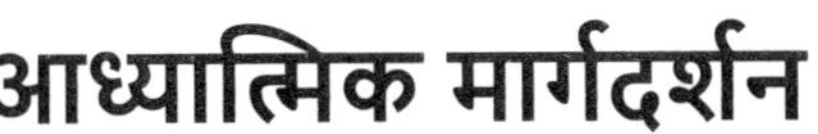

Day-202

संस्कृत

नभःस्पृशं दीप्तमनेकवर्णम्
व्यात्ताननं दीप्तविशालनेत्रम्।
दृष्ट्वा हि त्वां प्रव्यथितान्तरात्मा
धृतिं न विन्दामि शमं च विष्णो॥

लिप्यांतरण

nabhaḥ-spṛśaṁ dīptam aneka-varṇam
vyāttānanaṁ dīpta-viśāla-netram
dṛṣṭvā hi tvāṁ pravyathitāntar-ātmā
dhṛtiṁ na vindāmi śamaṁ ca viṣṇo

अनुवाद

क्योंकि हे विष्णो! गगन को स्पर्श करने वाले, दीप्तिमान, अनेक रंगों वाले तथा (सभी ओर) व्याप्त हुए मुख और प्रदीप्त हुए विशाल नेत्रों वाले आपको देखकर भयभीत हुए अंतःकरण वाला मैं न धैर्य रख पा रहा हूँ न शान्ति।

व्याख्या

भगवान के गगन-स्पर्शी विराट रूप जो आकाश को छू रहा है, और अनेक रंगों में दीप्त हो रहा है, इसमें बड़े ही विशाल नेत्र और विकराल मुख हैं। इसे देखकर अर्जुन का मन भयभीत हो गया है और वे न धैर्य रख पा रहे हैं, न शांति।

कर्म

आज के दिन किसी गरीब महिला को आत्मनिर्भर बनने के लिए प्रोत्साहित करें। उसे स्वावलबन के साधन सिखाएँ।

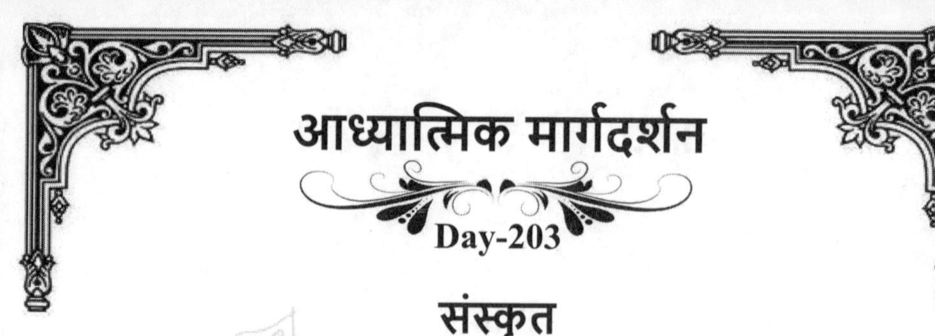

आध्यात्मिक मार्गदर्शन

Day-203

संस्कृत

दंष्ट्राकरालानि च ते मुखानि दृष्ट्वैव कालानलसन्निभानि।
दिशो न जाने न लभे च शर्म प्रसीद देवेश जगन्निवास॥

लिप्यांतरण

daṁṣṭrākarālaṇi ca te mukhāni dṛṣṭvāiva kālānalasannibhani
diśo na jāne na labhe ca śarma prasīda deveśa jagannivāsa

अनुवाद

भयंकर दाढ़ों के कारण विकराल बने, प्रलयकाल की अग्नि के समान जलते हुए आपके इन मुखों को देखकर मैं दिशाओं को नहीं जान पा रहा हूँ (मुझे दिशाएँ नहीं सूझ रहीं) और शान्ति भी नहीं पाता हूँ। हे देवेश्वर! हे जगन्निवास! आप प्रसन्न होइए।

व्याख्या

भयानक दाढ़ों से विकराल काल के समान हुए, कालाग्नि के समान जलते हुए भगवान के विराट स्वरुप के मुख को देख कर अर्जुन बहुत भयभीत होकर कहते हैं कि उन्हें दिशाभ्रम -सा हो रहा है, क्योंकि हर ओर वही मुख दिखलाई दे रहे हैं। अतः वे हाथ जोड़ कर भगवान श्रीकृष्ण से प्रसन्न होने और अपना वह रूप समेट लेने की प्रार्थना करते हैं।

कर्म

आज के दिन किसी मंदिर में जाकर भगवान के दर्शन करें। धार्मिक भावना को बढ़ाएं और अपने मन की शांति के लिए प्रार्थना करें।

आध्यात्मिक मार्गदर्शन

Day-204

संस्कृत

कस्माच्च ते न नमेरन्महात्मन्
गरीयसे ब्रह्मणोऽप्यादिकर्त्रे।
अनन्त देवेश जगन्निवास
त्वमक्षरं सदसत्तत्परं यत्॥

लिप्यांतरण

kasmāc ca te na nameran mahātman
garīyase brahmaṇo'py ādi-kartre
ananta deveśa jagan-nivāsa
tvam akṣaraṁ sad-asat-tat-paraṁ yat

अनुवाद

हे महात्मन्! स्वयं ब्रह्मा के भी आदिकर्ता, महत्ता में श्रेष्ठतम आप के प्रति कैसे न नमन करें, क्योंकि हे अनन्त! हे देवेश, हे जगन्निवास! जो सत्-असत् से परे और अक्षर है वह आप हैं।

व्याख्या

भगवान श्रीकृष्ण ब्रह्मा से भी श्रेष्ठ और सृष्टि के आदि कर्ता हैं। वे अनन्त हैं, देवताओं के स्वामी और जगत के निवास स्थान हैं। वे स्वयं अक्षर ब्रह्म हैं और सत्-असत् से परे हैं। इसलिए सभी को उन्हें नमस्कार करना चाहिए।

कर्म

आज के दिन किसी गरीब बच्चे की शिक्षा का खर्चा उठाएँ। उसकी पढाई में मदद करें और उसे बेहतर भविष्य के लिए तैयार करें।

आध्यात्मिक मार्गदर्शन

Day-205

संस्कृत

त्वमादिदेवः पुरुषः पुराणः
त्वमस्य विश्वस्य परं निधानम्।
वेत्तासि वेद्यं च परं च धाम
त्वया ततं विश्वमनन्तरूप॥

लिप्यांतरण

tvam ādi-devaḥ puruṣaḥ purāṇaḥ
tvam asya viśvasya paraṁ nidhānam
vettāsi vedyaṁ ca paraṁ ca dhāma
tvayā tataṁ viśvam ananta-rūpa

अनुवाद

आप ही आदिदेव, पुरातन (सनातन) पुरुष हैं, इस जगत के परम आश्रय हैं। आप ही जानने वाले (ज्ञानी) हैं तथा आप ही जानने योग्य (ज्ञेय) हैं, आप ही परम धाम हैं। हे अनन्तस्वरुप! आपसे यह सारा जगत व्याप्त है।

व्याख्या

अर्जुन कहते हैं कि भगवान श्रीकृष्ण ही पुरातन, सनातन और विश्व के एकमात्र आधार हैं। वे ही ज्ञान हैं, ज्ञेय हैं, और ज्ञान का साधन भी वही हैं। सब निधियों के परम धाम वे परमात्मा प्रभु ही अपने अनन्त स्वरुप से सारे ब्रह्माण्ड को व्याप्त करके स्थित हैं - न उनसे बाहर कुछ है, न वे किसी से बाहर हैं।

कर्म

आज के दिन किसी गरीब व्यक्ति को गरम कपड़े दान करें।

आध्यात्मिक मार्गदर्शन

Day-206

संस्कृत

वायुर्यमोऽग्निर्वरुणः शशाङ्कः
प्रजापतिस्त्वं प्रपितामहश्च।
नमो नमस्तेऽस्तु सहस्रकृत्वः
पुनश्च भूयोऽपि नमो नमस्ते॥

लिप्यांतरण

vāyur yamo'gnir varuṇaḥ śaśāṅkaḥ
prajāpatis tvaṁ prapitāmahaś ca
namo namas te'stu sahasra-kṛtvaḥ
punaś ca bhūyo'pi namo namas te

अनुवाद

आप वायु, यम, अग्नि, वरुण, चन्द्रमा, प्रजाओं के स्वामी तथा उनके पिताओं के भी पिता हैं। आपके प्रति नमन है, नमस्कार है! सहस्रों बार नमस्कार है, बारम्बार नमस्कार है।

व्याख्या

भगवान वायु, यमराज, अग्नि, वरुण, चंद्रमा, प्रजापति और सबके पिताओं के भी पिता अर्थात् पूर्वजों के भी आदि-पूर्वज हैं। अर्जुन उन्हें हजारों बार नमस्कार करते हैं और पुनः पुनः उनकी स्तुति करते हैं।

कर्म

आज के दिन किसी अनाथ बच्चे की मदद करने का प्रयास करें। उसे शिक्षा और स्वरोजगार के लिए प्रेरित करें और इस दिशा में उसकी सहायता करें।

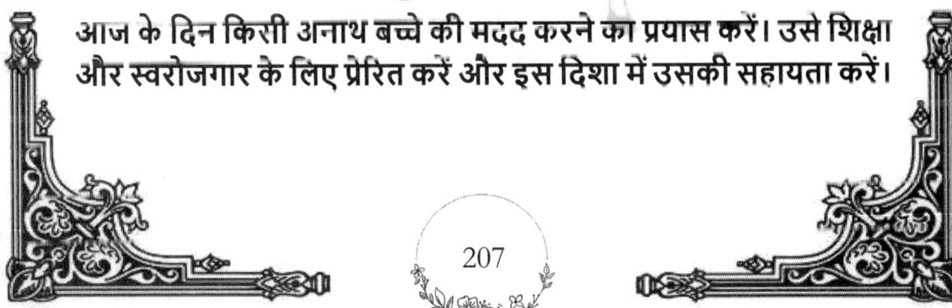

आध्यात्मिक मार्गदर्शन

Day-207

संस्कृत

नमः पुरस्तादथ पृष्ठतस्ते
नमोऽस्तु ते सर्वत एव सर्व।
अनन्तवीर्यामितविक्रमस्त्वं
सर्वं समाप्नोषि ततोऽसि सर्वः॥

लिप्यांतरण

namaḥ purastād atha pṛṣṭhatas te
namo'stu te sarvata eva sarva
ananta-vīryāmita-vikramas tvaṁ
sarvaṁ samāpnoṣi tato'si sarvaḥ

अनुवाद

हे अनन्त सामर्थ्यवान भगवन्! आपके प्रति सामने से, पीछे से, सब ओर से नमस्कार है। क्योंकि अनन्त पराक्रमशाली आप सम्पूर्ण विश्व को व्याप्त किये हुए हैं, अतः सर्वत्र आप ही सर्वरूप हैं।

व्याख्या

भगवान को हर दिशा से नमस्कार है। उनकी अनन्त शक्ति और अद्वितीय सामर्थ्य के कारण वे सर्वत्र व्याप्त हैं। वे सब में उपस्थित हैं और सब कुछ उन्हीं में समाहित है।

कर्म

आज के दिन किसी घायल पशु की मदद करें। उसकी चोटों का इलाज कराएँ और उसे स्वस्थ करें।

आध्यात्मिक मार्गदर्शन

Day-208

संस्कृत

पिताऽसि लोकस्य चराचरस्य
त्वमस्य पूज्यश्च गुरुर्गरीयान्।
न त्वत्समोऽस्त्यभ्यधिकः कुतोऽन्यो
लोकत्रयेऽप्यप्रतिमप्रभाव॥

लिप्यांतरण

pitā'si lokasya carācarasya
tvam asya pūjyaś ca gurur garīyān
na tvat-samo'sty abhyadhikaḥ kuto'nyo
loka-traye'py apratima-prabhāva

अनुवाद

आप इस चराचर जगत के पिता हैं, गुरुओं के भी श्रेष्ठ गुरु एवं पूजनीय हैं। हे अप्रतिम प्रभाव वाले प्रभु! तीनों लोकों में आपके समान भी दूसरा कोई नहीं है, फिर (आपसे) बढ़कर तो हो ही कैसे सकता है।

व्याख्या

भगवान चराचर संसार के पिता, पूज्य और महान गुरु हैं। तीनों लोकों में उनकी समानता करने वाला कोई नहीं है और उनकी महिमा अतुलनीय है। वे सर्वश्रेष्ठ और सर्वशक्तिमान हैं।

कर्म

आज के दिन किसी जरूरतमंद के लिए आश्रय का प्रबंध करने का प्रयास करें।

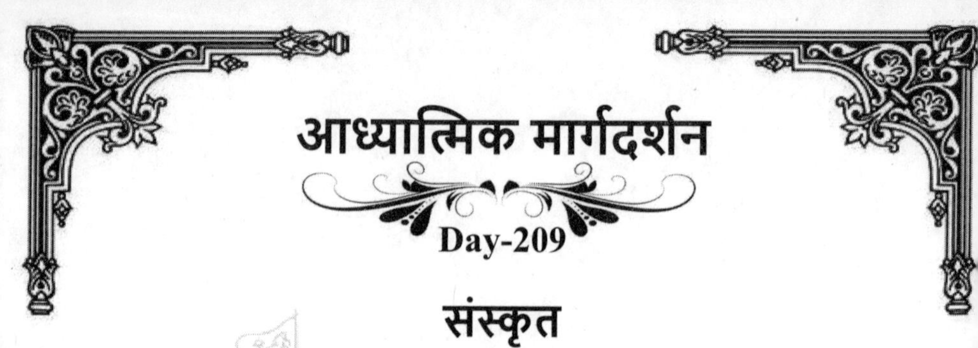

आध्यात्मिक मार्गदर्शन

Day-209

संस्कृत

तस्मात्प्रणम्य प्रणिधाय कायं
प्रसादये त्वाहमीशमीड्यम्।
पितेव पुत्रस्य सखेव सख्युः
प्रियः प्रियायार्हसि देव सोढुम्॥

लिप्यांतरण

tasmāt praṇamya praṇidhāya kāyaṁ
prasādaye tvām aham īśam īḍyam
pitaiva putrasya sakheva sakhyuḥ
priyaḥ priyāyārhasi deva soḍhum

अनुवाद

इसलिए हे प्रभो! मैं अपने शरीर को (आपके) चरणों में निवेदित करके, प्रणाम करके, स्तुति करने योग्य आप प्रभु को प्रसन्न होने के लिए प्रार्थना करता हूँ। हे देव! जैसे पिता पुत्र के, मित्र सखा के और पति पत्नी (के अपराधों या भूलों) को सहन करते हैं, वैसे ही आपको मेरे अपराध भी सहन करने चाहिए।

व्याख्या

अर्जुन भगवान को प्रणाम कर उनकी कृपा और उनसे क्षमा के लिए प्रार्थना करते हैं। वे भगवान से अनुरोध करते हैं कि जैसे पिता पुत्र के प्रति, मित्र मित्र के प्रति और पति पत्नी के प्रति सहनशील होता है, वैसे ही भगवान भी उनके प्रति सहनशील बनें। यहाँ भाव यह है कि जो सामर्थ्यवान है, उसे अपने प्रिय पर दयाभाव रखना चाहिए, और इसी न्याय से भगवान को अर्जुन को उनके सभी अपराधों अथवा भूलों के लिए क्षमा कर देना चाहिए।

कर्म

आज के दिन किसी गरीब परिवार को सर्दियों के कपड़े दें।

आध्यात्मिक मार्गदर्शन

Day-210

संस्कृत

अदृष्टपूर्वं हृषितोऽस्मि दृष्ट्वा
भयेन च प्रव्यथितं मनो मे।
तदेव मे दर्शय देवरूपं
प्रसीद देवेश जगन्निवास॥

लिप्यांतरण

adṛṣṭa-pūrvaṁ hṛṣito'smi dṛṣṭvā
bhayena ca pravyathitaṁ mano me
tad eva me darśaya deva-rūpaṁ
prasīda deveśa jagan-nivāsa

अनुवाद

हे देवेश! मैं पहले कभी न देखे हुए आपके इस आश्चर्यमय रूप को देखकर हर्षित हो रहा हूँ और भय से अत्यन्त व्याकुल भी, इसलिए हे जगन्निवास, प्रसन्न होइए! आप अपने चतुर्भुज विष्णुरूप को ही मुझे दिखलाइये।

व्याख्या

अर्जुन ने भगवान का यह अद्वितीय रूप पहले कभी नहीं देखा था, इसे देखकर वे आनंदित और भयभीत दोनों हो गए। इसलिए वे भगवान से प्रार्थना करते हैं कि उन्हें अपना सामान्य रूप से जाना जाने वाला, मन को शान्ति देने वाला चतुर्भुज विष्णु रूप ही दिखायें।

कर्म

आज के दिन किसी गरीब महिला को सिलाई मशीन दान करें। उसे आत्मनिर्भर बनने में मदद करें।

आध्यात्मिक मार्गदर्शन

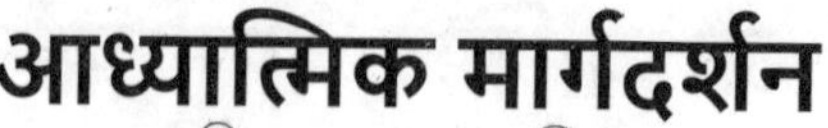

Day-211

संस्कृत

किरीटिनं गदिनं चक्रहस्तम्
इच्छामि त्वां द्रष्टमहं तथैव।
तेनैव रूपेण चतुर्भुजेन
सहस्रबाहो भव विश्वमूर्ते॥

लिप्यांतरण

kirīṭinaṁ gadinaṁ cakra-hastam
icchāmi tvāṁ draṣṭum ahaṁ tathaiva
tenaiva rūpeṇa catur-bhujena
sahasra-bāho bhava viśva-mūrte

अनुवाद

हे सहस्रबाहो! मैं आपको उसी प्रकार मुकुट धारण किये, तथा गदा और चक्र हाथ में लिए हुए देखना चाहता हूँ। इसलिए हे विश्वरूप! आप उसी चतुर्भुज रूप में प्रकट होइए।

व्याख्या

अर्जुन भगवान को उनके चतुर्भुज रूप में देखना चाहते हैं, जिसमें वे मुकुट, गदा और चक्र धारण किए हुए हैं। वे भगवान से अनुरोध करते हैं कि वे उसी रूप में प्रकट हों, जिससे उन्हें शांति और धैर्य मिले।

कर्म

आज के दिन किसी मंदिर में जाकर भजन-कीर्तन में भाग लें। धार्मिक और आध्यात्मिक अनुभव प्राप्त करें।

आध्यात्मिक मार्गदर्शन

Day-212

संस्कृत

सञ्जय उवाच
इत्यर्जुनं वासुदेवस्तथोक्त्वा स्वकं रूपं दर्शयामास भूयः।
आश्वासयामास च भीतमेनं भूत्वा पुनः सौम्यवपुर्महात्मा॥

लिप्यांतरण

sañjaya uvāca
ity arjunaṁ vāsudevas tathoktvā
svakaṁ rūpaṁ darśayām āsa bhūyaḥ
āśvāsayām āsa ca bhītam enaṁ
bhūtvā punaḥ saumya-vapur mahātma

अनुवाद

(संजय कहते हैं,) अर्जुन के प्रति इस प्रकार कह कर वासुदेव भगवान् ने अपने चतुर्भुज रूप को दिखलाया और भय से आक्रान्त हुए अर्जुन को आश्वासन देते हुए पुनः महात्मा श्रीकृष्ण सौम्यमूर्ति हो गए।

व्याख्या

संजय ने बताया कि भगवान वासुदेव ने अर्जुन से ऐसा कहकर, पुनः अपना सौम्य रूप प्रकट किया और भयभीत अर्जुन को आश्वासन दिया। वे पुनः अपने शांति और सौम्यता वाले चतुर्भुज विष्णु रूप में आ गए।

कर्म

आज के दिन किसी गरीब छात्र के स्कूल की फीस भरें। उसकी शिक्षा को बढ़ावा दें और उसे आगे बढ़ाएं।

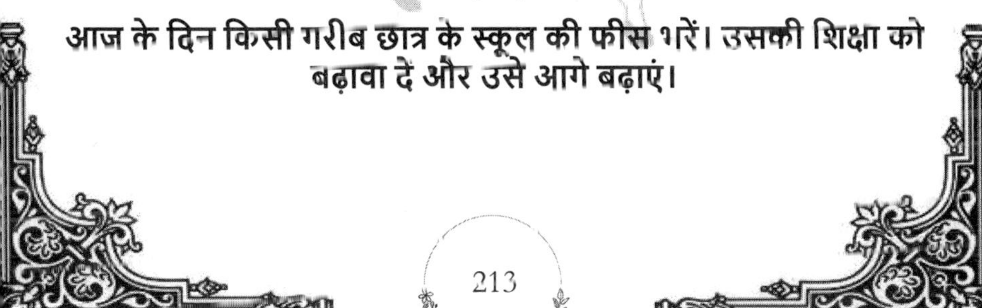

आध्यात्मिक मार्गदर्शन

Day-213

संस्कृत

अर्जुन उवाच
दृष्ट्वेदं मानुषं रूपं तव सौम्यं जनार्दन।
इदानीमस्मि संवृत्तः सचेताः प्रकृतिं गतः॥

लिप्यांतरण

arjuna uvāca
dṛṣṭvedaṁ mānuṣaṁ rūpaṁ tava saumyaṁ janārdana
idānīm asmi saṁvṛttaḥ sa-cetāḥ prakṛtiṁ gataḥ

अनुवाद

हे जनार्दन! आपके इस सौम्य मानुष रूप को देखकर अब मैं स्थिरचित्त होकर अपनी स्वाभाविक स्थिति को पुनः प्राप्त हो गया हूँ।

व्याख्या

अर्जुन भगवान के सौम्य और मानव रूप को देखकर स्थिरचित्त हो गए हैं। उनका भय समाप्त हो गया है और वे पुनः स्वाभाविक स्थिति में लौट आए हैं।

कर्म

आज के दिन किसी मंदिर की सफाई करें। धार्मिक स्थल की सुंदरता बढ़ाएं और उसे स्वच्छ रखें।

आध्यात्मिक मार्गदर्शन

Day-214

संस्कृत

नाहं वेदैर्न तपसा न दानेन न चेज्यया।
शक्य एवंविधो द्रष्टुम् दृष्टवानसि मां यथा॥

लिप्यांतरण

nāhaṁ vedair na tapasā na dānena na cejyayā
śakya evaṁ-vidho draṣṭuṁ dṛṣṭavān asi māṁ yathā

अनुवाद

जिस प्रकार तूने मुझे देखा है (विराट रूप), इस प्रकार मैं न वेदाध्ययन से, न तप से, न दान और न यज्ञ के प्रभाव से ही देखा जा सकता हूँ।

व्याख्या

भगवान बताते हैं कि वे वेद, तपस्या, दान और यज्ञ से इस रूप में नहीं देखे जा सकते, जैसा अर्जुन ने देखा। इस रूप को देखने के लिए विशेष कृपा और भक्ति की आवश्यकता होती है।

कर्म

आज के दिन किसी लाचार व्यक्ति को सहारा दें। उसकी समस्याओं को सुनें और उसकी मदद करें।

आध्यात्मिक मार्गदर्शन

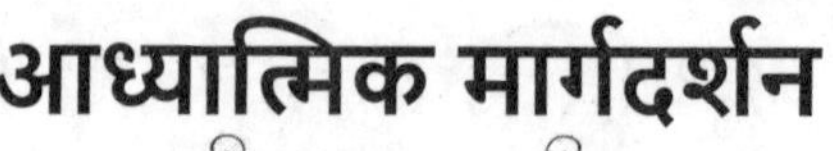

Day-215

संस्कृत

भक्त्या त्वनन्यया शक्य अहमेवंविधोऽर्जुन।
ज्ञातुं द्द्ष्टुम् च तत्त्वेन प्रवेष्टुम् च परंतप॥

लिप्यांतरण

bhaktyā tv ananyayā śakya aham evaṁ-vidho'rjuna
jñātuṁ drasṭuṁ ca tattvena pravesṭuṁ ca paraṁ-tapa

अनुवाद

हे अर्जुन! केवल अनन्य भक्ति के द्वारा मुझे इस प्रकार देखा, समझा, तत्व से जाना जा सकता है, और हे अर्जुन, इसमें प्रवेश करने में (इसे प्रदान करने में) मैं ही शक्य हूँ।

व्याख्या

भगवान बताते हैं कि अनन्य भक्ति से ही उन्हें इस रूप में जाना, देखा और समझा जा सकता है। उन्हें अर्थात् परमात्मा को तत्व से जानने और अनुभव करने के लिए भक्त का हृदय शुद्ध और अटूट भक्ति से भरा होना चाहिए।

कर्म

आज के दिन किसी जरूरतमंद की आर्थिक मदद करें। उसकी समस्याओं का समाधान करें और उसे राहत दें।

आध्यात्मिक मार्गदर्शन

Day-216

संस्कृत

मत्कर्मकृन्मत्परमो मद्भक्तः सङ्गवर्जितः।
निर्वैरः सर्वभूतेषु यः स मामेति पाण्डव॥

लिप्यांतरण

mat-karma-kṛn mat-paramo mad-bhaktaḥ saṅga-varjitaḥ
nirvairaḥ sarva-bhūteṣu yaḥ sa mām eti pāṇḍava

अनुवाद

हे अर्जुन! जो केवल मेरे परायण होकर मेरे ही लिए सभी कर्मों को करने वाला है, आसक्ति रहित, सभी प्राणियों में वैर-भाव से रहित है, वह अनन्य भक्ति भाव से युक्त मनुष्य मुझे ही प्राप्त होता है।

व्याख्या

भगवान कहते हैं कि जो मनुष्य पूरी तरह उन्हें समर्पित होकर, उनके लिए, उनके दिए हुए कर्मों को उनकी आज्ञा मानकर करता जाता है - इसमें उसका अपना कोई स्वार्थ या लगाव तक नहीं रह जाता, वही उन दिव्य स्वरुप परमात्मा को प्राप्त कर पाता है। उसकी भक्ति, निष्काम कर्म, सत्यनिष्ठा और अहिंसा की भावना उसे भगवान तक पहुँचाती है।

कर्म

आज के दिन किसी अनाथ बच्चे के लिए कुछ अच्छा सोचें और करें। उसे उचित शिक्षा प्राप्ति और स्वावलंबन की ओर प्रेरित करें व सही राह दिखायें।

आध्यात्मिक मार्गदर्शन

Day-217

संस्कृत

श्रीभगवानुवाच
मय्यावेश्य मनो ये मां नित्ययुक्ता उपासते।
श्रद्धया परयोपेताः ते मे युक्ततमा मताः॥

लिप्यांतरण

śrī-bhagavān uvāca
mayy āveśya mano ye māṁ nitya-yuktā upāsate
śraddhayā parayopetāḥ te me yukta-tamā matāḥ

अनुवाद

श्री भगवान् बोले, मुझमें मन को स्थापित करके नित्य प्रति श्रेष्ठ श्रद्धा-भाव से मेरी उपासना करने वाले मुझे उत्तम मान्य हैं (मैं उन्हें उत्तम मानता हूँ)।

व्याख्या

भगवान कहते हैं कि जो भक्त अपने मन को मुझमें लगाकर, सदा मुझसे जुड़े रहते हैं और परम श्रद्धा के साथ मेरी उपासना करते हैं, वे सबसे श्रेष्ठ भक्त हैं। ऐसे भक्त भगवान को अत्यंत प्रिय होते हैं।

कर्म

आज के दिन किसी पशु की देखभाल करें। उसे भोजन और पानी दें और उसकी सुरक्षा सुनिश्चित करें।

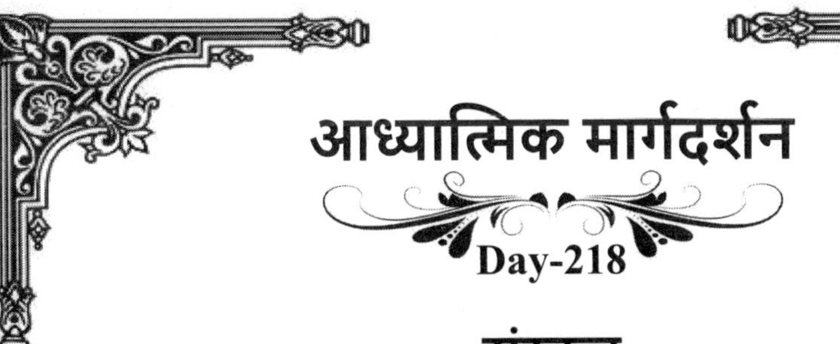

आध्यात्मिक मार्गदर्शन

Day-218

संस्कृत

ये त्वक्षरमनिर्देश्यमव्यक्तं पर्युपासते।
सर्वत्रगमचिन्त्यञ्च कूटस्थमचलं ध्रुवम्॥
सन्नियम्येन्द्रियग्रामं सर्वत्र समबुद्धयः।
ते प्राप्नुवन्ति मामेव सर्वभूतहिते रताः॥

लिप्यांतरण

ye tv akṣaram anirdeśyam avyaktaṁ paryupāsate
sarvatra-gam acintyaṁ ca kūṭa-stham acalaṁ dhruvam
sanniyamyendriya-grāmaṁ sarvatra sama-buddhayaḥ
te prāpnuvanti mām eva sarva-bhūta-hite ratāḥ

अनुवाद

जो लोग अक्षर, अनिर्दिष्ट, अव्यक्त, सर्वव्यापी, अचिन्त्य, अचल, स्थिर और अपरिवर्तनीय – (ऐसे ब्रह्म) की इन्द्रियों को संयमित करके, सब ओर से समबुद्धि होकर उपासना करते हैं वे सबके हित में रत रहने वाले और सब में समान भाव रखनेवाले लोग मुझको ही प्राप्त होते हैं।

व्याख्या

जो भक्त अविनाशी और अव्यक्त ब्रह्म की उपासना करते हैं और इन्द्रियों को संयमित रखते हुए, सभी प्राणियों के प्रति समान भाव रखते हैं, वे भी मुझे प्राप्त करते हैं। उनकी राह निःसन्देह कठिन है, परन्तु वे सभी प्राणियों के कल्याण में लगे रहते हैं और अंततः मुझे प्राप्त करते हैं।

कर्म

आज के दिन किसी गरीब बच्चे को किताबें दान करें। उसकी पढ़ाई में मदद करें और उसे ज्ञान प्राप्त करने में सहयोग दें।

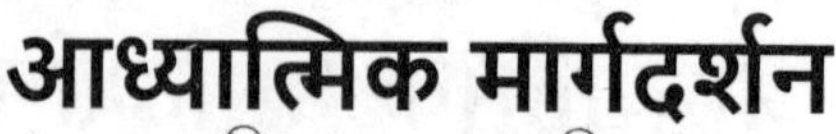

आध्यात्मिक मार्गदर्शन

Day-219

संस्कृत

ये तु सर्वाणि कर्माणि मयि संन्यस्य मत्पराः।
अनन्येनैव योगेन मां ध्यायन्त उपासते॥
तेषामहं समुद्धर्ता मृत्युसंसारसागरात्।
भवामि नचिरात्पार्थ मय्यावेशितचेतसाम्॥

लिप्यांतरण

ye tu sarvāṇi karmāṇi mayi sannyasya mat-parāḥ
ananyenaiva yogena māṁ dhyāyanta upāsate
teṣām ahaṁ samuddhartā mṛtyu-saṁsāra-sāgarāt
bhavāmi na cirāt pārtha mayy āveśita-cetasām

अनुवाद

किन्तु जो मुझमें मन रमाए हुए लोग सभी कर्मों को मुझे अर्पित करके अनन्य भाव से मेरा ही ध्यान करते हुए मेरी उपासना करते हैं, हे अर्जुन! मुझमें चित्त लगाने वाले उन (भक्तों) का मैं मृत्यु-रुपी विश्व-समुद्र से शीघ्र ही उद्धार करने वाला होता हूँ।

व्याख्या

भगवान कहते हैं कि जो भक्त अपने सभी कर्मों को मुझे अर्पित करके, मेरे परायण होकर, अनन्य भाव से मेरा ध्यान करते हैं, उनके लिए मैं मृत्यु-संसार-सागर से शीघ्र उद्धार करने वाला होता। ऐसे भक्तों का हृदय मुझमें स्थित रहता है और मैं उन्हें मुक्ति प्रदान करता हूँ।

कर्म

आज के दिन किसी बीमार व्यक्ति के लिए दवाइयों की व्यवस्था करें। उसकी स्वास्थ्य की चिंता करें और उसे जल्द स्वस्थ करें।

आध्यात्मिक मार्गदर्शन

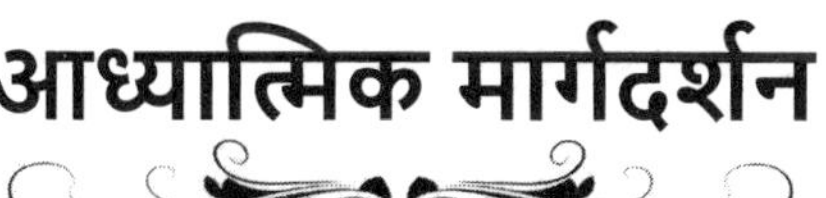

Day-220

संस्कृत

मय्येव मन आधत्स्व मयि बुद्धिं निवेशय।
निवसिष्यसि मय्येव अत ऊर्ध्वं न संशयः॥

लिप्यांतरण

mayy eva mana ādhatsva mayi buddhiṁ niveśaya
nivasiṣyasi mayy eva ata ūrdhvaṁ na sanśayaḥ

अनुवाद

(अतः तू) मुझमें ही मन को सन्धान करके मुझमें ही बुद्धि को लगा। इस से तू निश्चय ही मुझमें निवास करेगा – इसमें कुछ भी संशय नहीं है।

व्याख्या

भगवान कहते हैं कि अपना मन मुझमें ही लगा और अपनी बुद्धि मुझमें ही निविष्ट कर। ऐसा करने पर तू मेरे साथ ही निवास करेगा, इसमें कोई संदेह नहीं है। यह उपदेश भक्तों के लिए सरल मार्ग दिखाता है।

कर्म

आज के दिन किसी मंदिर में जाकर भगवान की आरती में भाग लें। अपने मन की शांति के लिए प्रार्थना करें।

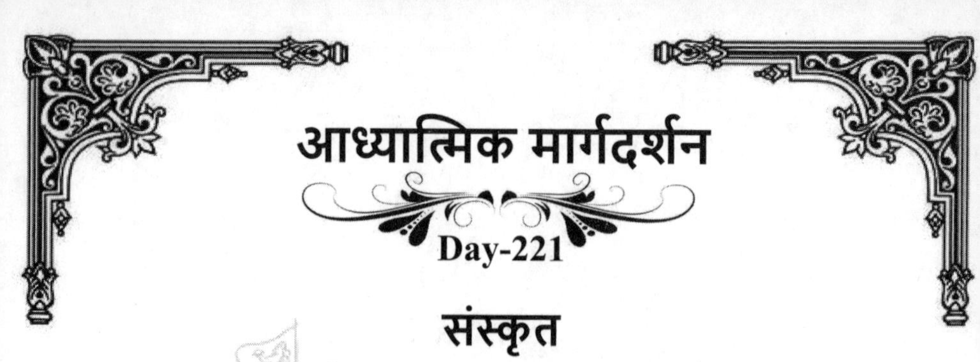

आध्यात्मिक मार्गदर्शन

Day-221

संस्कृत

अथ चित्तं समाधातुं न शक्नोषि मयि स्थिरम्।
अभ्यासयोगेन ततो मामिच्छाप्तुं धनञ्जय॥

लिप्यांतरण

atha cittaṁ samādhātuṁ na śaknoṣi mayi sthiram
abhyāsa-yogena tato mām icchāptuṁ dhanañjaya

अनुवाद

यदि तू अपने मन को स्थिर भाव से मुझमें सन्धान करने के लिए समर्थ नहीं है, तो हे धनञ्जय! तू अभ्यास रुपी योग से मुझे प्राप्त करने की अभिलाषा कर।

व्याख्या

भगवान कहते हैं कि यदि तू अपना चित्त मुझमें स्थिर नहीं कर सकता, तो अभ्यासयोग के द्वारा मुझे प्राप्त करने की कोशिश कर। यह अभ्यास धीरे-धीरे मन को मुझमें स्थिर करने में सहायता करेगा।

कर्म

आज के दिन किसी गरीब व्यक्ति की आर्थिक उन्नति के लिए उसका सहयोग करें या उसे स्वावलंबन का साधन खोजने में मदद करें। उसकी आर्थिक स्थिति सुधारें और उसे आत्मनिर्भर बनाएं।

आध्यात्मिक मार्गदर्शन

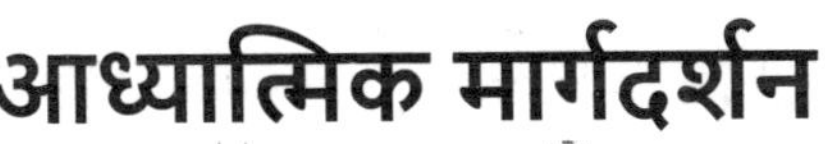

Day-222

संस्कृत

अभ्यासेऽप्यसमर्थोऽसि मत्कर्मपरमो भव।
मदर्थमपि कर्माणि कुर्वन्सिद्धिमवाप्स्यसि॥

लिप्यांतरण

abhyāse'py asamartho'si mat-karma-paramo bhava
mad-artham api karmāṇi kurvan siddhim avāpsyasi

अनुवाद

यदि तू (ऐसा) अभ्यास करने में भी असमर्थ है तो केवल मेरे प्रति समर्पित कर्म करने के लिए ही परायण हो जा। मेरे निमित्त (अपने सभी) कर्मों को करता हुआ भी तू सिद्धि को प्राप्त होगा।

व्याख्या

भगवान ने गीता में अर्जुन के माध्यम से साधारण जन को उनके कल्याण का अनोखा, सरलीकृत और बिल्कुल सुनिश्चित मार्ग दिखलाया है। इसलिए वे कहते हैं कि यदि कोई व्यक्ति अपने मन को साधने के अभ्यास में असमर्थ भी है, तो भी उसका कल्याण हो सकता है| वे अर्जुन को बता रहे हैं कि यदि मनुष्य केवल अपने सभी कर्म भगवान को अर्पित करके करने लगे - तो भी उसे वही सिद्धि प्राप्त होगी जो पहले बताये कर्मयोग या ज्ञानयोग आदि मार्गों से मिलती है।

कर्म

आज के दिन किसी गरीब परिवार को भोजन सामग्री दें।

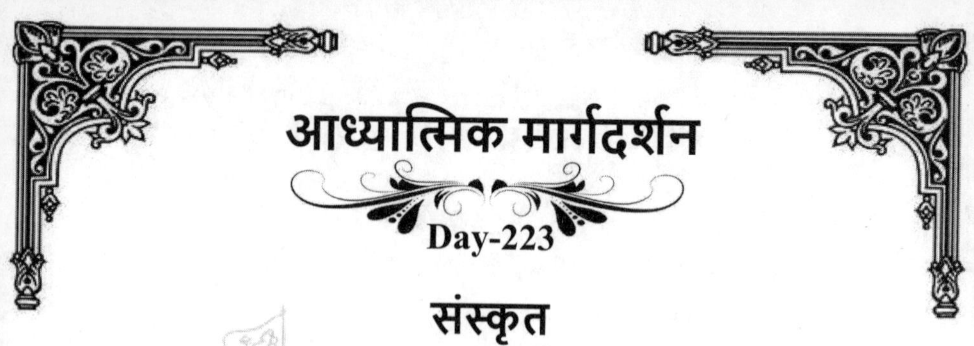

आध्यात्मिक मार्गदर्शन

Day-223

संस्कृत

श्रेयो हि ज्ञानमभ्यासाज्ज्ञानाद्ध्यानं विशिष्यते।
ध्यानात्कर्मफलत्यागस्त्यागाच्छान्तिरनन्तरम्॥

लिप्यांतरण

śreyo hi jñānam abhyāsāj jñānād dhyānaṁ viśiṣyate
dhyānāt karma-phala-tyāgas tyāgāc chāntir anantaram

अनुवाद

अभ्यास से श्रेष्ठ ज्ञान है, ज्ञान से श्रेष्ठ ध्यान है, ध्यान से श्रेष्ठ कर्मफल का त्याग है, (क्योंकि) त्याग से तत्काल ही परम शान्ति की प्राप्ति होती है।

व्याख्या

भगवान कहते हैं कि अभ्यास से ज्ञान श्रेष्ठ है क्योंकि ज्ञान से सच्ची समझ आती है। ज्ञान से ध्यान श्रेष्ठ है क्योंकि ध्यान से मन की शांति प्राप्त होती है। ध्यान से भी श्रेष्ठ कर्मफल का त्याग है क्योंकि इससे तुरंत शांति मिलती है। त्याग से अन्तःकरण की पूर्ण शांति प्राप्त होती है।

कर्म

आज के दिन किसी गरीब महिला को आत्मनिर्भर बनने के लिए प्रोत्साहित करें। उसे स्वावलंबन के साधन सिखाएँ।

आध्यात्मिक मार्गदर्शन

Day-224

संस्कृत

अद्वेष्टा सर्वभूतानां मैत्रः करुण एव च।
निर्ममो निरहङ्कारः समदुःखसुखः क्षमी॥
सन्तुष्टः सततं योगी यतात्मा दृढनिश्चयः।
मय्यर्पितमनोबुद्धिर्यो मद्भक्तः स मे प्रियः॥

लिप्यांतरण

adveṣṭā sarva-bhūtānāṁ maitraḥ karuṇa eva ca
nirmamo nirahaṅkāraḥ sama-duḥkha-sukhaḥ kṣamī
santuṣṭaḥ satataṁ yogī yatātmā dṛḍha-niścayaḥ
mayy arpita-mano-buddhir yo mad-bhaktaḥ sa me priyaḥ

अनुवाद

जो सभी प्राणियों में द्वेष भाव से रहित, मैत्री-भाव वाला और करुणा-सम्पन्न, ममता रहित, अभिमान रहित, क्षमाशील, सुख-दुःख में सम-भाव वाला, सदा संतुष्ट, योगी, दृढ़-निश्चयी, और मेरे अर्पित मन-बुद्धि वाला जो मेरा भक्त है, वह मुझे प्रिय है।

व्याख्या

भगवान बताते हैं कि जो व्यक्ति सभी प्राणियों के प्रति द्वेष रहित है, जो मित्रवत और करुणामय है, जो ममत्व और अहंकार रहित है, जो सुख-दुःख में समान है और क्षमाशील है, जो सदा संतुष्ट है और योग में स्थिर है, जिसकी बुद्धि नियंत्रित है और दृढ़ निश्चय है, और जिसके मन, आत्मा और बुद्धि भगवान् को सदा समर्पित हैं, ऐसा भक्त भगवान को अत्यंत प्रिय है।

कर्म

आज के दिन किसी मंदिर में जाकर भगवान के दर्शन करें। धार्गिक भावना को बढ़ाएं और अपने मन की शांति के लिए प्रार्थना करें।

आध्यात्मिक मार्गदर्शन

Day-225

संस्कृत

यस्मान्नोद्विजते लोको लोकान्नोद्विजते च यः।
हर्षामर्षभयोद्वेगैर्मुक्तो यः स च मे प्रियः॥

लिप्यांतरण

yasmān nodvijate loko lokān nodvijate ca yaḥ
harṣāmarṣa-bhaya-udvegair mukto yaḥ sa ca me priyaḥ

अनुवाद

जो संसार से उद्विग्न नहीं होता और जो संसार को उद्विग्न नहीं करता, और हर्ष-अमर्ष, भय, उद्वेग से जो मुक्त है वह व्यक्ति मुझे प्रिय है।

व्याख्या

भगवान बताते हैं कि जो व्यक्ति दूसरों को उद्विग्न नहीं करता और स्वयं भी दूसरों से परेशान नहीं होता, जो हर्ष, क्रोध, भय और मन के विभिन्न भावनात्मक उद्वेगों से मुक्त है, ऐसा व्यक्ति भगवान को प्रिय है। वह व्यक्ति मानसिक शांति और संतुलन बनाए रखता है।

कर्म

आज के दिन किसी गरीब बच्चे को शिक्षा के लिए प्रेरित करें। हो सके तो उसे किसी सरकारी विद्यालय में ले जाएँ और उसे बेहतर भविष्य के लिए तैयार करें।

आध्यात्मिक मार्गदर्शन

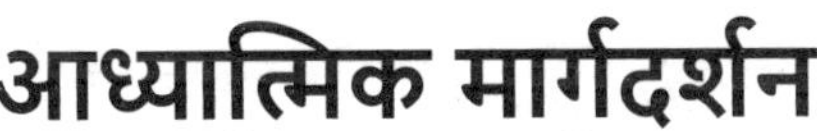

Day-226

संस्कृत

अनपेक्षः शुचिर्दक्ष उदासीनो गतव्यथः।
सर्वारम्भपरित्यागी यो मद्भक्तः स मे प्रियः॥

लिप्यांतरण

anapekṣaḥ śucir dakṣa udāsīno gata-vyathaḥ
sarvārambha-parityāgī yo mad-bhaktaḥ sa me priyaḥ

अनुवाद

आकांक्षा से रहित, शुद्ध, निपुण, पक्षपात रहित, नाना दुःखों से छूटा हुआ, हर प्रकार के आरम्भ(-अन्त) का परित्याग करने वाला मुझे प्रिय है।

व्याख्या

भगवान कहते हैं कि जो भक्त किसी से अपेक्षा नहीं करता, शुद्ध और दक्ष है, जो उदासीन और व्यथा रहित है, और जो सभी कार्यों का त्यागी है, ऐसा भक्त भगवान को प्रिय है। ऐसे भक्त में निरासक्ति और आत्म-संयम की भावना होती है।

कर्म

आज के दिन किसी गरीब व्यक्ति को गरम कपड़े दान करें।

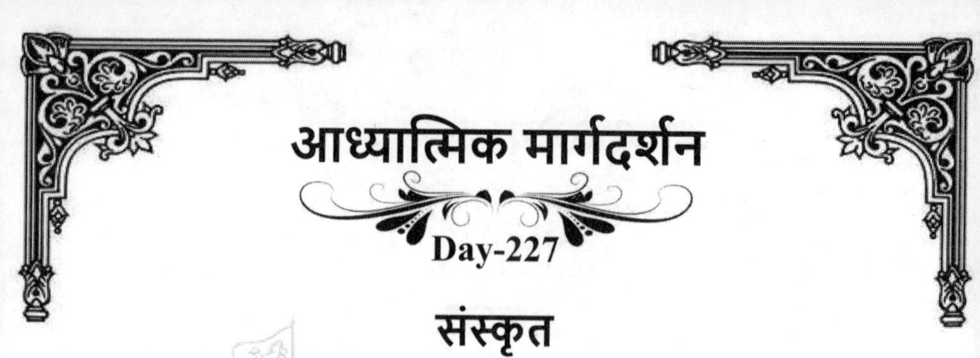

आध्यात्मिक मार्गदर्शन

Day-227

संस्कृत

यो न हृष्यति न द्वेष्टि न शोचति न काङ्क्षति।
शुभाशुभपरित्यागी भक्तिमान्यः स मे प्रियः॥

लिप्यांतरण

yo na hṛṣyati na dveṣṭi na śocati na kāṅkṣati
śubhāśubha-parityāgī bhaktimān yaḥ sa me priyaḥ

अनुवाद

जो न हर्षित होता है न दुःखी, न द्वेष करता है न आकांक्षा, शुभ अथवा अशुभ का परित्यागी वह भक्ति से युक्त व्यक्ति मेरा प्रिय है।

व्याख्या

भगवान कहते हैं कि जो भक्त न हर्षित होता है, न द्वेष करता है, न शोक करता है और न आकांक्षा करता है, और जो शुभ और अशुभ का त्यागी है, ऐसा भक्त भगवान को प्रिय है। ऐसा भक्त सभी स्थितियों में संतुलित और समभाव रहता है।

कर्म

आज के दिन किसी अनाथ बच्चे को स्वावलम्बन की राह दिखायें। उसे शिक्षा की ओर प्रेरित करें जिससे वह भी एक उज्ज्वल भविष्य की ओर कदम बढ़ा सके।

आध्यात्मिक मार्गदर्शन

Day-228

संस्कृत

समः शत्रौ च मित्रे च तथा मानापमानयोः।
शीतोष्णसुखदुःखेषु समः सङ्गविवर्जितः॥
तुल्यनिन्दास्तुतिर्मौनी सन्तुष्टो येन केनचित्।
अनिकेतः स्थिरमतिर्भक्तिमान्मे प्रियो नरः॥

लिप्यांतरण

samaḥ śatrau ca mitre ca tathā mānāpamānayoḥ
śītoṣṇa-sukha-duḥkheṣu samaḥ saṅga-vivarjitaḥ
tulya-nindā-stutir maunī santuṣṭo yena kenacit
aniketaḥ sthira-matir bhaktimān me priyo naraḥ

अनुवाद

जो शत्रु और मित्र, तथा मान और अपमान, सर्दी-गर्मी, सुख-दुःख में सम भाव रखता हुआ (इन सभी में) आसक्ति से रहित है, निन्दा-संस्तुति को समान समझने वाला, मौनभाव युक्त, किसी भी स्थिति में संतुष्ट रहने वाला, अनिकेत (घर से विहीन अर्थात निज-आस्थान में आसक्ति न रखने वाला), ऐसा स्थिर-मति भक्तिमान मनुष्य मुझे प्रिय है।

व्याख्या

भगवान श्रीकृष्ण कहते हैं कि जो व्यक्ति शत्रु और मित्र, मान और अपमान, शीत और उष्ण, सुख और दुःख में समान भाव रखता है, निंदा और स्तुति में समान दृष्टिकोण अपनाता है, मौन रहता है, हर स्थिति में संतुष्ट और स्थिर मति वाला होता है, वह भगवान को प्रिय है। ऐसे व्यक्ति में समभाव, संतोष, और स्थिरता होती है।

कर्म

आज के दिन किसी घायल पशु की मदद करें। उसकी चोटों का इलाज कराएँ और उसे स्वस्थ करें।

आध्यात्मिक मार्गदर्शन

Day-229

संस्कृत

ये तु धर्म्यामृतमिदं यथोक्तं पर्युपासते।
श्रद्दधाना मत्परमा भक्तास्तेऽतीव मे प्रियाः॥

लिप्यांतरण

ye tu dharmyāmṛtam idaṁ yathoktaṁ paryupāsate
śraddadhānā mat-paramā bhaktās te'tīva me priyāḥ

अनुवाद

जो मेरे परायण होकर इस धर्मयुक्त अमृत पथ का यथोक्त प्रकार से अनुगमन करते हैं, ऐसे मेरे प्रति समर्पित श्रद्धावान भक्त मुझे अत्यन्त ही प्रिय हैं।

व्याख्या

भगवान कहते हैं कि जो भक्त इस धर्ममय अमृत-पथ पर जैसे बताया गया है वैसे ही चलते हैं, मेरी कही गई बातों में श्रद्धा रखकर उनका पालन करते हैं तथा मुझमें परायण और भक्तिमान होते हैं, वे मुझे अत्यंत प्रिय हैं। ऐसे भक्त भगवान की शिक्षाओं का पालन करते हैं और उनके प्रति गहरी श्रद्धा और भक्ति रखते हैं। निश्चय ही वे स्वयं भगवान् को भी प्रिय हो जाते हैं।

कर्म

आज के दिन किसी जरूरतमंद की मदद करें - यह आर्थिक हो सकती है, सामाजिक या फिर सलाह, प्रेरणा अथवा मार्गदर्शन के रूप में।

आध्यात्मिक मार्गदर्शन

Day-230

संस्कृत

क्षेत्रज्ञं चापि मां विद्धि सर्वक्षेत्रेषु भारत।
क्षेत्रक्षेत्रज्ञयोर्ज्ञानं यत्तज्ज्ञानं मतं मम॥

लिप्यांतरण

kṣetra-jñaṁ cāpi māṁ viddhi sarva-kṣetreṣu bhārata
kṣetra-kṣetrajñayor jñānaṁ yat taj jñānaṁ mataṁ mama

अनुवाद

हे भारत (भरतवंशी अर्जुन)! तू सभी क्षेत्रों में क्षेत्रज्ञ (क्षेत्र को जानने वाला) मुझे ही जान। क्षेत्र – क्षेत्रज्ञ (यहाँ यह प्रकृति और पुरुष के सन्दर्भ में कहा गया है) का यह जो ज्ञान है यही वास्तविक ज्ञान है, ऐसा मेरा मत है।

व्याख्या

भगवान श्रीकृष्ण अर्जुन से कहते हैं कि सभी शरीरों में स्थित आत्मा को जो जानता है, वह क्षेत्रज्ञ है, और वह मैं हूँ। क्षेत्र (शरीर) और क्षेत्रज्ञ (आत्मा) का जो ज्ञान है, वही सच्चा ज्ञान है। यहाँ क्षेत्र प्रकृति को कहा गया है और क्षेत्रज्ञ है पुरुष - जो कि परब्रह्म परमात्मा स्वयं हैं। प्रकृति और पुरुष को उनके वास्तविक अर्थों में इस प्रकार पहचान पाना ही सत्य का यथार्थ ज्ञान हो जाना माना गया है।

कर्म

आज के दिन किसी गरीब परिवार को सर्दियों के कपड़े दें।

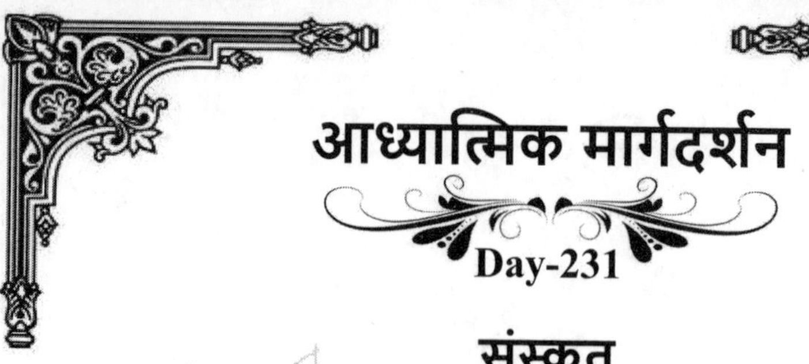

आध्यात्मिक मार्गदर्शन

Day-231

संस्कृत

महाभूतान्यहङ्कारो बुद्धिरव्यक्तमेव च।
इन्द्रियाणि दशैकं च पञ्च चेन्द्रियगोचराः॥
इच्छा द्वेषः सुखं दुःखं सङ्घातश्चेतना धृतिः।
एतत्क्षेत्रं समासेन सविकारमुदाहृतम्॥

लिप्यांतरण

mahā-bhūtāny ahaṅkāro buddhir avyaktam eva ca
indriyāṇi daśaikaṁ ca pañca cendriya-gocarāḥ
icchā dveṣaḥ sukhaṁ duḥkhaṁ saṅghātaś cetanā dhṛtiḥ
etat kṣetraṁ samāsena sa-vikāram udāhṛtam

अनुवाद

(पाँच) महाभूत, अहंकार, बुद्धि और अव्यक्त (प्रकृति), तथा दसों इन्द्रियाँ (5 ज्ञानेन्द्रिय तथा 5 कर्मेन्द्रिय), एक मन और पाँच इन्द्रियों के विषय (शब्द, स्पर्श, रूप, रस, गंध) तथा इच्छा, द्वेष, सुख, दुःख, देह-पिण्ड (शरीर), चेतना, धृति – इन विकारों के सहित इस प्रकार संक्षेप में क्षेत्र (शरीर) को कहा गया है।

व्याख्या

इस श्लोक में भगवान ने विस्तारपूर्वक मनुष्य के स्थूल शरीर और सूक्ष्म शरीर के घटक तत्वों को सझाया है। वे कहते हैं, शरीर अर्थात् क्षेत्र पाँच महाभूतों से बना है - अग्नि, पृथ्वी, जल, वायु, और आकाश| इसमें 5 ज्ञानेन्द्रियाँ (आँख, नाक, कान, जीभ और त्वचा), 5 कर्मेन्द्रियाँ (हाथ, पैर, मुँह, जननेंद्रिय और पृष्ठभाग), अहंकार, बुद्धि, चित्त और मन - ये सभी मिल कर शरीर को क्रियाशील बनाते हैं। भगवान शरीर के विकारों का वर्णन करते हुए आगे कहते हैं, इन्द्रियों के पाँचों विषय, (शब्द, स्पर्श, रस, रूप, गंध) तथा साथ ही इच्छा, द्वेष, सुख-दुःख, चेतना, और धृति - ये पाँच अन्य विकार कहे गए हैं। ये सभी तत्व और उनके विकार क्षेत्र (शरीर) के घटक हैं।

कर्म

आज के दिन किसी गरीब महिला को सिलाई मशीन दान करें। उसे आत्मनिर्भर बनने में मदद करें।

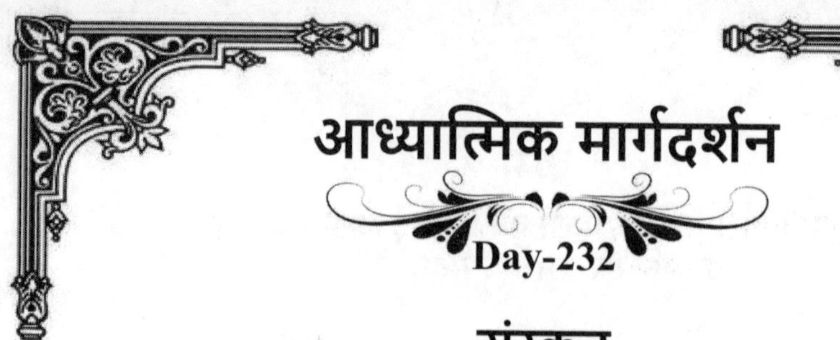

आध्यात्मिक मार्गदर्शन

Day-232

संस्कृत

अमानित्वम्दम्भित्वमहिंसा क्षान्तिरार्जवम्।
आचार्योपासनं शौचं स्थैर्यमात्मविनिग्रहः॥

लिप्यांतरण

amānitvam adambhitvam ahiṁsā kṣāntir ārjavam
ācāryopāsanaṁ śaucaṁ sthairyam ātma-vinigrahaḥ

अनुवाद

अभिमान रहित, दम्भ रहित, अहिंसा का आचरण करना, क्षमा भाव, सरलता, आचार्य जनों की सेवा-उपासना करना, शुचिता, स्थिरता, स्व-निग्रह (इस प्रकार आचरण करना चाहिए)।

व्याख्या

यहाँ भगवान ने, मनुष्य को यथार्थ ज्ञान प्राप्ति के बाद कैसा आचरण करना चाहिए - इस विषय में दिशा-निर्देश देते हुए कहा है। वे कहते हैं कि घमण्ड या अभिमान रहित होकर अहिंसा का पालन करना, क्षमा और दया भाव रखना, भक्ति भाव से गुरुजनों की सेवा करना - यही उत्तम आचरण है। इसके साथ ही शारीरिक और मानसिक शुचिता, धैर्य, स्थिरता और आत्म-संयम जैसे उत्तम गुणों का अभ्यास मनुष्य हर समय को करना चाहिए।

कर्म

आज के दिन किसी मंदिर में जाकर भजन-कीर्तन में भाग लें। धार्मिक और आध्यात्मिक अनुभव प्राप्त करें।

आध्यात्मिक मार्गदर्शन

Day-233

संस्कृत

ज्ञेयं यत्तत्प्रवक्ष्यामि यज्ज्ञात्वामृतमश्नुते।
अनादिमत्परं ब्रह्म न सत्तन्नासदुच्यते॥

लिप्यांतरण

jñeyaṁ yat tat pravakṣyāmi yaj jñātvāmṛtam aśnute
anādi-mat-paraṁ brahma na sat tan nāsad ucyate

अनुवाद

जो जानने योग्य है, तथा जिसे जान लेने से अमरत्व (मोक्ष) की प्राप्ति होती है उसे मैं समझाकर कहूँगा – वह अनादि परब्रह्म न सत् कहा जाता है और न असत् ही।

व्याख्या

भगवान कहते हैं कि परब्रह्म परमात्मा जो कि सत्-असत्, आदि-अंत इत्यादि द्वन्द्वों से परे है - उसे इसी प्रकार जानना चाहिए। श्रीकृष्ण ने गीता ज्ञान के माध्यम से मानव मात्र को यही बतलाया है कि ब्रह्म ही परम सत्य है, वह अमर ज्ञान है जिसे हर मनुष्य को ठीक से जान और समझ लेना चाहिए। हर प्रकार की परिभाषाओं, द्वन्द्वों, संबोधनों से बिल्कुल परे उस परमेश्वर के विषय में वे अर्जुन को विस्तार से समझाने जा रहे हैं - क्योंकि केवल एक वही हैं, जो इस विषय में सत्य जानते हैं।

कर्म

आज के दिन किसी गरीब छात्र के स्कूल की फीस भरें। उसकी शिक्षा को बढ़ावा दें और उसे आगे बढ़ाएं।

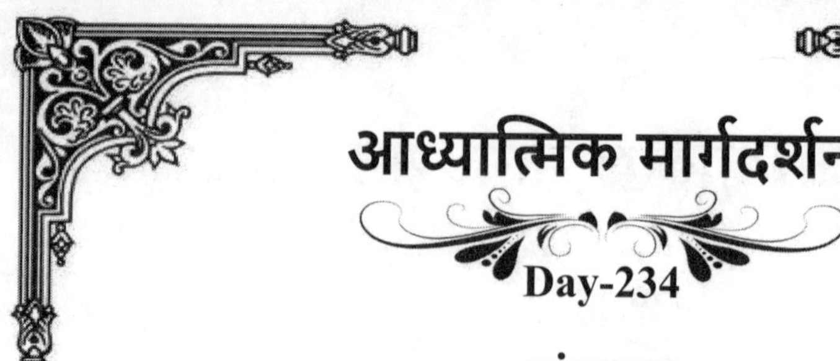

आध्यात्मिक मार्गदर्शन

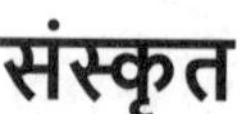

Day-234

संस्कृत

सर्वतः पाणिपादं तत्सर्वतोऽक्षिशिरोमुखम्।
सर्वतः श्रुतिमल्लोके सर्वमावृत्य तिष्ठति॥

लिप्यांतरण

sarvataḥ pāṇi-pādaṁ tat sarvato'kṣi-śiro-mukham
sarvataḥ śrutim al loke sarvam āvṛtya tiṣṭhati

अनुवाद

सभी ओर हाथ-पैरों वाला वह सभी ओर नेत्र, सिर और मुखों वाला, सब ओर कानों वाला है – वह इस प्रकार सम्पूर्ण विश्व को व्याप्त करके स्थित है।

व्याख्या

भगवान बताते हैं कि परब्रह्म के हाथ, पैर, आँखें, सिर, मुख और कान सभी जगह हैं। वह सभी जगह उपस्थित है और सम्पूर्ण जगत को व्याप्त करके स्थित है। इस प्रकार वह सर्वव्यापक और सर्वद्रष्टा है।

कर्म

आज के दिन किसी मंदिर की सफाई करें। धार्मिक स्थल की सुंदरता बढ़ाएं और उसे स्वच्छ रखें।

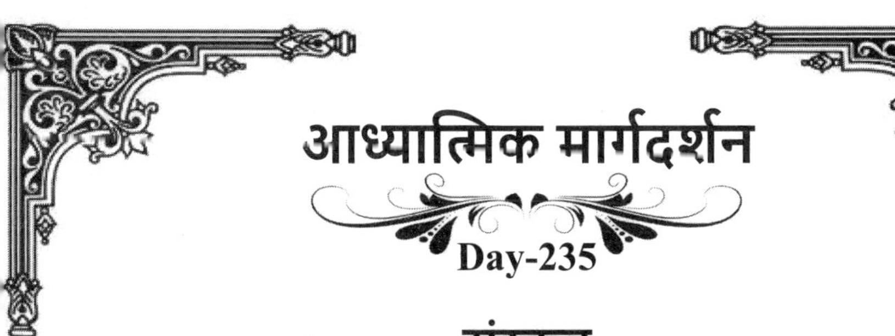

आध्यात्मिक मार्गदर्शन

Day-235

संस्कृत

सर्वेन्द्रियगुणाभासं सर्वेन्द्रियविवर्जितम्।
असक्तं सर्वभृच्चैव निर्गुणं गुणभोक्तृ च॥

लिप्यांतरण

sarvendriya-guṇābhāsaṁ sarvendriya-vivarjitam
asaktaṁ sarva-bhṛc caiva nirguṇaṁ guṇa-bhoktṛ ca

अनुवाद

वह सभी इन्द्रियों के गुणों को प्रकाशित करने वाला है, किन्तु (स्वयं) सभी इन्द्रियों से रहित है। वह असक्त होने पर भी सबको धारण करने वाला स्वयं निर्गुण होकर गुणों का भोक्ता है।

व्याख्या

श्रीकृष्ण कहते हैं कि परब्रह्म परमात्मा इन्द्रियों से रहित है - किन्तु सभी इन्द्रियों के गुण उसकी उपस्थिति से ही प्रकाशित होते हैं। भाव यह है कि उसकी सत्ता है - इसीलिये इन्द्रियों में गुण-कार्य रुपी धर्म हैं। ईश्वर स्वयं आसक्ति से रहित हैं, किन्तु सबको धारण करते हैं, सबका पालन और पोषण करते हैं। वे गुणहीन हैं, लेकिन सभी गुण उनके कारण-स्वरुप हैं। ऐसा अद्वितीय और अनिर्वचनीय उन निराकार ईश्वर का गुण-स्वरुप है।

कर्म

आज के दिन किसी लाचार व्यक्ति को सहारा दें। उसकी समस्याओं को सुनें और उसकी मदद करें।

आध्यात्मिक मार्गदर्शन

Day-236

संस्कृत

बहिरन्तश्च भूतानामचरं चरमेव च।
सूक्ष्मत्वात्तदविज्ञेयं दूरस्थं चान्तिके च तत्॥

लिप्यांतरण

bahir antaś ca bhūtānām acaraṁ caram eva ca
sūkṣmatvāt tad avijñeyaṁ dūrasthaṁ cāntike ca tat

अनुवाद

वह सब प्राणियों के बाहर-भीतर है, चर है और अचर भी है, सूक्ष्म होने के कारण अविज्ञेय है, वह बहुत समीप होने पर भी बहुत दूर है।

व्याख्या

भगवान बताते हैं कि परम ब्रह्म परमात्मा सभी ओर हैं - जीवों के अन्दर भी और बाहर भी। वे स्थिर भी हैं और चलायमान भी, पास भी हैं और दूर भी। उनको समझ या जान पाना मनुष्य के लिए संभव ही नहीं है क्योंकि वे इतने सूक्ष्म-स्वरुप हैं जो हमारी बुद्धि से बाहर की बात है। वह सर्वत्र और सर्वसमर्थ है।

कर्म

आज के दिन किसी जरूरतमंद की आर्थिक मदद करें। उसकी समस्याओं का समाधान करें और उसे राहत दें।

आध्यात्मिक मार्गदर्शन

Day-237

संस्कृत

अविभक्तं च भूतेषु विभक्तमिव च स्थितम्।
भूतभर्तृ च तज्ज्ञेयं ग्रसिष्णु प्रभविष्णु च॥

लिप्यांतरण

avibhaktaṁ ca bhūteṣu vibhaktam iva ca sthitam
bhūta-bhartṛ ca taj jñeyaṁ grasiṣṇu prabhaviṣṇu ca

अनुवाद

वह (परमात्मा) अविभाजित होने पर भी समस्त प्राणियों में विभक्त होकर स्थित हुआ प्रतीत होता है। वह ज्ञातव्य (जानने योग्य) परमात्मा सब भूतों का स्वामी, उनका उत्पत्तिकर्ता तथा वही उनका संहार करने वाला है।

व्याख्या

यहाँ भाव यह है कि परमात्मा अंशों में विभाजित नहीं होता है। यदि हम यह समझ लें कि ईश्वर सब जीवों में स्थित है - तो इसका अर्थ यह बिल्कुल नहीं है कि परमात्मा अनेक अंशों में बंट कर प्राणियों में निवास कर रहा है - थोड़ा सा इसमें थोड़ा सा उसमें। सच तो यह है कि वह सभी प्राणियों का सम्पूर्ण स्वामी है और उनको सर्वत्र, सर्वतोभावेन धारण करके सब ओर समान रूप से स्थित है। वही ईश्वर सब को उत्पन्न करता है, सभी का पालन और संहार भी वही करता है।

कर्म

आज के दिन किसी अनाथ बच्चे को उसके उज्ज्वल भविष्य की ओर प्रेरित करें। उसे शिक्षा और स्वावलंबन की ओर प्रोत्साहित करें और इसी दिशा में उसकी यथासंभव मदद करें।

आध्यात्मिक मार्गदर्शन

Day-238

संस्कृत

ज्योतिषामपि तज्ज्योतिस्तमसः परमुच्यते।
ज्ञानं ज्ञेयं ज्ञानगम्यं हृदि सर्वस्य विष्ठितम्॥

लिप्यांतरण

jyotiṣām api taj jyotis tamasaḥ param ucyate
jñānaṁ jñeyaṁ jñāna-gamyaṁ hṛdi sarvasya viṣṭhitam

अनुवाद

(वह परब्रह्म) ज्योतिर्मयों की भी ज्योति है, उसे अन्धकार से परे कहते हैं। वही ज्ञान है, ज्ञेय है, ज्ञानगम्य है और सबके हृदय में स्थित है।

व्याख्या

भगवान बताते हैं कि परब्रह्म परमात्मा प्रकाश को भी प्रकाशित करने वाला है और स्वयं अन्धकार से परे है - क्योंकि वह स्वयं प्रकाशित है। वही ज्ञान है, और ज्ञान के ही माध्यम से जानने योग्य भी है। किसी और प्रकार से उस प्रभु के बारे में कुछ भी समझा नहीं जा सकता। वह सभी के हृदय में स्थित है और सभी के अंदर विद्यमान है।

कर्म

आज के दिन किसी पशु की देखभाल करें। उसे भोजन और पानी दें और उसकी सुरक्षा सुनिश्चित करें।

आध्यात्मिक मार्गदर्शन

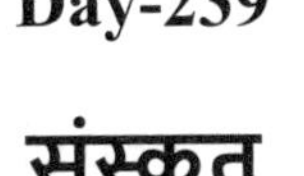

Day-239

संस्कृत

इति क्षेत्रं तथा ज्ञानं ज्ञेयं चोक्तं समासतः।
मद्भक्त एतद्विज्ञाय मद्भावायोपपद्यते॥

लिप्यांतरण

iti kṣetraṁ tathā jñānaṁ jñeyaṁ coktaṁ samāsataḥ
mad-bhakta etad vijñāya mad-bhāvāyopapadyate

अनुवाद

इस प्रकार संक्षेप में क्षेत्र (शरीर) तथा ज्ञान और ज्ञेय का स्वरुप (मेरे द्वारा) कहा गया। इसे जान लेने पर मेरा भक्त मेरे स्वरुप को प्राप्त हो जाता है।

व्याख्या

यहाँ श्री भगवान कहते हैं कि ज्ञान, ज्ञेय और ज्ञाता - इन तीनों का स्वरुप उन्होनें अर्जुन को समझकर बतलाया है। इसके अलावा क्षेत्र अथवा पञ्च तत्वों से बने शरीर के भी यथार्थ स्वरुप को, व आत्मा से परमात्मा की अभिन्नता को भी उन्होनें स्पष्ट किया है। उनके द्वारा प्रदान किये गए इस यथार्थ ज्ञान को जो मनुष्य ठीक से समझ कर हृदय और मस्तिष्क में धारण कर लेता है, वही मुक्ति का अधिकारी होता है।

कर्म

आज के दिन किसी गरीब बच्चे को किताबें दान करें। उसकी पढ़ाई में मदद करें और उसे ज्ञान प्राप्त करने में सहयोग दें।

आध्यात्मिक मार्गदर्शन

Day-240

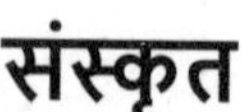

संस्कृत

कार्यकरणकर्तृत्वे हेतुः प्रकृतिरुच्यते।
पुरुषः सुखदुःखानां भोक्तृत्वे हेतुरुच्यते॥

लिप्यांतरण

kārya-kāraṇa-kartṛtve hetuḥ prakṛtir ucyate
puruṣaḥ sukha-duḥkhānāṁ bhoktṛtve hetur ucyate

अनुवाद

कार्य और करण को उत्पन्न करने में कारण प्रकृति कही जाती है। सुखों-दुःखों का भोग करने में कारण पुरुष (जीवात्मा) को कहा जाता है।

व्याख्या

श्री भगवान कहते हैं कि पाँच महाभूत (अग्नि, पृथ्वी, जल, वायु, आकाश) और इन्द्रियों के पाँच विषय (शब्द, स्पर्श, रस, गंध और रूप) - ये कार्य के वाचक हैं। करण कहते हैं 5 ज्ञानेन्द्रियों, 5 कर्मेन्द्रियों, और मन, बुद्धि, तथा अहंकार - इन 13 घटकों को| ये कार्य और करण (कुल मिलाकर 23) प्रकृति से उत्पन्न होते हैं। इन्हीं घटकों के कारण या इनके मेल-जोल से उत्पन्न होने वाले सुखों और दुःखों को जीवात्मा भोगता है।

कर्म

आज के दिन किसी बीमार व्यक्ति के लिए दवाइयों की व्यवस्था करें।

आध्यात्मिक मार्गदर्शन

Day-241

संस्कृत

उपद्रष्टानुमन्ता च भर्ता भोक्ता महेश्वरः।
परमात्मेति चाप्युक्तो देहेऽस्मिन्पुरुषः परः॥

लिप्यांतरण

upadraṣṭānumantā ca bhartā bhoktā maheśvaraḥ
paramātmeti cāpy ukto dehe 'smin puruṣaḥ paraḥ

अनुवाद

इस देह में स्थित आत्मा वास्तव में परमात्मा ही है। वह साक्षी है, अनुमन्ता (अनुमति देने वाला) है, भरण करने वाला, भोक्ता, महान् ईश्वर, और परमात्मा भी कहा गया है।

व्याख्या

भगवान बताते हैं कि इस शरीर में स्थित परम पुरुष (आत्मा) उपद्रष्टा (साक्षी), अनुमन्ता (अनुमति देने वाला), धारण करने वाला, भोक्ता (अनुभव करने वाला), महेश्वर (महान ईश्वर) और परमात्मा कहा जाता है। वह शरीर के भीतर रहते हुए भी स्वतंत्र और परम है।

कर्म

आज के दिन किसी मंदिर में जाकर भगवान की आरती में भाग लें। अपने मन की शांति के लिए प्रार्थना करें।

आध्यात्मिक मार्गदर्शन

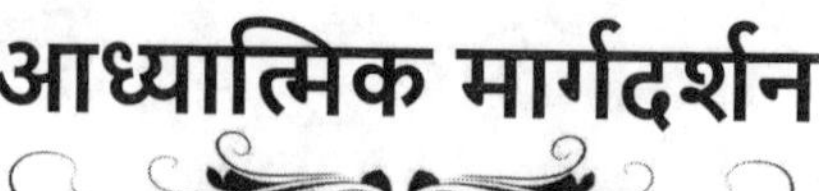

Day-242

संस्कृत

य एवं वेत्ति पुरुषं प्रकृतिं च गुणैः सह।
सर्वथा वर्तमानोऽपि न स भूयोऽभिजायते॥

लिप्यांतरण

ya evaṁ vetti puruṣaṁ prakṛtiṁ ca guṇaiḥ saha
sarvathā vartamāno 'pi na sa bhūyo 'bhijāyate

अनुवाद

जो मनुष्य इस प्रकार पुरुष और प्रकृति को उसके गुणों सहित जानता है, वह सब प्रकार के कर्म करता हुआ भी फिर नहीं जन्मता।

व्याख्या

भगवान बताते हैं कि जो व्यक्ति पुरुष (आत्मा) और प्रकृति को उनके गुणों सहित जानता है, वह किसी भी स्थिति में रहने पर भी पुनर्जन्म से मुक्त हो जाता है। ऐसे व्यक्ति को सच्चा ज्ञान प्राप्त होता है और वह मोक्ष प्राप्त करता है।

कर्म

आज के दिन किसी गरीब व्यक्ति को स्वावलम्बन का महत्त्व समझाएँ, इस दिशा में उसकी मदद करें और उसे आत्मनिर्भर बनाएं।

आध्यात्मिक मार्गदर्शन

Day-243

संस्कृत

समं सर्वेषु भूतेषु तिष्ठन्तं परमेश्वरम्।
विनश्यत्स्वविनश्यन्तं यः पश्यति स पश्यति॥

लिप्यांतरण

samaṁ sarveṣu bhūteṣu tiṣṭhantaṁ parameśvaram
vinaśyatsv avinaśyantaṁ yaḥ paśyati sa paśyati

अनुवाद

जो सभी विनश्वर भूतों में अविनाशी परमेश्वर को समभाव से स्थित देखता है, वही यथार्थ देखता है।

व्याख्या

भगवान कहते हैं कि जो व्यक्ति सभी जीवों में समान रूप से स्थित परमेश्वर को देखता है, जो नाशवानों में भी अविनाशी है, वही सच्चा देखने वाला है। ऐसा व्यक्ति सच्चे ज्ञान को प्राप्त करता है और सबमें एक ही परमात्मा को देखता है।

कर्म

आज के दिन किसी गरीब परिवार को भोजन सामग्री दें।

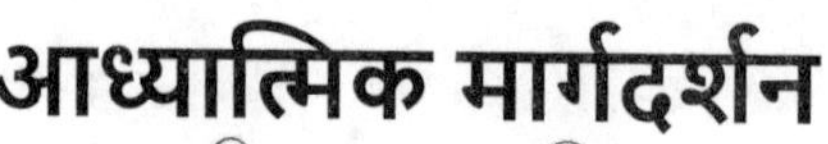

आध्यात्मिक मार्गदर्शन

Day-244

संस्कृत

समं पश्यन्हि सर्वत्र समवस्थितमीश्वरम्।
न हिनस्त्यात्मनात्मानं ततः याति परां गतिम्॥

लिप्यांतरण

samaṁ paśyan hi sarvatra samavasthitam īśvaram
na hinasty ātmanātmānaṁ tataḥ yāti parāṁ gatim

अनुवाद

कारण, कि जो सर्वत्र समान भाव से स्थित परमेश्वर को देखता हुआ स्वयं को अपने ही द्वारा नष्ट नहीं कर लेता – इसलिए वह परमगति को प्राप्त होता है।

व्याख्या

गीता में भगवान ने स्पष्ट कहा है कि सर्वत्र, सर्वव्यापी ईश्वर ही समान भाव से स्थित है। इस सत्य को न पहचान कर जो अज्ञानी बना रहता है और अपनी ही तर्क-कुतर्क बुद्धि के जाल में उलझा रहकर सत्य से दूरी बनाए रखता है, वह मनुष्य अवश्य ही विनाश के मार्ग पर है। वहीं दूसरी ओर इस यथार्थ ज्ञान को अपने मन और आत्मा में धारण करके चलने वाला व्यक्ति सर्वत्र भगवान का ही दर्शन करता है और परमगति अर्थात मोक्ष को प्राप्त हो जाता है।

कर्म

आज के दिन किसी गरीब महिला को आत्मनिर्भर बनने के लिए प्रोत्साहित करें। उसे स्वावलंबन के साधन सिखाएँ।

आध्यात्मिक मार्गदर्शन

Day-245

संस्कृत

प्रकृत्यैव च कर्माणि क्रियमाणानि सर्वशः।
यः पश्यति तथात्मानमकर्तारं स पश्यति॥

लिप्यांतरण

prakṛtyaiva ca karmāṇi kriyamāṇāni sarvaśaḥ
yaḥ paśyati tathātmānam akartāraṁ sa paśyati

अनुवाद

और जो समस्त कर्मों को प्रकृति द्वारा ही किये जाते हुए देखता है, और स्वयं को अकर्ता (के रूप में) देखता है, वही यथार्थ देखता है।

व्याख्या

भगवान बताते हैं कि जो व्यक्ति यह देखता है कि सभी कर्म प्रकृति द्वारा किये जाते हैं और वह स्वयं केवल दृष्टा और अकर्ता है, वही सच्चा देखने वाला है। ऐसा व्यक्ति सच्चा ज्ञान प्राप्त करता है और कर्मों के फलों से मुक्त रहता है।

कर्म

आज के दिन किसी मंदिर में जाकर भगवान के दर्शन करें। धार्मिक भावना को बढ़ाएं और अपने मन की शांति के लिए प्रार्थना करें।

आध्यात्मिक मार्गदर्शन

Day-246

संस्कृत

यदा भूतपृथग्भावमेकस्थमनुपश्यति।
तत एव च विस्तारं ब्रह्म सम्पद्यते तदा॥

लिप्यांतरण

yadā bhūta-pṛthag-bhāvam eka-sṭham anupaśyati
tata eva ca visṭāraṁ brahma sampadyate tadā

अनुवाद

जब वह सभी भूतों के पृथक-पृथक भावों को एक (परमात्मा) में ही स्थित तथा उसी के विस्तार के स्वरुप में देखता है, तभी वह ब्रह्म को प्राप्त हो जाता है।

व्याख्या

गीता में भगवान ने पुनः पुनश्च यही बात कही है, कि सभी भूतों में, जड़ चेतन में, तत्वों में, एक ही परमात्मा अपनी माया से विस्तृत होकर स्थित है। यहाँ भी वही कहा गया है कि जब मनुष्य इस ज्ञान को भली भांति जान और समझ लेता है, तब वह मुक्त होकर ब्रह्म को प्राप्त हो जाता है।

कर्म

आज के दिन किसी गरीब बच्चे की शिक्षा का खर्चा उठाएँ। उसकी पढ़ाई में मदद करें और उसे बेहतर भविष्य के लिए तैयार करें।

आध्यात्मिक मार्गदर्शन

Day-247

संस्कृत

यथा सर्वगतं सौक्ष्म्यादाकाशं नोपलिप्यते।
सर्वत्रावस्थितो देहे तथात्मा नोपलिप्यते॥

लिप्यांतरण

yathā sarva-gataṁ saukṣmyād ākāśaṁ nopalipyate
sarvatrāvasthito dehe tathātmā nopalipyate

अनुवाद

जिस प्रकार सर्वत्र व्याप्त आकाश सूक्ष्म होने के कारण लिप्त नहीं होता वैसे ही शरीर में सर्वत्र स्थित आत्मा (देह के गुणों में) लिप्त नहीं होता।

व्याख्या

भगवान बताते हैं कि जैसे आकाश सर्वव्यापी और सूक्ष्म होने के कारण किसी भी वस्तु से लिप्त नहीं होता, वैसे ही आत्मा सभी शरीरों में स्थित होकर भी देह के किसी गुण-अवगुण, दोष या विकारों में लिप्त नहीं होती। आत्मा निरंतर शुद्ध और स्वतंत्र रहती है।

कर्म

आज के दिन किसी गरीब व्यक्ति को गरम कपड़े दान करें।

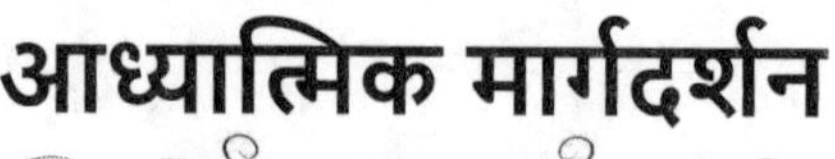

आध्यात्मिक मार्गदर्शन

Day-248

संस्कृत

यथा प्रकाशयत्येकः कृत्स्नं लोकमिमं रविः।
क्षेत्रं क्षेत्री तथा कृत्स्नं प्रकाशयति भारत॥

लिप्यांतरण

yathā prakāśayaty ekaḥ kṛtsnaṁ lokam imaṁ raviḥ
kṣetraṁ kṣetrī tathā kṛtsnaṁ prakāśayati bhārata

अनुवाद

हे भरतवंशी अर्जुन! जिस प्रकार एक सूर्य समस्त संसार को प्रकाशित करता है, उसी प्रकार आत्मा (क्षेत्री) सारे क्षेत्र (शरीर) को प्रकाशित करता है।

व्याख्या

भगवान कहते हैं कि जैसे एक सूर्य सम्पूर्ण जगत को प्रकाश देता है, वैसे ही आत्मा सम्पूर्ण शरीर को चेतना प्रदान करती है। आत्मा के कारण ही शरीर में जीवन और चेतना होती है।

कर्म

आज के दिन किसी अनाथ बच्चे को स्वावलम्बन के लिए प्रेरित करें। उसे शिक्षित होने, और देश व समाज का एक अच्छा नागरिक बनने का प्रोत्साहन दें।

आध्यात्मिक मार्गदर्शन

Day-249

संस्कृत

क्षेत्रक्षेत्रज्ञयोरेवमन्तरं ज्ञानचक्षुषा।
भूतप्रकृतिमोक्षं च ये विदुर्यान्ति ते परम्॥

लिप्यांतरण

kṣetra-kṣetrajñayor evam antaraṁ jñāna-cakṣuṣā
bhūta-prakṛti-mokṣaṁ ca ye vidur yānti te param

अनुवाद

क्षेत्र और क्षेत्रज्ञ के इस भेद को, तथा कार्य और प्रकृति को इस प्रकार ज्ञान-नेत्रों से जानने वाले परमगति अर्थात् मोक्ष को प्राप्त होते हैं।

व्याख्या

भगवान कहते हैं कि जो व्यक्ति ज्ञान की दृष्टि से क्षेत्र (शरीर) और क्षेत्रज्ञ (आत्मा) का अंतर समझते हैं और भूत-प्रकृति के बंधनों से मुक्त होते हैं, वे परम (मोक्ष) को प्राप्त करते हैं। ऐसा व्यक्ति सच्चे ज्ञान से आत्मा और शरीर के भेद को समझता है और मुक्ति प्राप्त करता है।

कर्म

आज के दिन किसी घायल पशु की मदद करें। उसकी चोटों का इलाज कराएँ और उसे स्वस्थ करें।

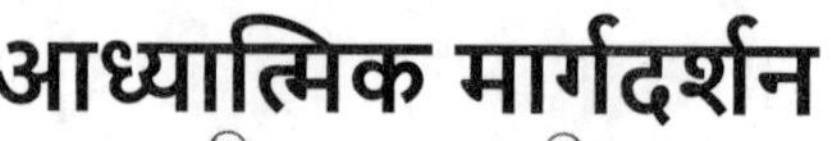

आध्यात्मिक मार्गदर्शन

Day-250

संस्कृत

इदं ज्ञानमुपाश्रित्य मम साधर्म्यमागताः।
सर्गेऽपि नोपजायन्ते प्रलये न व्यथन्ति च॥

लिप्यांतरण

idaṁ jñānam upāśritya mama sādharmyam āgatāḥ
sarge 'pi nopajāyante pralaye na vyathanti ca

अनुवाद

इस ज्ञान के आश्रित होकर मेरे स्वरुप को प्राप्त हुए पुरुष सृष्टि के आरम्भ में उत्पन्न नहीं होते और न ही प्रलय काल में व्याकुल होते हैं।

व्याख्या

भगवान कहते हैं कि इस ज्ञान को प्राप्त कर जो मेरे स्वरूप को प्राप्त होते हैं, वे न तो सृष्टि के आरम्भ में पुनः जन्म लेते हैं और न ही प्रलय के समय व्याकुल होते हैं। वे मुक्ति प्राप्त करते हैं।

कर्म

आज के दिन किसी जरूरतमंद के लिए आश्रय की व्यवस्था करें। आस पास की सहायक संस्थाओं की मदद से आप यह कर सकते हैं।

आध्यात्मिक मार्गदर्शन

Day-251

संस्कृत

मम योनिर्महद् ब्रह्म तस्मिन्गर्भं दधाम्यहम्।
सम्भवः सर्वभूतानां ततो भवति भारत॥

लिप्यांतरण

mama yonir mahad brahma tasmin garbhaṁ dadhāmy aham
sambhavaḥ sarva-bhūtānāṁ tato bhavati bhārata

अनुवाद

हे भरतवंशी अर्जुन! मेरी महत् ब्रह्म रुपी (मूल प्रकृति) सभी भूतों का उत्पत्ति स्थल है, जिसका गर्भ में धारण करता हूँ। इस प्रकार सभी प्राणियों की उत्पत्ति होती है।

व्याख्या

भगवान श्रीकृष्ण अर्जुन को अपने वास्तविक अनन्त स्वरुप का पूर्ण परिचय देते हुए कहते हैं कि उनकी ही प्रकृति सभी प्राणियों को उत्पन्न करती है। इस रचना प्रक्रिया में उद्गम स्थल स्वयं परमात्मा हैं, तथा कार्यवाहिका उनकी प्रकृति है।

कर्म

आज के दिन किसी गरीब परिवार को सर्दियों के कपड़े दें।

आध्यात्मिक मार्गदर्शन

Day-252

संस्कृत

सर्वयोनिषु कौन्तेय मूर्तयः सम्भवन्ति याः।
तासां ब्रह्म महद्योनिरहं बीजप्रदः पिता॥

लिप्यांतरण

sarva-yoniṣu kaunteya mūrtayaḥ sambhavanti yāḥ
tāsāṁ brahma mahad yonir ahaṁ bīja-pradaḥ pitā

अनुवाद

हे कुन्तीपुत्र! सभी योनियों में जो भी शरीरधारी उत्पन्न होते हैं, उनके लिए महत् ब्रह्म उनकी योनि (उत्पत्ति-स्थल या माता) है और मैं बीज प्रदान करने वाला पिता हूँ।

व्याख्या

भगवान कहते हैं कि सभी योनियों में जितनी भी जीवित मूर्तियाँ उत्पन्न होती हैं, उनका उत्पत्ति स्थल महद् ब्रह्म अर्थात वे स्वयं हैं, और बीज-कारण या पिता भी वे ही हैं। यहाँ यही कहा गया है कि समस्त संसार के सभी जीवधारियों के उद्गम, कारण, माता और पिता भी स्वयं परमात्मा हैं।

कर्म

आज के दिन किसी गरीब महिला को सिलाई मशीन दान करें। उसे आत्मनिर्भर बनने में मदद करें।

आध्यात्मिक मार्गदर्शन

Day-253

संस्कृत

सत्त्वं रजस्तम इति गुणाः प्रकृतिसम्भवाः।
निबध्नन्ति महाबाहो देहे देहिनमव्ययम्॥

लिप्यांतरण

sattvaṁ rajas tama iti guṇāḥ prakṛti-sambhavāḥ
nibadhnanti mahā-bāho dehe dehinam avyayam

अनुवाद

हे महाबाहो! सत, रज और तम – प्रकृति से उत्पन्न हुए ये तीनों गुण अविनाशी जीवात्मा को शरीर बन्धन में बाँधते हैं।

व्याख्या

भगवान बताते हैं कि सत्त्व, रजस और तमस – प्रकृति से उत्पन्न होने वाले ये तीनों गुण, नैसर्गिक रूप से अविनश्वर आत्मा के लिए बन्धन का कारण बनते हैं। इन्हीं तीन गुणों से संयुक्त होने के कारण आत्मा को शरीर धारण करना पड़ता है जहाँ कर्मों का सुख-दुःख रुपी फल भी भोगना पड़ता है।

कर्म

आज के दिन किसी मंदिर में जाकर भजन-कीर्तन में भाग लें। धार्मिक और आध्यात्मिक अनुभव प्राप्त करें।

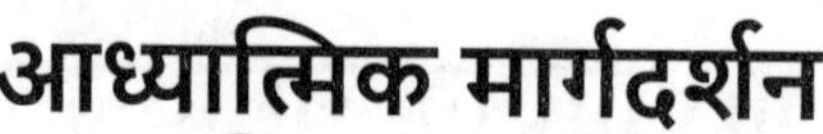

आध्यात्मिक मार्गदर्शन

Day-254

संस्कृत

तत्र सत्त्वं निर्मलत्वात्प्रकाशकमनामयम्।
सुखसङ्गेन बध्नाति ज्ञानसङ्गेन चानघ॥

लिप्यांतरण

tatra sattvaṁ nirmalatvāt prakāśakam anāmayam
sukha-saṅgena badhnāti jñāna-saṅgena cānagha

अनुवाद

हे निष्पाप! इन (तीनों) में सत्व गुण निर्मल होने के कारण प्रकाश देने वाला और निर्विकार है, वह सुख और ज्ञान के संयोग से (जीवात्मा को संसार में) बाँधता है।

व्याख्या

भगवान कहते हैं कि सत्त्व गुण, जो निर्मल और प्रकाश युक्त तथा विकारों से रहित है, सुख और ज्ञान के माध्यम से जीव को बाँधता है। यह गुण व्यक्ति में शांति और प्रसन्नता का संचार करता है, लेकिन यह भी बन्धन का कारण तो बनता ही है।

कर्म

आज के दिन किसी गरीब छात्र को स्कूल की फीस भरें। उसकी शिक्षा को बढ़ावा दें और उसे आगे बढ़ाएं।

आध्यात्मिक मार्गदर्शन

Day-255

संस्कृत

रजो रागात्मकं विद्धि तृष्णासङ्गसमुद्भवम्।
तन्निबध्नाति कौन्तेय कर्मसङ्गेन देहिनम्॥

लिप्यांतरण

rajo rāgātmakaṁ viddhi tṛṣṇā-saṅga-samudbhavam
tan nibadhnāti kaunteya karma-saṅgena dehinam

अनुवाद

हे कुन्तीपुत्र! राग रुपी रजोगुण को तू तृष्णा के संग से उत्पन्न जान। वह जीवात्मा को कर्मों और उनके फल के सम्बन्ध द्वारा बाँधता है।

व्याख्या

भगवान बताते हैं कि रजो गुण आसक्ति और तृष्णा (इच्छा) से उत्पन्न होता है और यह व्यक्ति को कर्मों में बाँधता है। रजो गुण व्यक्ति को इच्छाओं की पूर्ति में लिप्त करता है।

कर्म

आज के दिन किसी मंदिर की सफाई करें। धार्मिक स्थल की सुंदरता बढ़ाएं और उसे स्वच्छ रखें।

आध्यात्मिक मार्गदर्शन

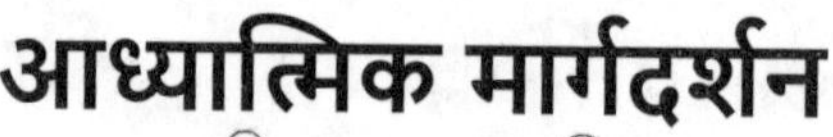

Day-256

संस्कृत

तमस्त्वज्ञानजं विद्धि मोहनं सर्वदेहिनाम्।
प्रमादालस्यनिद्राभिस्तन्निबध्नाति भारत॥

लिप्यांतरण

tamas tv ajñāna-jaṁ viddhi mohanaṁ sarva-dehinām
pramādālasya-nidrābhis tan nibadhnāti bhārata

अनुवाद

हे भरतवंशी अर्जुन! सभी देहधारियों को मोहित करने वाले तमोगुण को अज्ञान से उत्पन्न जान। यह प्रमाद, आलस्य और निद्रा द्वारा बाँधता है।

व्याख्या

भगवान बताते हैं कि तमो गुण अज्ञान से उत्पन्न होता है और यह सभी प्राणियों को मोह, प्रमाद, आलस्य और निद्रा में बाँधता है। यह गुण व्यक्ति को निष्क्रिय बनाता है, उसे कर्तव्यों से च्युत करके मोह और अज्ञान के घोर अन्धकार से बाँधता है।

कर्म

आज के दिन किसी लाचार व्यक्ति को सहारा दें। उसकी समस्याओं को सुनें और उसकी मदद करें।

आध्यात्मिक मार्गदर्शन

Day-257

संस्कृत

सत्त्वं सुखे सञ्जयति रजः कर्मणि भारत।
ज्ञानमावृत्य तु तमः प्रमादे सञ्जयत्युत॥

लिप्यांतरण

sattvaṁ sukhe sañjayati rajaḥ karmaṇi bhārata
jñānam āvṛtya tu tamaḥ pramāde sañjayaty uta

अनुवाद

हे भरतवंशी अर्जुन! सत्वगुण सुख में लगाता है, रजोगुण कर्म में और तमोगुण तो ज्ञान को ढांपकर प्रमाद में लगाता है।

व्याख्या

भगवान कहते हैं कि सत्त्व गुण व्यक्ति को सुख में बाँधता है, रजस् गुण कर्म में और तमस् गुण ज्ञान को ढककर प्रमाद में बाँधता है। इन गुणों का प्रभाव व्यक्ति के जीवन में विभिन्न रूपों में प्रकट होता है।

कर्म

आज के दिन किसी जरूरतमंद की आर्थिक मदद करें। उसकी समस्याओं का समाधान करें और उसे राहत दें।

आध्यात्मिक मार्गदर्शन

Day-258

संस्कृत

सर्वद्वारेषु देहेऽस्मिन्प्रकाश उपजायते।
ज्ञानं यदा तदा विद्याद्विवृद्धं सत्त्वमित्युत॥

लिप्यांतरण

sarva-dvāreṣu dehe ’smin prakāśa upajāyate
jñānaṁ yadā tadā vidyād vivṛddhaṁ sattvam ity uta

अनुवाद

जब इस देह के सभी द्वारों (इन्द्रियों) में ज्ञान, चेतना और प्रकाश उत्पन्न हो जाता है, तब ऐसा जानना चाहिए सत्वगुण में वृद्धि हुई है।

व्याख्या

भगवान कहते हैं कि जब शरीर के सभी इंद्रियों में प्रकाश (ज्ञान और स्पष्टता) उत्पन्न होता है, तब समझना चाहिए कि सत्त्व गुण का विकास हुआ है। यह ज्ञान और चेतना की वृद्धि का संकेत है।

कर्म

आज के दिन किसी अनाथ बच्चे को शिक्षा और स्वावलम्बन के लिए प्रोत्साहित करें। उसे शिक्षा का महत्त्व समझाएँ, और यदि हो सके तो उसकी शिक्षा प्राप्ति में मदद भी करें।

आध्यात्मिक मार्गदर्शन

Day-259

संस्कृत

लोभः प्रवृत्तिरारम्भः कर्मणामशमः स्पृहा।
रजस्येतानि जायन्ते विवृद्धे भरतर्षभ॥

लिप्यांतरण

lobhaḥ pravṛttir ārambhaḥ karmaṇām aśamaḥ spṛhā
rajasy etāni jāyante vivṛddhe bharatarṣabha

अनुवाद

हे महान भरतवंशी अर्जुन! लोभ, स्वार्थ-प्रवृत्ति, कर्मों को सकाम भाव से आरम्भ करना, अशान्ति, लालसा – रजोगुण बढ़ने पर ये सब उत्पन्न होते हैं।

व्याख्या

भगवान कहते हैं कि लोभ, कर्मों की प्रवृत्ति, अशांति और इच्छाएँ रजस् गुण के बढ़ने से उत्पन्न होती हैं। ये गुण व्यक्ति को लगातार अशांत और असंतुष्ट रखते हैं।

कर्म

आज के दिन किसी पशु की देखभाल करें। उसे भोजन और पानी दें और उसकी सुरक्षा सुनिश्चित करें।

आध्यात्मिक मार्गदर्शन

Day-260

संस्कृत

अप्रकाशोऽप्रवृत्तिश्च प्रमादो मोह एव च।
तमस्येतानि जायन्ते विवृद्धे कुरुनन्दन॥

लिप्यांतरण

aprakāśo 'pravṛttiś ca pramādo moha eva ca
tamasy etāni jāyante vivṛddhe kuru-nandana

अनुवाद

हे कुरुनन्दन! तमोगुण के बढ़ने से अन्धकार, निष्क्रियता, प्रमाद, और मोह – ये सब उत्पन्न होते हैं।

व्याख्या

भगवान कहते हैं कि अज्ञान, निष्क्रियता, प्रमाद और मोह तमस गुण के बढ़ने से उत्पन्न होते हैं। ये गुण व्यक्ति को अंधकार में रखते हैं और उसकी प्रगति को रोकते हैं।

कर्म

आज के दिन किसी गरीब बच्चे को किताबें दान करें। उसकी पढ़ाई में मदद करें और उसे ज्ञान प्राप्त करने में सहयोग दें।

Day-261

संस्कृत

रजसि प्रलयं गत्वा कर्मसङ्गिषु जायते।
तथा प्रलीनस्तमसि मूढयोनिषु जायते॥

लिप्यांतरण

rājasi pralayaṁ gatvā karma-saṅgiṣu jāyate
tathā pralīnas tamasi mūḍha-yonīṣu jāyate

अनुवाद

रजो गुण बढ़ने के दौरान मृत्यु को प्राप्त हुआ व्यक्ति कर्मों में आसक्ति रखने वालों में जन्म लेता है, तमोगुण बढ़ने पर मरा हुआ व्यक्ति मूढ़ योनियों में जन्म लेता है।

व्याख्या

भगवान बताते हैं कि रजस गुण में मृत्यु को प्राप्त व्यक्ति कर्मशील लोगों में जन्म लेता है और तमस गुण में मृत्यु को प्राप्त व्यक्ति मूढ़ योनियों में जन्म लेता है। गुणों के प्रभाव से जन्म की दिशा निर्धारित होती है।

कर्म

आज के दिन किसी बीमार व्यक्ति के लिए दवाइयों की व्यवस्था करें।

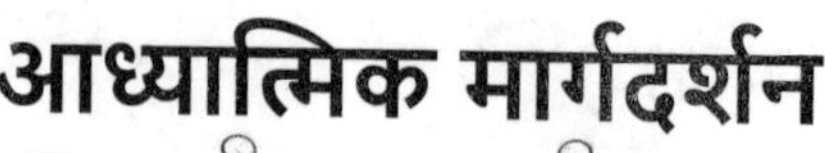

आध्यात्मिक मार्गदर्शन

Day-262

संस्कृत

कर्मणः सुकृतस्याहुः सात्त्विकं निर्मलं फलम्।
रजसस्तु फलं दुःखमज्ञानं तमसः फलम्॥

लिप्यांतरण

karmaṇaḥ sukṛtasyāhuḥ sāttvikaṁ nirmalaṁ phalam
rajasas tu phalaṁ duḥkham ajñānaṁ tamasaḥ phalam

अनुवाद

श्रेष्ठ कर्मों का फल सात्विक और निर्मल कहा गया है, राजस कर्म का फल दुःख है और तामस कर्म का फल अज्ञान है।

व्याख्या

भगवान कहते हैं कि सुकृत (अच्छे) कर्मों का फल सात्विक और शुद्ध होता है। राजस् कर्मों का फल दुःख होता है और तामस् कर्मों का फल अज्ञान होता है। यहाँ कर्मों के परिणामों का वर्णन है।

कर्म

आज के दिन किसी मंदिर में जाकर भगवान की आरती में भाग लें। अपने मन की शांति के लिए प्रार्थना करें।

आध्यात्मिक मार्गदर्शन

Day-263

संस्कृत

सत्त्वात्सञ्जायते ज्ञानं रजसो लोभ एव च।
प्रमादमोहौ तमसो भवतोऽज्ञानमेव च॥

लिप्यांतरण

sattvāt sañjāyate jñānaṁ rajaso lobha eva ca
pramāda-mohau tamaso bhavato ’jñānam eva ca

अनुवाद

सत्वगुण से ज्ञान उत्पन्न होता है, रजोगुण से लोभ ही उत्पन्न होता है, और तमोगुण से तो प्रमाद, मोह और अज्ञान ही उत्पन्न होते हैं।

व्याख्या

भगवान बताते हैं कि सत्त्व गुण से ज्ञान उत्पन्न होता है, रजो गुण से लोभ और तमो गुण से प्रमाद, मोह और अज्ञान उत्पन्न होते हैं। ये गुण व्यक्ति के मानसिक और शारीरिक व्यवहार को प्रभावित करते हैं।

कर्म

आज के दिन किसी गरीब व्यक्ति को स्वावलम्बी बनाने में मदद करें। उसकी आर्थिक स्थिति सुधारें और उसे आत्मनिर्भर बनाएं।

आध्यात्मिक मार्गदर्शन

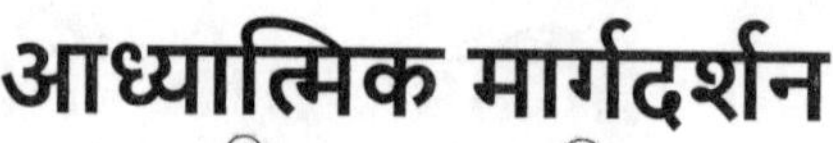

Day-264

संस्कृत

ऊर्ध्वं गच्छन्ति सत्त्वस्थाः मध्ये तिष्ठन्ति राजसाः।
जघन्यगुणवृत्तिस्था अधो गच्छन्ति तामसाः॥

लिप्यांतरण

ūrdhvaṁ gacchanti sattva-sthāḥ madhye tiṣṭhanti rājasāḥ
jaghanya-guṇa-vṛtti-sthā adho gacchanti tāmasāḥ

अनुवाद

सत्वगुण में स्थित मनुष्य उच्च लोकों में जाते हैं, रजोगुण वाले मध्य स्थिति में, और जघन्य वृत्ति वाले तामसी लोग अधोगति को प्राप्त होते हैं।

व्याख्या

भगवान कहते हैं कि सत्त्व गुण में स्थित लोग उच्च लोकों को जाते हैं, रजो गुण में लिप्त रहने वाले मध्य स्थिति में रहते हैं, तथा तामसी वृत्ति वाले तो अधोगति या दुर्गति को ही प्राप्त होते हैं। इस प्रकार व्यक्ति के स्वभावगत गुणों के आधार पर ही उनकी आत्माओं का अंतिम गंतव्य निर्धारित होता है।

कर्म

आज के दिन किसी गरीब परिवार को भोजन सामग्री दें।

आध्यात्मिक मार्गदर्शन

Day-265

संस्कृत

नान्यं गुणेभ्यः कर्तारं यदा द्रष्टानुपश्यति।
गुणेभ्यश्च परं वेत्ति मद्भावं सोऽधिगच्छति॥

लिप्यांतरण

nānyaṁ guṇebhyaḥ kartāraṁ yadā draṣṭānupaśyati
guṇebhyaś ca paraṁ vetti mad-bhāvaṁ so 'dhigacchati

अनुवाद

जब कोई द्रष्टा इन तीनों गुणों के अतिरिक्त किसी को कर्ता के रूप में नहीं देखता, और इन गुणों से परे (मुझ) को जान लेता है वह मेरे ही स्वरुप को प्राप्त होता है।

व्याख्या

भगवान कहते हैं कि जब कोई मनुष्य इन तीनों गुणों को केवल दृष्टा भाव से देखता है - इनमें कदापि लिप्त नहीं होता, तब वह स्वयं को कर्ता भी नहीं समझता। वास्तविक कर्ता केवल मैं स्वयं हूँ जो कि इन गुणों से सर्वथा परे हूँ - यह सत्य वह जान लेता है और अन्ततः मोक्ष की ओर अग्रसर हो जाता है।

कर्म

आज के दिन किसी गरीब महिला को आत्मनिर्भर बनने के लिए प्रोत्साहित करें। उसे स्वावलंबन के साधन सिखाएँ।

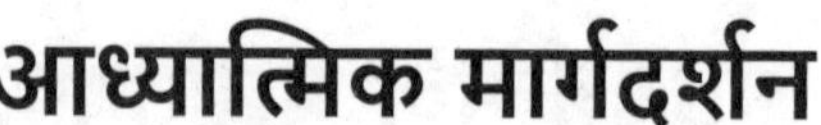

आध्यात्मिक मार्गदर्शन

Day-266

संस्कृत

गुणानेतानतीत्य त्रीन्देही देहसमुद्भवान्।
जन्ममृत्युजरादुःखैर्विमुक्तोऽमृतमश्नुते॥

लिप्यांतरण

guṇān etān atītya trīn dehī deha-samudbhavān
janma-mṛtyu-jarā-duḥkhair vimukto 'mṛtam aśnute

अनुवाद

कोई कर्ता शरीर की उत्पत्ति के कारणभूत इन तीन गुणों का उल्लंघन करके जन्म, मृत्यु, बुढ़ापा रुपी सभी दुःखों से मुक्त होकर अमृतत्व को प्राप्त कर लेता है।

व्याख्या

भगवान कहते हैं कि जब व्यक्ति इन तीनों गुणों को पार कर लेता है, जो आत्मा के शरीर में प्रवेश का कारण होते हैं, तब वह जन्म, मृत्यु, वृद्धावस्था और शरीर के साथ बन्धे अन्य सभी प्रकार के दुःखों से मुक्त हो जाता है तथा अमरत्व (मोक्ष) प्राप्त करता है।

कर्म

आज के दिन किसी मंदिर में जाकर भगवान के दर्शन करें। धार्मिक भावना को बढ़ाएं और अपने मन की शांति के लिए प्रार्थना करें।

आध्यात्मिक मार्गदर्शन

Day-267

संस्कृत

श्रीभगवानुवाच।
प्रकाशं च प्रवृत्तिं च मोहमेव च पाण्डव।
ता न द्वेष्टि सम्प्रवृत्तानि न निवृत्तानि काङ्क्षति॥

लिप्यांतरण

śrī-bhagavān uvāca
prakāśaṁ ca pravṛttiṁ ca moham eva ca pāṇḍava
tā na dveṣṭi sampravṛttāni na nivṛttāni kāṅkṣati

अनुवाद

हे पाण्डव! जो प्रकाश (सत्व), प्रवृत्ति (रज) और मोह (तम) – न प्रवृत्त होने पर इनसे द्वेष करता है, न निवृत्त होने पर इनकी कामना करता है।

व्याख्या

हे पाण्डव! जो व्यक्ति सत्त्व (प्रकाश), रज (प्रवृत्ति), और तम (मोह) के प्रभावों के प्रकट होने पर न तो उनमें प्रवृत्त होता या मन को लगाता है. और न ही इनके निवृत्त होने (अर्थात इनके प्रभावों के समाप्त हो जाने) पर इनकी इच्छा करता है, वह सच्चा ज्ञानी है।

कर्म

आज के दिन किसी गरीब बच्चे की शिक्षा का खर्चा उठाएँ। उसकी पढ़ाई में गदद करें और उसे बेहतर भविष्य के लिए तैयार करें।

आध्यात्मिक मार्गदर्शन

Day-268

संस्कृत

मां च योऽव्यभिचारेण भक्तियोगेन सेवते।
स गुणान्समतीत्यैतान्ब्रह्मभूयाय कल्पते॥

लिप्यांतरण

māṁ ca yo ’vyabhicāreṇa bhakti-yogena sevate
sa guṇān samatītyaitān brahma-bhūyāya kalpate

अनुवाद

और जो अव्यभिचारी (बिना इधर उधर भटके) भक्ति रुपी योग से मेरा चिंतन करता है, वह इन सभी गुणों को पार करके ब्रह्म को प्राप्त करने योग्य हो जाता है।

व्याख्या

भगवान कहते हैं कि जो व्यक्ति अव्यभिचारी भक्ति योग से उनकी सेवा करता है, वह इन तीनों गुणों को पार कर ब्रह्म को प्राप्त करने के योग्य हो जाता है। यह भक्ति योग के महत्व को दर्शाता है। यहाँ अव्यभिचारी भक्ति उसे कहा गया है जिसमें साधक या भक्त का ध्यान विचलित नहीं होता| कैसा भी समय हो, कष्ट हो,सुख अथवा दुःख का अम्बार लगा हो, किन्तु जिसमें एक भक्त पूर्ण समर्पित भाव से बिना कहीं ध्यान को भटकाए, भगवान् के प्रति अपनी विशुद्ध लगन में लीन रहे - वही अव्यभिचारी भक्ति है।

कर्म

आज के दिन किसी गरीब व्यक्ति को गरम कपड़े दान करें।

आध्यात्मिक मार्गदर्शन

Day-269

संस्कृत

ब्रह्मणो हि प्रतिष्ठाहममृतस्याव्ययस्य च।
शाश्वतस्य च धर्मस्य सुखस्यैकान्तिकस्य च॥

लिप्यांतरण

brahmaṇo hi pratiṣṭhāham amṛtasya vyayasya ca
śāśvatasya ca dharmasya sukhasyaikāntikasya ca

अनुवाद

क्योंकि उस अविनाशी ब्रह्म का, अमृतत्व का और उस शाश्वत् का, धर्म का और अखण्ड आनन्द का आधार एक मैं ही हूँ।

व्याख्या

भगवान कहते हैं कि वे स्वयं अविनाशी परब्रह्म परमात्मा हैं जो धर्म और आनन्द के शाश्वत, सदा स्थित रहने वाले चिरन्तन स्वामी हैं। स्वयं भगवान ही शाश्वत हैं, स्थिर हैं और इस संसार चक्र के नैसर्गिक धर्म के चिरस्थायी आधार हैं। वे सच्चिदानंदघन परमेश्वर अखण्ड आनन्द के स्रोत हैं।

कर्म

आज के दिन किसी अनाथ बच्चे को शिक्षा और स्वावलम्बन के लिए प्रोत्साहित करें। उसे शिक्षा का महत्त्व समझाएँ, और यदि हो सके तो उसकी शिक्षा प्राप्ति में मदद भी करें।

आध्यात्मिक मार्गदर्शन

Day-270

संस्कृत

न रूपमस्येह तथोपलभ्यते नान्तो न चादिर्न च संप्रतिष्ठा।
अश्वत्थमेनं सुविरूढमूलं असङ्गशस्त्रेण दृढेन छित्त्वा॥
ततः पदं तत्परिमार्गितव्यं यस्मिन्गता न निवर्तन्ति भूयः।
तमेव चाद्यं पुरुषं प्रपद्ये यतः प्रवृत्तिः प्रसृता पुराणी॥

लिप्यांतरण

na rūpam asyeha tathopalabhyate nānto
na cādir na ca sampratiṣṭhā
aśvattham enaṃ suvirūḍhamūlam asaṅga-śastreṇa
dṛḍhena chittvā
tataḥ padaṃ tat parimārgitavyaṃ yasmin gatā
na nivartanti bhūyaḥ
tam eva cādyaṃ puruṣaṃ prapadye yataḥ
pravṛttiḥ prasṛtā purāṇī

अनुवाद

इस संसार रुपी वृक्ष का स्वरुप जैसा बताया जाता है (जैसा उपलब्ध है) वैसा है नहीं। क्योंकि इसका न तो आदि है न अंत, और न इसकी वह स्थिति है जो प्रतिष्ठित है। इस दृढ़ जड़ों वाले पीपल के समान (संसार) वृक्ष को दृढ़ वैराग्य रुपी शस्त्र से काट कर उस परम-पद को खोजना चाहिए जहाँ गए हुए पुनः लौट कर नहीं आते। और उसी आदिपुरुष परमात्मा के शरण होना चाहिए जिससे इस पुरातन सृष्टि की रचना और आगे विस्तार हुआ है।

व्याख्या

भगवान ने इस श्लोक में संसार की तुलना एक मजबूत जड़ों वाले विशाल पीपल के पेड़ से की है। वे कहते हैं कि यह संसार एक ऐसा विशाल अश्वत्थ-वृक्ष है जिसका विस्तार अनन्त और अकल्पनीय है, जिसका कोई ओर-छोर नहीं है| और एक वृक्ष की ही भांति यह नित्य परिवर्तनशील भी है। अहंकार, ममता, मोह, वासनाएँ - ये इसकी मजबूत जड़ें हैं, जिन्हें ज्ञान और वैराग्य रुपी शास्त्रों से काटकर मनुष्य को उस परम पद की खोज करनी चाहिए जहाँ से फिर वापसी नहीं होती। जिन परमेश्वर ने इस संसार-वृक्ष को रचा है, उन्हीं के शरणागत होकर मनुष्य को यहाँ से अपनी मुक्ति का मार्ग खोजना चाहिए।

कर्म

आज के दिन किसी घायल पशु की मदद करें। उसकी चोटों का इलाज कराएँ और उसे स्वस्थ करें।

आध्यात्मिक मार्गदर्शन

Day-271

संस्कृत

निर्मानमोहा जितसंगदोषा अध्यात्मनित्या विनिवृत्तकामाः।
द्वन्द्वैर्विमुक्ताः सुखदुखसंज्ञैर्गच्छन्त्यामूढ़ाः पदमव्ययं तत्।।

लिप्यांतरण

nirmāna-mohā jita-saṅga-doṣā adhyātma-nityā vinivṛtta-kāmāḥ
dvandvair vimuktāḥ sukha-duḥkha-saṁjñair gacchanty amūḍhāḥ
padam avyayaṁ tat

अनुवाद

जो मान, मोह से रहित हैं, संगदोष से मुक्त (निसंग), अध्यात्म में नित्य रत रहने वाले, काम आदि वृत्तियों से निवृत हो चुके हैं, सुख-दुःख नामक सभी द्वंद्वों से मुक्त ज्ञानीजन उस अविनाशी परमपद को प्राप्त होते हैं।

व्याख्या

वे व्यक्ति जो अहंकार और मोह से मुक्त हैं, जिन्होंने संग दोष पर विजय प्राप्त की है, और आत्मज्ञान में स्थिर रहते हैं।

वे जो इच्छाओं से मुक्त हैं, और सुख-दुःख के द्वंद्व से प्रभावित नहीं होते, वे उस अविनाशी परम स्थिति को प्राप्त होते हैं।

कर्म

आज के दिन किसी जरूरतमंद के लिए आश्रय की व्यवस्था स्वयं करें या इस काम में उसकी मदद करें।

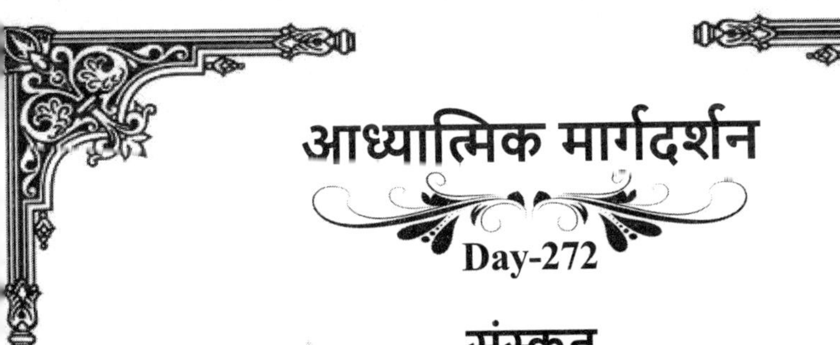

आध्यात्मिक मार्गदर्शन

Day-272

संस्कृत

न तद्भासयते सूर्यो न शशांको न पावकः।
यद्गत्वा न निवर्तन्ते तद्धाम परमं मम॥

लिप्यांतरण

na tad bhāsayate sūryo na śaśāṅko na pāvakaḥ
yad gatvā na nivartante tad dhāma paramaṁ mama

अनुवाद

जिसे न सूर्य प्रकाशित करता है, न चन्द्र और न अग्नि – और जहाँ पहुँच कर फिर लौटना नहीं पड़ता वह मेरा परम धाम है।

व्याख्या

भगवान कहते हैं कि उनके परम धाम को सूर्य, चन्द्रमा या फिर अग्नि के प्रकाश की आवश्यकता नहीं है - वह तो स्वयं प्रकाशित, परम ज्योतिर्मय परमात्मा का निज धाम है। वे कहते हैं कि जहाँ पहुँचकर फिर से लौटना नहीं पड़ता, वही मेरा सर्वोच्च धाम है।

कर्म

आज के दिन किसी गरीब परिवार को सर्दियों के कपड़े दें।

आध्यात्मिक मार्गदर्शन

Day-273

संस्कृत

शरीरं यदवाप्नोति यच्चाप्युत्क्रामातीश्वरः।
ग्रहीत्वैतानि संयाति वायुर्गन्धानिवाशयात्॥

लिप्यांतरण

śarīraṁ yad avāpnoti yac cāpy utkrāmati īśvaraḥ
grahītvaitāni saṁyāti vāyur gandhān ivāśayāt

अनुवाद

जैसे वायु सुगंध को स्थान से उठाकर ले जाती है, वैसे ही आत्मा इस शरीर को छोड़कर नया शरीर धारण करती है।

व्याख्या

भगवद गीता के इस श्लोक में भगवान श्रीकृष्ण बता रहे हैं कि आत्मा जब एक शरीर को छोड़कर दूसरे शरीर में प्रवेश करती है, तो यह प्रक्रिया वायु द्वारा सुगंध को एक स्थान से दूसरे स्थान पर ले जाने के समान होती है। आत्मा अपने साथ सभी संस्कार और कर्मों को ले जाती है। यह श्लोक आत्मा की अमरता और निरंतर यात्रा को दर्शाता है।

कर्म

आज के दिन किसी गरीब महिला को सिलाई मशीन दान करें। उसे आत्मनिर्भर बनने में मदद करें।

आध्यात्मिक मार्गदर्शन

Day-274

संस्कृत

उत्क्रामन्तं स्थितं वापि भुञ्जानं वा गुणान्वितम्।
विमूढा नानुपश्यन्ति पश्यन्ति ज्ञानचक्षुः॥

लिप्यांतरण

utkrāmantaṁ sthitaṁ vāpi bhuñjānaṁ vā guṇānvitam
vimūḍhā nānupaśyanti paśyanti jñāna-cakṣuṣaḥ

अनुवाद

शरीर को छोड़ कर जाने वाले, अथवा उसमें स्थित हुए को, या फिर विषयों को भोगते हुए को इस प्रकार तीनों गुणों से युक्त हुए (आत्मा) को अज्ञानीजन नहीं जान पाते, इरा केवल ज्ञान रुपी नेत्रों वाले ही देखते हैं।

व्याख्या

यह आत्मा शरीर में विद्यमान हो, शरीर से प्रस्थान कर चुकी हो, या इन्द्रियों के माध्यम से विषयों का भोग करती हो - केवल यथार्थ ज्ञान रुपी खुली आँखों से ही कोई ज्ञानी यह सत्य समझ पाता है। वरना अज्ञानी लोगों के लिए तो शरीर ही जीता है, शरीर ही मरता है, और विषयों का सुख-दुःख भी व्यक्ति का शरीर भोगता है।

कर्म

आज के दिन किसी मंदिर में जाकर भजन-कीर्तन में भाग लें। धार्मिक और आध्यात्मिक अनुभव प्राप्त करें।

आध्यात्मिक मार्गदर्शन

Day-275

संस्कृत

यदादित्यगतं तेजो जगद्भासयतेऽखिलम्।
यच्चन्द्रमसि यच्चाग्नौ तत्तेजो विद्धि मामकम्॥

लिप्यांतरण

yad āditya-gataṁ tejo jagad bhāsayate 'khilam
yac candramasi yac cāgnau tat tejo viddhi māmakam

अनुवाद

सूर्य में स्थित जो तेज सम्पूर्ण जगत को प्रभासित करता है, और जो चन्द्रमा का तथा अग्नि का तेज है उसे तू मेरा ही जान।

व्याख्या

सूर्य का जो प्रकाश है, जिससे पूरा संसार उज्ज्वल होता है, और जो तेज चंद्रमा और अग्नि में भी है, वह मेरी ही शक्ति है। यहाँ भाव यह है कि हर प्रकार का तेज, ज्योति या प्रकाश वास्तव में एक ही है - और वह है भगवान का तेज। उन्हीं परमात्मा का ज्योतिर्मय स्वरुप सारे ब्रह्माण्ड को प्रकाशित करता है, उससे परे अथवा अलग कोई अन्य प्रकाश कहीं भी नहीं है।

कर्म

आज के दिन किसी गरीब छात्र को स्कूल की फीस भरें। उसकी शिक्षा को बढ़ावा दें और उसे आगे बढ़ाएं।

आध्यात्मिक मार्गदर्शन

Day-276

संस्कृत

गामाविश्य च भूतानि धारयाम्यहमोजसा।
पुष्णामि चौषधीः सर्वाः सोमो भूत्वा रसात्मकः॥

लिप्यांतरण

gām āviśya ca bhūtāni dhārayāmy aham ojasā
puṣṇāmi cauṣadhīḥ sarvāḥ somo bhūtvā rasātmakaḥ

अनुवाद

और मैं ही धरती में आविष्ट होकर अपने तेज से सब भूतों को धारण करता हूँ, तथा रसात्मक और अमृतमय होकर औषधियों को पुष्ट करता हूँ।

व्याख्या

मैं पृथ्वी में प्रवेश करके अपनी शक्ति से सभी जीवों का पालन करता हूँ। मैं रसयुक्त सोम बनकर सभी वनस्पतियों को पोषण देता हूँ।

कर्म

आज के दिन किसी मंदिर की सफाई करें। धार्मिक स्थल की सुंदरता बढ़ाएं और उसे स्वच्छ रखें।

आध्यात्मिक मार्गदर्शन

Day-277

संस्कृत

अहं वैश्वानरो भूत्वा प्राणिनां देहमाश्रितः।
प्राणापानसमायुक्तः पचाम्यन्नं चतुर्विधम्॥

लिप्यांतरण

ahaṁ vaiśvānaro bhūtvā prāṇināṁ deham āśritaḥ
prāṇāpāna-samāyuktaḥ pacāmy annaṁ catur-vidham

अनुवाद

मैं ही वैश्वानर अग्निरूप होकर सभी प्राणियों की देह में स्थित प्राण और अपान से संयुक्त होकर चार प्रकार से अन्न को पचाता हूँ।

व्याख्या

मैं वैश्वानर अग्नि बनकर प्राणियों के शरीर में स्थित हूँ और प्राण वायु और अपान वायु के सहयोग से चार प्रकार से भोजन को पचाता हूँ।

कर्म

आज के दिन किसी लाचार व्यक्ति को सहारा दें। उसकी समस्याओं को सुनें और उसकी मदद करें।

आध्यात्मिक मार्गदर्शन

Day-278

संस्कृत

सर्वस्य चाहं हृदि सन्निविष्टो मत्तः स्मृतिर्ज्ञानमपोहनं च।
वेदैश्च सर्वैरहमेव वेद्यो वेदान्तकृद्वेदविदेव चाहम्॥

लिप्यांतरण

sarvasya cāhaṁ hṛdi sanniviṣṭo mattaḥ smṛtir jñānam apohanaṁ ca
vedaiś ca sarvair aham eva vedyo vedānta-kṛd veda-vid eva cāham

अनुवाद

और मैं सभी के हृदयों में सन्निविष्ट हूँ, तथा मुझसे ही स्मृति, ज्ञान और विस्मृति भी होती है। सभी वेदों द्वारा मैं ही जानने योग्य हूँ, वेदान्त-कर्ता और वेदों को जानने वाला भी मैं ही हूँ।

व्याख्या

मैं सभी के हृदय में निवास करता हूँ, और मुझसे ही स्मरण, ज्ञान और विस्मरण होता है। भगवान ने कहा है कि ज्ञान, ज्ञातव्य और ज्ञान के रचयिता वे स्वयं ही हैं। वेदों का अपरिमित ज्ञान भी उन्हीं के द्वारा रचा गया, और उनकी इच्छा से ही वह दिव्य ज्ञान इस जगत को प्रदान किया गया है।

कर्म

आज के दिन किसी जरूरतमंद की आर्थिक मदद करें।

आध्यात्मिक मार्गदर्शन

Day-279

संस्कृत

द्वाविमौ पुरुषौ लोके क्षरश्चाक्षर एव च।
क्षरः सर्वाणि भूतानि कूटस्थोऽक्षर उच्यते॥

लिप्यांतरण

dvāv imau puruṣau loke kṣaraś cākṣara eva ca
kṣaraḥ sarvāṇi bhūtāni kūṭa-stho 'kṣara ucyate

अनुवाद

इस संसार में नश्वर और अविनाशी – ये दो प्रकार के पुरुष हैं। इनमें सभी प्राणियों के शरीर तो नाशवान और आत्मा को अविनाशी कहा जाता है।

व्याख्या

इस संसार में दो प्रकार के पुरुष हैं - एक जो सभी जीवधारियों के शरीर हैं वे नाशवान है, और जो जीवात्मा है वह अविनाशी है। यही क्षर और अक्षर का भेद है।

कर्म

आज के दिन किसी अनाथ बच्चे को शिक्षा और स्वावलम्बन के लिए प्रोत्साहित करें। उसे शिक्षा का महत्त्व समझाएँ, और यदि हो सके तो उसकी शिक्षा प्राप्ति में मदद भी करें।

आध्यात्मिक मार्गदर्शन

Day-280

संस्कृत

उत्तमः पुरुषस्त्वन्यः परमात्मेत्युदाहृतः।
यो लोकत्रयमाविश्य बिभर्त्यव्यय ईश्वरः॥

लिप्यांतरण

uttamaḥ puruṣas tv anyaḥ paramātmety udāhṛtaḥ
yo loka-trayam āviśya bibharty avyaya īśvaraḥ

अनुवाद

इनसे उत्तम पुरुष तो अन्य ही है, जो तीनों लोकों में आविष्ट होकर सबको धारण करता है, जो अविनाशी है, परमात्मा है – ऐसा कहा गया है।

व्याख्या

पिछले श्लोक में कहे गए क्षर और अक्षर पुरुष से भी जो श्रेष्ठ और उत्तम है, वह तो स्वयं परमात्मा ही है। वह न क्षर है न अक्षर, उसका न आदि है न अंत। अखिल ब्रह्माण्ड में जो स्वयं आविष्ट होकर, सबको धारण किये हुए स्थित है वही अविनाशी परमेश्वर सर्वोच्च कहा गया है।

कर्म

आज के दिन किसी पशु की देखभाल करें। उसे भोजन और पानी दें और उसकी सुरक्षा सुनिश्चित करें।

आध्यात्मिक मार्गदर्शन

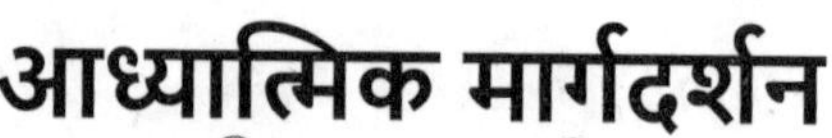

Day-281

संस्कृत

यस्मात्क्षरमतीतोऽहमक्षरादपि चोत्तमः।
अतोऽस्मि लोके वेदे च प्रथितः पुरुषोत्तमः॥

लिप्यांतरण

yasmāt kṣaram atīto 'ham akṣarād api cottamaḥ
ato 'smi loke vede ca prathitaḥ puruṣottamaḥ

अनुवाद

मैं नाशवान से अत्तीत हूँ, (नाशात्व से परे) और अक्षर से उत्तम भी हूँ – इसलिए मैं लोक में तथा वेद में पुरुषोत्तम नाम से प्रसिद्ध हूँ।

व्याख्या

भगवान श्रीकृष्ण कहते हैं, वे आरम्भ-अंत से परे, क्षर-अक्षर से परे, तथा और भी अनेक द्वन्द्वों से सर्वथा परे होने के कारण उन सभी से उत्तम हैं। इसलिए श्रुति और लोक - हर प्रकार के साहित्य में उन्हें पुरुषोत्तम नाम से जाना जाता है।

कर्म

आज के दिन किसी गरीब बच्चे को किताबें दान करें। उसकी पढ़ाई में मदद करें और उसे ज्ञान प्राप्त करने में सहयोग दें।

आध्यात्मिक मार्गदर्शन

Day-282

संस्कृत

इति गुह्यतमं शास्त्रमिदमुक्तं मयानघ।
एतद्द्ध्वा बुद्धिमान्स्यात्कृतकृत्यश्च भारत॥

लिप्यांतरण

iti guhya-tamaṁ śāstram idam uktaṁ mayānagha
etad buddhvā buddhimān syāt kṛta-kṛtyaś ca bhārata

अनुवाद

हे निष्पाप! यह अति गोपनीय शास्त्र इस प्रकार मेरे द्वारा कहा गया, हे अर्जुन! इसे जान कर मनुष्य ज्ञानवान और कृतार्थ हो जाता है।

व्याख्या

हे अर्जुन, मैंने यह सबसे गूढ़ शास्त्र तुम्हें बताया है। इसे जानकर व्यक्ति ज्ञानी हो जाता है और उसे अपने सारे कर्तव्यों का निर्वाह सही दिशा और उचित प्रकार से कर पाने की प्रेरणा मिलती है। इससे उसका परम कल्याण होता है। वास्तव में गीता-ज्ञान के माध्यम से श्रीकृष्ण ने अर्जुन को उपदेश देते हुए, संसार के सभी मनुष्यों के लिए कर्त्तव्य-पथ सर्वोत्तम निर्धारित कर दिया है।

कर्म

आज के दिन किसी बीमार व्यक्ति के लिए दवाइयों की व्यवस्था करें।

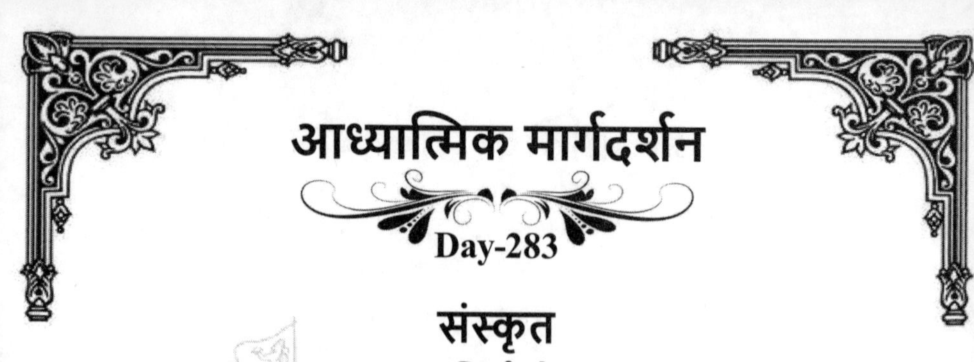

आध्यात्मिक मार्गदर्शन

Day-283

संस्कृत

अभयं सत्त्वसंशुद्धिर्ज्ञानयोगव्यवस्थितिः।
दानं दमश्च यज्ञश्च स्वाध्यायस्तप आर्जवम्॥

अहिंसा सत्यमक्रोधस्त्यागः शान्तिरपैशुनम्।
दया भूतेष्वलोलुप्त्वं मार्दवं ह्रीरचापलम्॥

तेजः क्षमा धृतिः शौचमद्रोहो नातिमानिता।
भवन्ति सम्पदं दैवीमभिजातस्य भारत॥

लिप्यांतरण

abhayaṁ sattva-saṁśuddhir jñāna-yoga-vyavasthitiḥ
dānaṁ damaś ca yajñaś ca svādhyāyas tapa ārjavam

ahiṁsā satyam akrodhas tyāgaḥ śāntir apaiśunam
dayā bhūteṣv aloluptvaṁ mārdavaṁ hrīr acāpalam

tejaḥ kṣamā dhṛtiḥ śaucam adroho nātimānitā
bhavanti sampadaṁ daivīm abhijātasya bhārata

अनुवाद

भयहीनता, आत्म-संशुद्धि, ज्ञान तथा योग में स्थिति, दान, (इन्द्रिय) दमन, यज्ञ, स्वाध्याय, तप और निर्मलता, अहिंसा, सत्य, काम-क्रोध का त्याग, शान्ति, दूसरों के दोष न देखना, दया, कर्ता-भाव का त्याग, चित्त की चंचलता का अभाव, कोमलता, लज्जा, चपलता और प्रमाद का अभाव, तेज, क्षमा, धृति, शुचिता, अद्रोह, अपनी श्रेष्ठता के भाव का अभाव – हे अर्जुन! ये सब (गुण) दैवी सम्पदा वाले व्यक्ति में होते हैं।

व्याख्या

निडरता, मन की पवित्रता, ज्ञान और योग में दृढ़ता, दान करना, इंद्रियों का नियंत्रण, यज्ञ करना, अध्ययन, तपस्या और सरलता।
अहिंसा, सत्य बोलना, क्रोध न करना, त्याग की भावना, शांति, दूसरों की निंदा न करना, दया, लालच न करना, नम्रता, लज्जा और अडिगता।
तेज, क्षमा, धैर्य, स्वच्छता, दूसरों से बैर न रखना और अभिमान न करना - ये सभी गुण दैवी सम्पदाएँ लेकर उत्पन्न हुए व्यक्ति में पाए जाते हैं।

कर्म

आज के दिन किसी मंदिर में जाकर भगवान की आरती में भाग लें। अपने मन की शांति के लिए प्रार्थना करें।

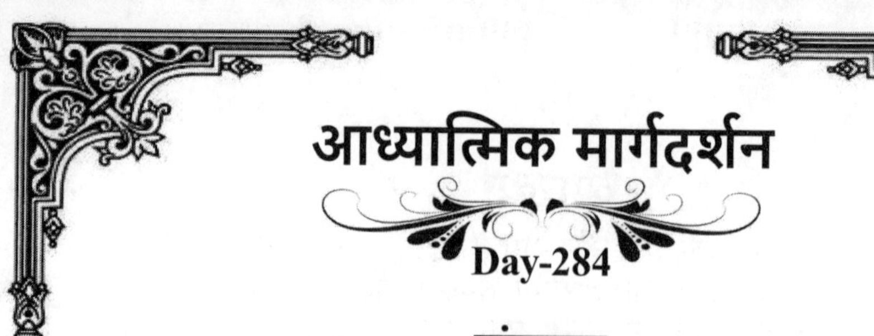

आध्यात्मिक मार्गदर्शन

Day-284

संस्कृत

दम्भो दर्पोऽभिमानश्च क्रोधः पारुष्यमेव च।
अज्ञानं चाभिजातस्य पार्थ सम्पदामासुरीम्॥

लिप्यांतरण

dambho darpo ’bhimānaś ca krodhaḥ pāruṣyam eva ca
ajñānaṁ cābhijātasya pārtha sampadām āsurīm

अनुवाद

हे पार्थ! दम्भ, दर्प, अभिमान, क्रोध, कठोरता और अभिमान – ये आसुरी सम्पदा वाले मनुष्य में होते हैं।

व्याख्या

ढोंग करना, घमंड, अभिमान, क्रोध, कठोरता और अज्ञानता - ये गुण, हे अर्जुन, आसुरी स्वभाव वाले व्यक्ति में पाए जाते हैं।

कर्म

आज के दिन किसी गरीब व्यक्ति को स्वावलम्बन या स्वरोजगार में मदद करें। उसकी आर्थिक स्थिति सुधारें और उसे आत्मनिर्भर बनाएं।

आध्यात्मिक मार्गदर्शन

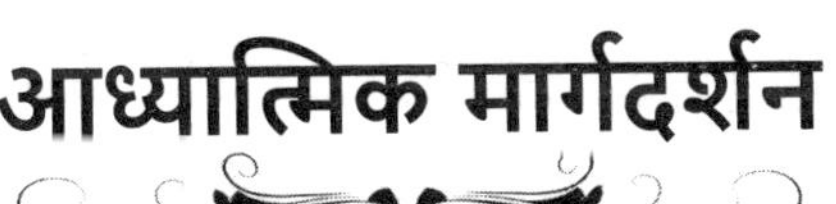

Day-285

संस्कृत

दैवी सम्पद्विमोक्षाय निबन्धायासुरी मता।
मा शुचः सम्पदं दैवीमभिजातोऽसि पाण्डव॥

लिप्यांतरण

daivī sampad vimokṣāya nibandhāyāsurī matā
mā śucaḥ sampadaṁ daivīm abhijāto 'si pāṇḍava

अनुवाद

दैवी सम्पदा मुक्ति के लिए और आसुरी सम्पदा बन्धन के लिए मानी गई है। इसलिए हे अर्जुन! तू शोक मत कर, क्योंकि तू दैवी सम्पदा को लेकर उत्पन्न हुआ है।

व्याख्या

दैवी गुण मोक्ष की ओर ले जाते हैं, जबकि आसुरी गुण बंधन की ओर ले जाते हैं। हे अर्जुन, तुम दैवी गुणों से संपन्न हो, इसलिए तुम शोक, संशय और चिंता रुपी आसुरी बंधनों में मत फंसो।

कर्म

आज के दिन किसी गरीब परिवार को भोजन सामग्री दें।

आध्यात्मिक मार्गदर्शन

Day-286

संस्कृत

एतैर्विमुक्तः कौन्तेय तमोद्वारैस्त्रिभिर्नरः।
आचरत्यात्मनः श्रेयस्ततो याति परां गतिम्॥

लिप्यांतरण

etair vimuktaḥ kaunteya tamo-dvārais tribhir naraḥ
ācaraty ātmanaḥ śreyas tato yāti parāṁ gatim

अनुवाद

हे कुन्तीपुत्र! इन तीनों अन्धकार के (नरक के) द्वारों से मुक्त पुरुष अपने कल्याण के लिए इस प्रकार आचरण करता है जिससे वह परमगति को प्राप्त हो जाता है।

व्याख्या

हे अर्जुन, काम, क्रोध और लोभ के इन तीन अन्धकार-स्वरुप नरक के द्वारों से मुक्त होकर मनुष्य अपने आत्मिक कल्याण के मार्ग पर चलता है और उच्चतम लक्ष्य को प्राप्त करता है।

कर्म

आज के दिन किसी गरीब महिला को आत्मनिर्भर बनने के लिए प्रोत्साहित करें। उसे स्वावलंबन के साधन सिखाएँ।

आध्यात्मिक मार्गदर्शन

Day-287

संस्कृत

तस्माच्छास्त्रं प्रमाणं ते कार्याकार्यव्यवस्थितौ।
ज्ञात्वा शास्त्रविधानोक्तं कर्म कर्तुमिहार्हसि॥

लिप्यंतरण

tasmāc chāśtraṁ pramāṇaṁ te kāryākārya-vyavaśthitau
jñātvā śāśtra-vidhānoktaṁ karma kartum ihārhasi

अनुवाद

इसलिए तेरे कर्तव्य-अकर्तव्य के विषय में शास्त्र ही प्रमाण हैं – ऐसा समझ कर तुझे शास्त्र विधि से निर्धारित कर्म ही करना चाहिए।

व्याख्या

इसलिए, क्या करना उचित है और क्या अनुचित है, यह जानने के लिए शास्त्र तुम्हारा मार्गदर्शन करेगा। शास्त्रों में बताए गए नियमों के अनुसार ही तुम्हें अपने कर्म करने चाहिए।

कर्म

आज के दिन किसी मंदिर में जाकर भगवान के दर्शन करें। धार्मिक भावना को बढ़ाएं और अपने मन की शांति के लिए प्रार्थना करें।

आध्यात्मिक मार्गदर्शन

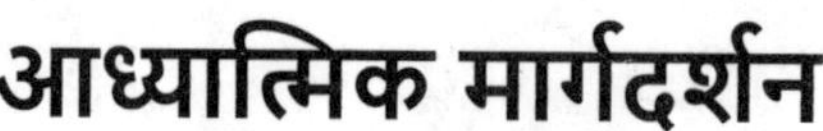

Day-288

संस्कृत

श्रीभगवानुवाच।
त्रिविधा भवति श्रद्धा देहिनां सा स्वभावजा।
सात्त्विकी राजसी चैव तामसी चेति तां शृणु॥

लिप्यांतरण

śrī-bhagavān uvāca
tri-vidhā bhavati śraddhā dehināṁ sā svabhāva-jā
sāttvikī rājasī caiva tāmasī ceti tāṁ śṛṇu

अनुवाद

सभी देहधारियों की वह स्वाभाविक श्रद्धा तीन प्रकार की होती है – सात्विकी, राजसी तथा तामसी। उसको तू मुझसे सुन।

व्याख्या

भगवान कहते हैं कि शरीर धारण करने वाले प्राणियों की श्रद्धा तीन प्रकार की होती है - सात्त्विक, राजसिक और तामसिक। इसके बारे में सुनो।

कर्म

आज के दिन किसी गरीब बच्चे की शिक्षा का खर्चा उठाएँ। उसकी पढ़ाई में मदद करें और उसे बेहतर भविष्य के लिए तैयार करें।

आध्यात्मिक मार्गदर्शन

Day-289

संस्कृत

सत्त्वानुरूपा सर्वस्य श्रद्धा भवति भारत।
श्रद्धामयोऽयं पुरुषो यो यच्छ्रद्धः स एव सः॥

लिप्यांतरण

sattvānurūpā sarvasya śraddhā bhavati bhārata
śraddhā-mayo 'yaṁ puruṣo yo yac-chraddhaḥ sa eva saḥ

अनुवाद

हे भारतवंशी अर्जुन! सभी मनुष्यों की श्रद्धा उनके अंतःकरण के अनुरूप ही होती है। यह मनुष्य श्रद्धामय है – तो जो जैसी श्रद्धा वाला है वह स्वयं वैसा ही है।

व्याख्या

हे अर्जुन, हर व्यक्ति की श्रद्धा उसके स्वभाव के अनुरूप होती है। मनुष्य की प्रकृति श्रद्धामय है - तो जिसकी जैसी श्रद्धा होती है, वह स्वयं वैसे ही स्वभाव और वैसी ही निष्ठा वाला होता है। अतः मन की श्रद्धा को विशेष महत्त्व देते हुए यही बात भगवान ने यहाँ अर्जुन से कही है।

कर्म

आज के दिन किसी गरीब व्यक्ति को गरम कपड़े दान करें।

आध्यात्मिक मार्गदर्शन

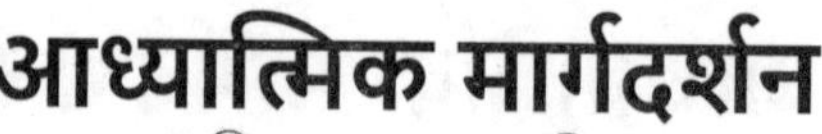

Day-290

संस्कृत

आयुःसत्त्वबलारोग्यसुखप्रीतिविवर्धनाः।
रस्याः स्निग्धाः स्थिरा हृद्या आहाराः सात्त्विकप्रियाः॥

लिप्यांतरण

āyuḥ-sattva-balārogya-sukha-prīti-vivardhanāḥ
rasyāḥ snigdhāḥ sthirā hṛdyā āhārāḥ sāttvika-priyāḥ

अनुवाद

आयु, बुद्धि, बल, आरोग्य, सुख और प्रीति को बढ़ाने वाले रसयुक्त, स्निग्ध, स्थिर और प्रिय लगने वाले – ऐसे भोज्याहार सात्विक लोगों को पसन्द होते हैं।

व्याख्या

वह भोजन जो आयु, शुद्धता, शक्ति, स्वास्थ्य, सुख और संतोष को बढ़ाता है, जो स्वादिष्ट, पौष्टिक, उत्तम और हृदय को आनंदित करने वाला होता है, वह सात्त्विक व्यक्ति को प्रिय होता है।

कर्म

आज के दिन किसी अनाथ बच्चे को शिक्षा और स्वावलम्बन के लिए प्रोत्साहित करें। उसे शिक्षा का महत्त्व समझाएँ, और यदि हो सके तो उसकी शिक्षा प्राप्ति में मदद भी करें।

आध्यात्मिक मार्गदर्शन

Day-291

संस्कृत

कट्वम्ललवणात्युष्णतीक्ष्णरूक्षविदाहिनः।
आहारा राजसस्येष्टा दुःखशोकामयप्रदाः॥

लिप्यांतरण

kaṭv-amla-lavaṇāty-uṣṇa-tīkṣṇa-rūkṣa-vidāhinaḥ
āhārā rājasasyeṣṭā duḥkha-śoka-āmayapradāḥ

अनुवाद

कड़वे, खट्टे, लवण युक्त, बहुत गर्म, तीखे, रूखे, जलन उत्पन्न करने वाले, दुःख चिंता और रोग देने वाले आहार राजसिक व्यक्ति को प्रिय होते हैं।

व्याख्या

कड़वे, खट्टे, नमकीन, बहुत गर्म, तीखे, रूखे और जलन पैदा करने वाले भोजन राजसिक व्यक्ति को पसंद आते हैं और वे दुःख, शोक और बीमारियाँ पैदा करते हैं।

कर्म

आज के दिन किसी घायल पशु की मदद करें। उसकी चोटों का इलाज कराएँ और उसे स्वस्थ करें।

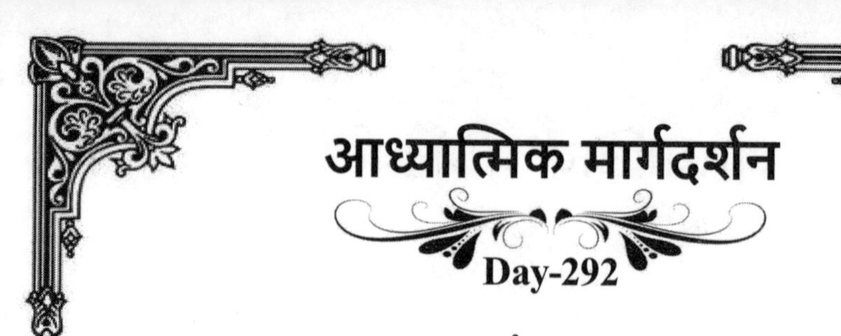

आध्यात्मिक मार्गदर्शन

Day-292

संस्कृत

यातयामं गतरसं पूति पर्युषितं च यत्।
उच्छिष्टमपि चामेध्यं भोजनं तामसप्रियम्॥

लिप्यांतरण

yāta-yāmaṁ gata-rasaṁ pūti paryuṣitaṁ ca yat
ucchiṣṭam api cāmedhyaṁ bhojanaṁ tāmasa-priyam

अनुवाद

अधपका, बासी, रसहीन, दुर्गन्ध युक्त, अपौष्टिक और झूठा तथा अपवित्र है – वह भोजन तामसी व्यक्ति को प्रिय होता है।

व्याख्या

बासी, बिना स्वाद का, सड़ा हुआ, बदबूदार, बचा हुआ और अशुद्ध भोजन तामसिक व्यक्ति को पसंद आता है।

कर्म

आज के दिन किसी जरूरतमंद के लिए आश्रय की व्यवस्था करें। इस कार्य में आप कुछ स्वयंसेवी संस्थाओं से मदद भी ले सकते हैं।

आध्यात्मिक मार्गदर्शन

Day-293

संस्कृत

अफलाङ्क्षिभिर्यज्ञो विधिदृष्टो य इज्यते।
यष्टव्यमेवेति मनः समाधाय स सात्त्विकः॥

लिप्यांतरण

aphalākāṅkṣibhir yajño vidhi-dṛṣṭo ya ijyate
yaṣṭavyam eveti manaḥ samādhāya sa sāttvikaḥ

अनुवाद

बिना फल की इच्छा किये यज्ञ करना ही कर्त्तव्य है – इस प्रकार जान कर, मन को साधकर जो शास्त्रविहित यज्ञ किया जाता है, वह सात्विक है।

व्याख्या

जो यज्ञ शास्त्रों के नियमों के अनुसार बिना किसी फल की इच्छा के केवल कर्तव्य समझकर किया जाता है, वह सात्त्विक यज्ञ है।

कर्म

आज के दिन किसी गरीब परिवार को सर्दियों के कपड़े दें।

आध्यात्मिक मार्गदर्शन

Day-294

संस्कृत

देवद्विजगुरुप्राज्ञपूजनं शौचमार्जवम्।
ब्रह्मचर्यमहिंसा च शारीरं तप उच्यते॥

लिप्यांतरण

deva-dvija-guru-prājña-pūjanaṁ śauca-mārjavam
brahmacaryam ahiṁsā ca śārīraṁ tapa ucyate

अनुवाद

देवता, ब्राह्मण, गुरु और ज्ञानीजनों का पूजन, शुचिता, सरलता, ब्रह्मचर्य और अहिंसा – यह शारीरिक तप कहा जाता है।

व्याख्या

देवताओं, ब्राह्मणों, गुरु और विद्वानों का सम्मान करना, शरीर की शुद्धता, सरलता, ब्रह्मचर्य का पालन और अहिंसा - ये शारीरिक तपस्या के अंग हैं।

कर्म

आज के दिन किसी गरीब महिला को सिलाई मशीन दान करें। उसे आत्मनिर्भर बनने में मदद करें।

आध्यात्मिक मार्गदर्शन

Day-295

संस्कृत

अनुद्वेगकरं वाक्यं सत्यं प्रियहितं च यत्।
स्वाध्यायाभ्यसनं चैव वाङ्मयं तप उच्यते॥

लिप्यांतरण

anudvega-karaṁ vākyaṁ satyaṁ priyaṁ hitaṁ ca yat
svādhyāyābhyasanaṁ caiva vāṅ-mayaṁ tapa ucyate

अनुवाद

उद्वेग उत्पन्न न करने वाला, सत्य, प्रिय, हितकर भाषण तथा जो वेद-वांगमय का स्वाध्याय और अभ्यास है उसे वाचिक तप कहते हैं।

व्याख्या

किसी को उद्वेग या मानसिक कष्ट न पहुँचाने वाली, सत्य, प्रिय और हितकारी बातें करना, तथा वेदों का अध्ययन, पाठ और अभ्यास - यह वाचिक तप कहलाता है।

कर्म

आज के दिन किसी मंदिर में जाकर भजन-कीर्तन में भाग लें। धार्मिक और आध्यात्मिक अनुभव प्राप्त करें।

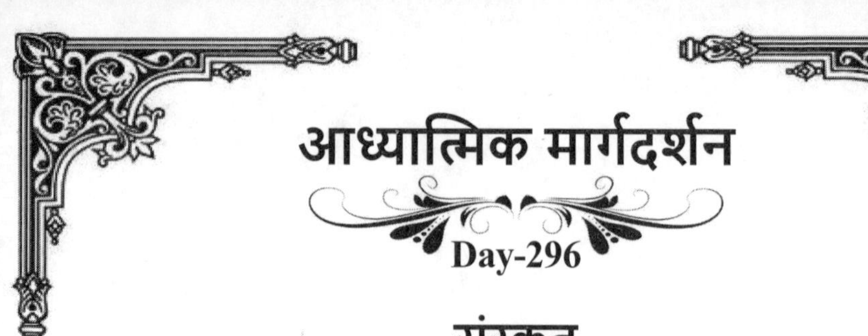

आध्यात्मिक मार्गदर्शन

Day-296

संस्कृत

मनः प्रसादः सौम्यत्वं मौनमात्मविनिग्रहः।
भावसंशुद्धिरित्येतत्तपो मानसमुच्यते॥

लिप्यांतरण

manaḥ-prasādaḥ saumyatvaṁ maunam ātma-vinigrahaḥ
bhāva-saṁśuddhir ity etat tapo mānasam ucyate

अनुवाद

मन की प्रसन्नता, सौम्यता, मौन, आत्म-संयम, भावों की पवित्रता – इन सभी को मानसिक तप कहते हैं।

व्याख्या

मन की प्रसन्नता, सरलता, मौन, आत्म-संयम और विचारों की पवित्रता - ये मानसिक तपस्या के रूप हैं।

कर्म

आज के दिन किसी गरीब छात्र को स्कूल की फीस भरें। उसकी शिक्षा को बढ़ावा दें और उसे आगे बढ़ाएं।

आध्यात्मिक मार्गदर्शन

Day-297

संस्कृत

श्रद्धया परया तप्तं तपस्तत्त्रिविधं नरैः।
अफलाकाङ्क्षिभिर्युक्तैः सात्त्विकं परिचक्षते॥

लिप्यांतरण

śraddhayā parayā taptaṁ tapas tat tri-vidhaṁ naraiḥ
aphalākāṅkṣibhir yuktaiḥ sāttvikaṁ paricakṣate

अनुवाद

फल की इच्छा से रहित व्यक्तियों द्वारा परम श्रद्धा भाव से युक्त होकर किये गए ऊपर कहे गए तीनों प्रकार के तप को सात्विक कहते हैं।

व्याख्या

जो व्यक्ति मन में श्रद्धाभाव से युक्त होकर तीन प्रकार की तपस्या (शारीरिक, वाचिक और मानसिक) को बिना किसी फल की इच्छा के करता है, उसे सात्त्विक तपस्या कहते हैं।

कर्म

आज के दिन किसी मंदिर की सफाई करें। धार्मिक स्थल की सुंदरता बढ़ाएं और उसे स्वच्छ रखें।

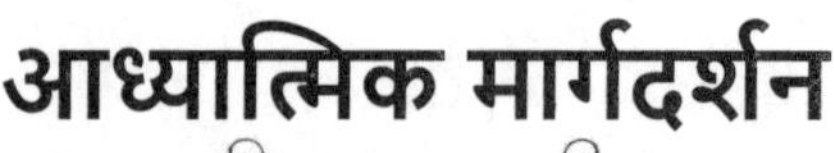

आध्यात्मिक मार्गदर्शन

Day-298

संस्कृत

दातव्यमिति यद्दानं दीयतेऽनुपकारिणे।
देशे काले च पात्रे च तद्दानं सात्त्विकं स्मृतम्॥

लिप्यांतरण

dātavyam iti yad dānaṁ dīyate ’nupakāriṇe
deśe kāle ca pātre ca tad dānaṁ sāttvikaṁ smṛtam

अनुवाद

दान करना चाहिए – ऐसे भाव से जो दान देश, काल और पात्र को देख कर प्रत्युपकार न कर सकने वाले व्यक्ति को दिया जाता है, उसे सात्विक कहा गया है।

व्याख्या

जो दान सही समय और स्थान पर योग्य व्यक्ति को बिना किसी प्रतिदान की इच्छा या आशा के दिया जाता है, उसे सात्त्विक दान कहा जाता है।

कर्म

आज के दिन किसी लाचार व्यक्ति को सहारा दें। उसकी समस्याओं को सुनें और उसकी मदद करें।

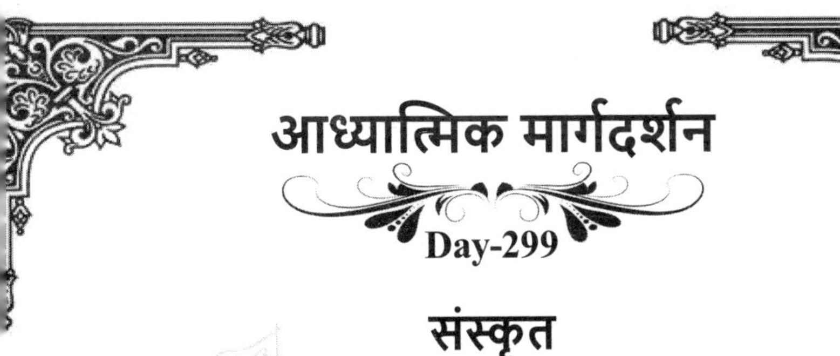

आध्यात्मिक मार्गदर्शन

Day-299

संस्कृत

तस्मादोमित्युदाहृत्य यज्ञदानतपः क्रियाः।
प्रवर्तन्ते विधानोक्ता सततं ब्रह्मवादिनाम्॥

लिप्यांतरण

tasmād oṁ ity udāhṛtya yajña-dāna-tapaḥ-kriyāḥ
pravartante vidhānoktāḥ satataṁ brahma-vādinām

अनुवाद

अतः ब्रह्मवादियों के लिए विहित यज्ञ, दान और तप रुपी क्रियाएँ सदा ही 'ॐ' – इस एकाक्षर ब्रह्म का निरन्तर उच्चारण करके आरम्भ होती हैं।

व्याख्या

ब्रह्मवादी लोग 'ॐ' कहकर यज्ञ, दान और तप का आरम्भ करते हैं, क्योंकि ॐ को एकाक्षर ब्रह्म कहा गया है। इस प्रकार शास्त्रों में बताई गई विधियों के अनुसार ही इन्हें करना चाहिए, तभी इच्छित फल की प्राप्ति संभव होती है। यज्ञ-दान-तप ये सभी क्रियाएँ ब्रह्म को जानने, समझने और प्राप्त करने की दिशा में की गई विधानोक्त परम्पराएँ हैं।

कर्म

आज के दिन किसी जरूरतमंद की आर्थिक मदद करें। उसकी समस्याओं का समाधान करें और उसे राहत दें।

आध्यात्मिक मार्गदर्शन

Day-300

संस्कृत

सद्भावे साधुभावे च सदित्येतत्प्रयुज्यते।
प्रशस्ते कर्मणि तथा सच्छब्दः पार्थ युज्यते॥
यज्ञे तपसि दाने च स्थितिः सदिति चोच्यते।
कर्म चैव तदर्थीयं सदित्येवाभिधीयते॥

लिप्यांतरण

sad-bhāve sādhubhāve ca sad ity etat prayujyate
praśaste karmaṇi tathā sac-chabdaḥ pārtha yujyate
yajñe tapasi dāne ca sthitiḥ sad iti cocyate
karma caiva tad-arthīyaṁ sad ity evābhidhīyate

अनुवाद

सत्य-भाव में तथा साधु-भाव में 'सत्' परमात्मा का यही नाम प्रयुक्त होता है। हे अर्जुन! उत्तम कर्म में भी - 'सत्' इसी शब्द का प्रयोग किया जाता है। यज्ञ, तप और दान की स्थिति में भी 'सत्' यही कहा जाता है, और उस परमात्मा के निमित्त किया हुआ कर्म भी 'सत्' – यही कहा जाता है।

व्याख्या

यहाँ श्री भगवान अर्जुन को सत् शब्द और इसके भाव की महत्ता बता रहे हैं। वे कहते हैं, सत्य और सुन्दर - इन दोनों को निरूपित करने के लिए 'सत्' - इस पद का प्रयोग होता है। श्रेष्ठता और स्थितरता का भी द्योतक यही पद है। जब भी कोई उत्तम भावना से यज्ञ, तप, दान आदि सत्कर्मों को करता है, उसे सत् ही माना और कहा जाता है।

कर्म

आज के दिन किसी अनाथ बच्चे कोशिक्षा और स्वावलम्बन के लिए प्रोत्साहित करें। उसे शिक्षा का महत्त्व समझाएँ, और यदि हो सके तो उसकी शिक्षा प्राप्ति में मदद भी करें।

आध्यात्मिक मार्गदर्शन

Day-301

संस्कृत

श्रीभगवानुवाच।
काम्यानां कर्मणां न्यासं संन्यासं कवयो विदुः।
सर्वकर्मफलत्यागं प्राहुस्त्यागं विचक्षणाः॥

लिप्यांतरण

śrī-bhagavān uvāca
kāmyānāṁ karmaṇāṁ nyāsaṁ saṁnyāsaṁ kavayo viduḥ
sarva-karma-phala-tyāgaṁ prāhus tyāgaṁ vicakṣaṇāḥ

अनुवाद

श्रीभगवान् बोले, कितने ही पण्डितजन इच्छित कर्मों के त्याग। को सन्यास कहते हैं, तथा दूसरे विचारशील मनुष्य सब कर्मों के फलों के त्याग को ही त्याग कहते हैं।

व्याख्या

भगवान श्रीकृष्ण कहते हैं कि कितने ही लोग यह समझते हैं कि इच्छित कर्मों का त्याग कर देना ही सच्चा त्याग है। लेकिन यह त्याग नहीं है। बुद्धिमान लोग तो वे हैं जो यह जानते हैं, कि हर प्रकार के सारे कर्मों के फलों का त्याग सन्यास है। अर्थात् कर्मों का त्याग कर देना सन्यास नहीं है - बल्कि कर्मों के फलों का त्याग ही वास्तविक सन्यास है।

कर्म

आज के दिन किसी पशु की देखभाल करें। उसे भोजन और पानी दें और उसकी सुरक्षा सुनिश्चित करें।

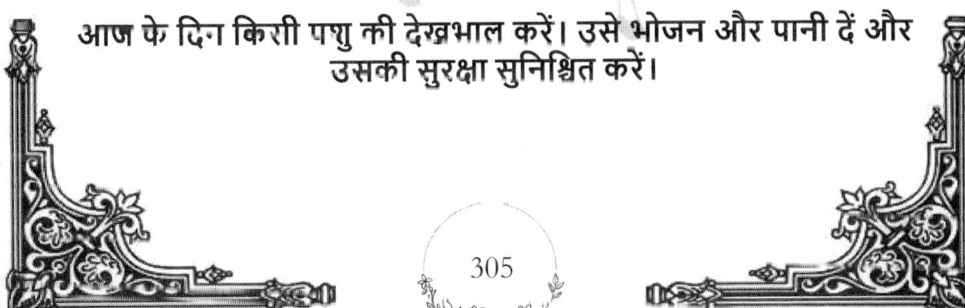

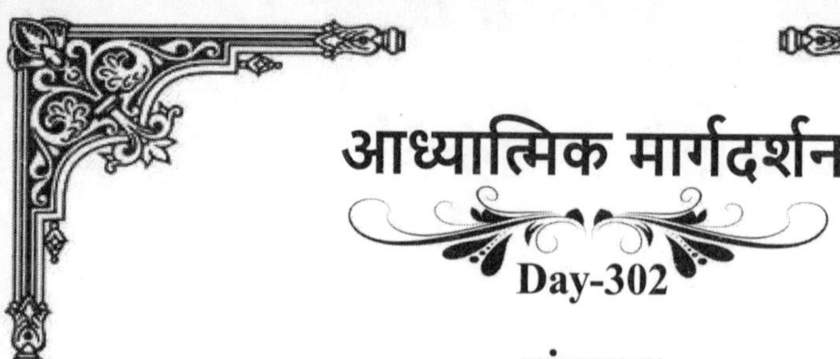

आध्यात्मिक मार्गदर्शन

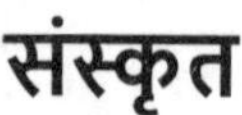

Day-302

संस्कृत

त्याज्यं दोषवदित्येके कर्म प्राहुर्मनीषिणः।
यज्ञदानतपःकर्म न त्याज्यमिति चापरे॥

लिप्यांतरण

tyājyaṁ doṣavad ity eke karma prāhur manīṣiṇaḥ
yajña-dāna-tapaḥ-karma na tyājyam iti cāpare

अनुवाद

कोई विद्वान् कहते हैं कि कर्म मात्र ही दोषयुक्त है इसलिए त्यागने योग्य है, और दूसरे कहते हैं कि यज्ञ, दान, तप रुपी कर्म त्यागने योग्य नहीं हैं।

व्याख्या

कुछ विद्वान मानते हैं कि सभी कर्म दोषयुक्त होते हैं और उन्हें त्याग देना चाहिए। अन्य विद्वान कहते हैं कि यज्ञ, दान और तप का त्याग नहीं करना चाहिए।

कर्म

आज के दिन किसी गरीब बच्चे को किताबें दान करें। उसकी पढ़ाई में मदद करें और उसे ज्ञान प्राप्त करने में सहयोग दें।

आध्यात्मिक मार्गदर्शन

Day-303

संस्कृत

यज्ञदानतपःकर्म न त्याज्यं कार्यमेव तत्।
यज्ञो दानं तपश्चैव पावनानि मनीषिणाम्॥

लिप्यांतरण

yajña-dāna-tapaḥ-karma na tyājyaṁ kāryam eva tat
yajño dānaṁ tapaś caiva pāvanāni manīṣiṇām

अनुवाद

यज्ञ, दान, तप रुपी कर्म त्यागने योग्य नहीं, अपितु अवांछनीय कर्तव्य हैं क्योंकि यज्ञ, दान और तप – ये ही कर्म मनीषियों को पवित्र बनाने वाले हैं।

व्याख्या

यज्ञ, दान और तपस्या का त्याग नहीं करना चाहिए, वे अनिवार्य हैं। भगवान कहते हैं कि ये ही वे कर्म हैं जो एक विद्या सम्पन्न मनुष्य को वास्तविक ज्ञान का आतंरिक प्रकाश देते हैं। इन्हें निश्चित रूप से, नियमित करते रहने से मनुष्य का अंतःकरण पवित्र होता है और उसमें सच्चे ज्ञान का आत्मिक प्रकाश बढ़ता जाता है। इसीलिये ये अनिवार्य कर्म हैं।

कर्म

आज के दिन किसी बीमार व्यक्ति के लिए दवाइयों की व्यवस्था करें। उसकी स्वास्थ्य की चिंता करें और उसे जल्द स्वस्थ करें।

आध्यात्मिक मार्गदर्शन

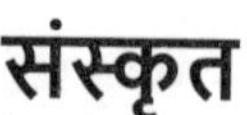

Day-304

संस्कृत

एतान्यपि तु कर्माणि सङ्गं त्यक्त्वा फलानि च।
कर्तव्यानीति मे पार्थ निश्चितं मतमुत्तमम्॥

लिप्यांतरण

etāny api tu karmāṇi saṅgaṁ tyaktvā phalāni ca
kartavyānīti me pārtha niścitaṁ matam uttamam

अनुवाद

अतः हे पार्थ! इन कर्मों को आसक्ति तथा कर्मफल का त्याग करते हुए अवश्य करना ही चाहिए – ऐसा निश्चित किया हुआ मेरा उत्तम मत है।

व्याख्या

भगवान कहते हैं कि यज्ञ, दान और तप रुपी अनिवार्य कर्मों को सात्विक भाव से निरन्तर करना चाहिए। यहाँ भी आसक्ति रहित, कामना रहित और निष्काम भाव ही होना चाहिए। मनुष्य-मात्र के कल्याण का निश्चित और सरलतम मार्ग बताते हुए श्रीकृष्ण ने अर्जुन को कर्मयोग की महत्ता समझाई है।

कर्म

आज के दिन किसी मंदिर में जाकर भगवान की आरती में भाग लें। अपने मन की शांति के लिए प्रार्थना करें।

आध्यात्मिक मार्गदर्शन

Day-305

संस्कृत

दुःखमित्येव यत्कर्म कायक्लेशभयात्त्यजेत्।
स कृत्वा राजसं त्यागं नैव त्यागफलं लभेत्॥

लिप्यांतरण

duḥkham ity eva yat karma kāya-kleśa-bhayāt tyajet
sa kṛtvā rājasaṁ tyāgaṁ naiva tyāga-phalaṁ labhet

अनुवाद

कर्म दुःखमात्र है – ऐसा समझकर यदि कोई शारीरिक कष्ट के भय से कर्मों का त्याग कर दे, तो वह ऐसा राजस त्याग करके त्याग के फल को प्राप्त नहीं कर सकता।

व्याख्या

जो व्यक्ति किसी कार्य को केवल शारीरिक रूप से होने वाले कष्टों के भय से त्याग देता है, वह राजसिक त्याग करता है और ऐसा त्याग फलदायक नहीं होता।

कर्म

आज के दिन किसी गरीब व्यक्ति को स्वावलम्बी बनने में मदद करें। उसकी आर्थिक स्थिति सुधारें और उसे आत्मनिर्भर बनाएं।

आध्यात्मिक मार्गदर्शन

Day-306

संस्कृत

न द्वेष्ट्यकुशलं कर्म कुशले नानुषज्जते।
त्यागी सत्त्वसमाविष्टो मेधावी छिन्नसंशयः॥

लिप्यांतरण

na dveṣṭy akuśalaṁ karma kuśale nānuṣajjate
tyāgī sattva-samāviṣṭo medhāvī chinna-saṁśayaḥ

अनुवाद

जो व्यक्ति अकुशल कर्म से द्वेष नहीं करता और कुशल कर्म में आसक्त नहीं होता, निस्सन्देह ही वह सत्व-गुण-युक्त, मेधावी और सच्चा त्यागी है।

व्याख्या

भगवान कहते हैं कि जो मनुष्य ऐसे किसी कर्म में द्वेष-भाव या अरुचि नहीं रखता जिसका फल उसके अपने लिए भले ही अच्छा न हो, लेकिन फिर भी उसे वह कार्य करना आवश्यक हो - वह सच्चे अर्थों में सात्विक मनुष्य। इसी तरह जो व्यक्ति अपने लिए निजी रूप से अच्छे परिणाम देने वाले कर्मों को निष्काम भाव से, निःस्पृह होकर करे - वही बुद्धिमान है, और वही सच्चा त्यागी है| इस बात की सत्यता में कोई संशय नहीं है।

कर्म

आज के दिन किसी गरीब परिवार को भोजन सामग्री दें।

आध्यात्मिक मार्गदर्शन

Day-307

संस्कृत

न हि देहभृता शक्यं त्यक्तुं कर्माण्यशेषतः।
यस्तु कर्मफलत्यागी स त्यागीत्यभिधीयते॥

लिप्यांतरण

na hi deha-bhṛtā śakyaṁ tyaktuṁ karmāṇy aśeṣataḥ
yas tu karma-phala-tyāgī sa tyāgīty abhidhīyate

अनुवाद

क्योंकि देह धारण करने वालों के लिए सभी कर्मों का निशेष रूप से (पूरी तरह) त्याग कर देना संभव नहीं है, इसलिए कर्मों के फल का त्याग कर देने वाला ही त्यागी कहलाता है।

व्याख्या

कोई भी जीवित व्यक्ति सभी कर्मों का त्याग नहीं कर सकता। सच्चा त्यागी वह है जो कर्मों के फल की इच्छा को त्याग देता है।

कर्म

आज के दिन किसी गरीब महिला को आत्मनिर्भर बनने के लिए प्रोत्साहित करें। उसे स्वावलंबन के साधन सिखाएँ।

आध्यात्मिक मार्गदर्शन

Day-308

संस्कृत

अधिष्ठानं तथा कर्ता करणं च पृथग्विधम्।
विविधाश्च पृथक्चेष्टा दैवं चैवात्र पञ्चमम्॥

लिप्यांतरण

adhiṣṭhānaṁ tathā kartā karaṇaṁ ca pṛthag-vidham
vividhāś ca pṛthak-ceṣṭā daivaṁ caivātra pañcamam

अनुवाद

इस विषय में - अधिष्ठान, कर्ता, विभिन्न करण, नाना प्रकार की अलग अलग चेष्टाएँ, और पाँचवाँ कारण है भाग्य।

व्याख्या

यहाँ कहा गया है कि किसी भी काम को करने में पाँच कारण बनते है - आधार, कर्ता, करण, विभिन्न चेष्टाएँ या क्रियाएँ, और भवितव्यता। स्पष्ट है कि किसी भी काम को तब किया जा सकता है जब कि उसका कोई आधार हो, करने वाला (कर्ता) हो, उपकरण हों, प्रक्रिया-प्रयास हों, और उस काम का होना भी निश्चित हो। इनमें से एक के भी अभाव में कोई भी काम किया नहीं जा सकता।

कर्म

आज के दिन किसी मंदिर में जाकर भगवान के दर्शन करें। धार्मिक भावना को बढ़ाएं और अपने मन की शांति के लिए प्रार्थना करें।

आध्यात्मिक मार्गदर्शन

Day-309

संस्कृत

ज्ञानं ज्ञेयं परिज्ञाता त्रिविधा कर्मचोदना।
करणं कर्म कर्तेति त्रिविधः कर्मसंग्रहः॥

लिप्यांतरण

jñānaṁ jñeyaṁ parijñātā tri-vidhā karma-codanā
karaṇaṁ karma karte 'ti tri-vidhaḥ karma-saṁgrahaḥ

अनुवाद

ज्ञाता, ज्ञान और ज्ञेय – यह तीन प्रकार की कर्म-प्रेरणा है और कर्ता, करण तथा क्रिया – ये तीन प्रकार का कर्म संग्रह है।

व्याख्या

कर्म को प्रेरित करने वाले तीन तत्व हैं - ज्ञान, ज्ञेय (जिसे जाना जाए) और ज्ञाता (जो जानता है)। कर्ता, करण और क्रिया - इस तीन प्रकार के कर्म-संग्रह का भाव यह है कि इन तीनों के संयोग से ही कर्मों का संग्रह होता है, क्योंकि जब मनुष्य कर्ता भाव से अपने मन, बुद्धि और इन्द्रियों के संयोग से किसी काम को करता है - तभी वह कर्म बनता है। और इसके विपरीत यदि मनुष्य कर्म करते हुए मन-बुद्धि-इन्द्रियों का उद्योग तो करे, किन्तु कर्ता भाव न रखे तब वह कर्म फल के रूप में संग्रहीत नहीं होता।

कर्म

आज के दिन किसी गरीब बच्चे की शिक्षा का खर्चा उठाएँ। उसकी पढ़ाई में मदद करें और उसे बेहतर भविष्य के लिए तैयार करें।

आध्यात्मिक मार्गदर्शन

Day-310

संस्कृत

ज्ञानम् कर्म च कर्ता च त्रिधैव गुणभेदतः।
प्रोच्यते गुणसंख्याने यथावच्छृणु तान्यपि॥

लिप्यांतरण

jñānaṁ karma ca kartā ca tridhāiva guṇabhedataḥ
procyate guṇasaṅkhyāne yathāvac chṛṇu tāny api

अनुवाद

गुणों का वर्णन करने वाले गुणसांख्य शास्त्र में ज्ञान, कर्म और कर्ता के भेद से गुण तीन प्रकार के कहे गए हैं, उनको भी मुझसे भली भांति सुन।

व्याख्या

भगवद गीता के इस श्लोक में भगवान श्रीकृष्ण ज्ञान, कर्म और कर्ता इन तीनों के भिन्न भिन्न भेदों को विस्तृत रूप में बता रहे हैं। समस्त पदार्थों के विभिन्न भेदों की गणना केवल तीन गुणों के आधार पर की गई है जो हैं - सत्, राज और तम। यही गुणसांख्य शास्त्र है।

कर्म

आज के दिन किसी गरीब व्यक्ति को गरम कपड़े दान करें।

आध्यात्मिक मार्गदर्शन

Day-311

संस्कृत

सर्वभूतेषु येनैकं भावमव्ययमीक्षते।
अविभक्तं विभक्तेषु तज्ज्ञानं विद्धि सात्विकं॥

लिप्यांतरण

sarva-bhūteṣu yenai kaṁ bhāvam avyayam īkṣate
avibhaktaṁ vibhakteṣu taj jñānaṁ viddhi sāttvikam

अनुवाद

जिस ज्ञान से सभी प्राणियों में व्यक्ति एक ही परमात्मा को अविभक्त, अव्यय और सम-भाव से स्थित देखता है, उस ज्ञान को तू सात्विक जान।

व्याख्या

सात्त्विक ज्ञान वह है जो सभी जीवों में एक अविभाज्य, अटूट और समान तत्व को देखता है। उस सर्वव्यापी, सर्वत्र समवस्थित, अविनश्वर विराट को परमेश्वर कहते हैं।

कर्म

आज के दिन किसी अनाथ बच्चे को शिक्षा और स्वावलम्बन के लिए प्रोत्साहित करें। उसे शिक्षा का महत्त्व समझाएँ, और यदि हो सके तो उसकी शिक्षा प्राप्ति में मदद भी करें।

आध्यात्मिक मार्गदर्शन

Day-312

संस्कृत

पृथकत्वेन तु यज्ज्ञानं नानाभावान्पृथग्विधान्।
वेत्ति सर्वेषु भूतेषु तज्ज्ञानं विद्धि राजसं॥

लिप्यांतरण

pṛthaktvena tu yaj jñānaṁ nānābhāvān pṛthagvidhān
vetti sarveṣu bhūteṣu taj jñānaṁ viddhi rājasaṁ

अनुवाद

किन्तु जिस ज्ञान के द्वारा मनुष्य सभी भूतों में विद्यमान विभिन्न भावों को अलग अलग जानता है, उस ज्ञान को तू राजस जान।

व्याख्या

इस श्लोक में भगवान श्रीकृष्ण राजस ज्ञान का विवरण देते हुए कहते हैं कि जो एक में अनेक को देखे, आत्मा को शरीरों, आकृतियों और स्वभावों के भेद से भिन्न भिन्न समझे, द्वन्द्वों को सत्य और एकत्व को मिथ्या माने, वह राजस ज्ञान है। यह ज्ञान यथार्थ से दूर है, यह सत्य से परे है।

कर्म

आज के दिन किसी घायल पशु की मदद करें। उसकी चोटों का इलाज कराएँ और उसे स्वस्थ करें।

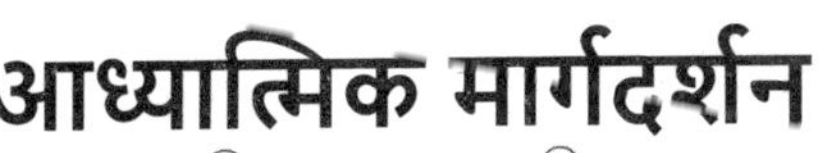

आध्यात्मिक मार्गदर्शन

Day-313

संस्कृत

यत्तु कृत्स्नवदेकस्मिन्कार्ये सक्तमहैतुकम्।
अतत्त्वार्थवदल्पम् च तत्तामसमुदाहृतम्॥

लिप्यांतरण

tu kṛtsnavad ekasmin kārye saktam ahaitukam
atattvārthavad alpaḿ ca tat tāmasam udāhṛtam

अनुवाद

किन्तु जो ज्ञान कार्यरूप शरीर में ही आसक्त है, तथा जो युक्ति-हीन, तात्विक अर्थ से रहित और तुच्छ है, वह तामस कहा गया है।

व्याख्या

इस श्लोक में तामसिक ज्ञान का वर्णन है, जो देह और उसके पार्थिव क्रिया-कलापों में अत्यधिक संलग्न रहता है, तर्कहीन होता है, और वास्तविकता से परे होता है। बिना युक्ति वाला, तर्कों और प्रमाणों से विहीन यह ज्ञान भ्रामक, अतार्किक और तुच्छ होता है, जो मनुष्य को वास्तविकता से दूर घने अन्धकार की ओर ले जाता है। यह अल्प और त्याज्य कहा गया है, क्योंकि इसकी परिणति अशुभ और अंधकारमय है।

कर्म

आज के दिन किसी जरूरतमंद को आश्रय स्थल खोजने में मदद करें। इस कार्य में आप किसी स्वयंसेवी संस्था की मदद भी ले सकते हैं।

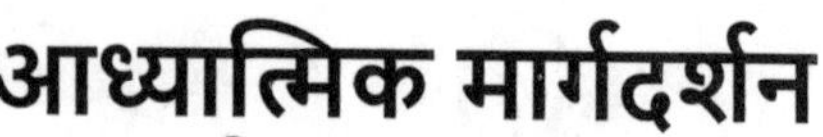

आध्यात्मिक मार्गदर्शन

Day-314

संस्कृत

नियतं संगरहितमरागद्वेषतः कृतं।
अफलप्रेप्सुना कर्म यत्तत्सात्विकमुच्यते॥

लिप्यांतरण

niyataṁ saṅga-rahitam arāga-dveṣataḥ kṛtam
aphala-prepsunā karma yat tat sāttvikam ucyate

अनुवाद

जो कर्म (शास्त्र द्वारा) नियत किया गया तथा आसक्ति अथवा राग-द्वेष से रहित होकर फल की इच्छा न करने वाले व्यक्ति द्वारा निरभिमान भाव से किया गया हो – वह सात्विक कहा जाता है।

व्याख्या

सात्त्विक कर्म वह है जो बिना किसी आसक्ति, राग, द्वेष और अभिमान के तथा फल की इच्छा के बिना किया जाता है।

कर्म

आज के दिन किसी गरीब परिवार को सर्दियों के कपड़े दें।

आध्यात्मिक मार्गदर्शन

Day-315

संस्कृत

यत्तु कामेप्सुना कर्म साहङ्कारेण वा पुनः।
क्रियते बहुलायासं तद्राजसमुदाहृतम्॥

लिप्यांतरण

yat tu kāmepsunā karma sāhaṅkāreṇa vā punaḥ
kriyate bahulāyāsaṁ tad rājasam udāhṛtam

अनुवाद

अथवा जो कर्म बहुत परिश्रम से युक्त होकर, (भोगों में) आसक्ति रखने वाले मनुष्य द्वारा (कर्तापन के) अहंकार सहित किया जाता है उसे राजस कहते हैं।

व्याख्या

जो कर्म यह मान कर, कि 'मैं यह कर रहा हूँ-मुझे यह करना चाहिए-मैं ही यह कर सकता हूँ/मैं कर के रहूँगा..' इत्यादि 'स्व' की भावनाओं के साथ किए जाएँ - और जिनमें कर्ता का अभिमान, गर्व या सामर्थ्य से अधिक परिश्रम स्पष्ट दिखलाई दे, ऐसे कर्म राजस कहे गए हैं।

कर्म

आज के दिन किसी गरीब महिला को सिलाई मशीन दान करें। उसे आत्मनिर्भर बनने में मदद करें।

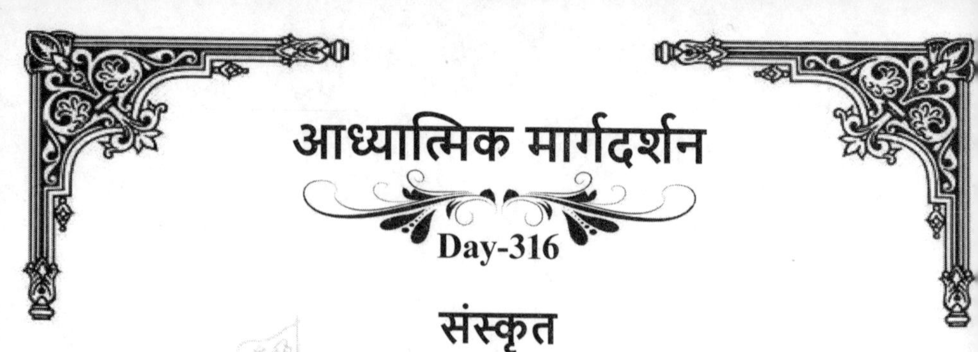

आध्यात्मिक मार्गदर्शन

Day-316

संस्कृत

अनुबन्धं क्षयं हिंसामनवेक्ष्य च पौरुषम्।
मोहादारभ्यते कर्म यत्तत्तामसमुच्यते॥

लिप्यांतरण

anubandhaṁ kṣayaṁ hiṁsām anavekṣya ca pauruṣam mohād
ārabhyate karma yat tat tāmasam ucyate

अनुवाद

जो कर्म परिणाम, हानि, हिंसा और सामर्थ्य को बिना विचारे केवल मोह वश आरम्भ किया जाता है उसे तामस कहते हैं।

व्याख्या

इस श्लोक में तामसिक कर्म का वर्णन किया गया है, जो परिणाम की चिंता किये बिना, स्वार्थ से प्रेरित होकर, प्रमाद या मोहवश आरम्भ किये जाते हैं। ऐसे कर्म स्वार्थी मानसिकता, लोभ और अज्ञान के कारण तुच्छ लक्ष्यों की प्राप्ति के लिए किये जाते हैं जो अक्सर दूसरों के लिए हानि का कारण भी बनते हैं। इनका परिणाम सुख कभी नहीं होता बल्कि इनसे कर्ता को भी अन्ततः हानि, दुःख और चिंता ही उपलब्ध होती है।

कर्म

आज के दिन किसी मंदिर में जाकर भजन-कीर्तन में भाग लें। धार्मिक और आध्यात्मिक अनुभव प्राप्त करें।

आध्यात्मिक मार्गदर्शन

Day-317

संस्कृत

मुक्तसङ्गोऽनहंवादी धृत्युत्साहसमन्वितः।
सिद्ध्यसिद्ध्योर्निर्विकारः कर्ता सात्त्विक उच्यते॥

लिप्यांतरण

mukta-saṅgo 'nahaṁ-vādī dhṛty-utsāha-samanvitaḥ
siddhy-asiddhyor nirvikāraḥ kartā sāttvika ucyate

अनुवाद

जो निसंग (संग रहित), अहंकार युक्त वचन न बोलने वाला, धृति और उत्साह से युक्त, (कार्य के) सिद्ध होने या असिद्ध होने में विकार से सर्वथा रहित हो – वह कर्ता सात्विक कहलाता है।

व्याख्या

सात्त्विक कर्ता वह है जो आसक्ति से मुक्त, अहंकाररहित, धैर्यवान और उत्साही होता है, तथा सफलता-असफलता में एक समान स्थिर बना रहता है।

कर्म

आज के दिन किसी गरीब छात्र को स्कूल की फीस भरें। उसकी शिक्षा को बढ़ावा दें और उसे आगे बढ़ाएं।

आध्यात्मिक मार्गदर्शन

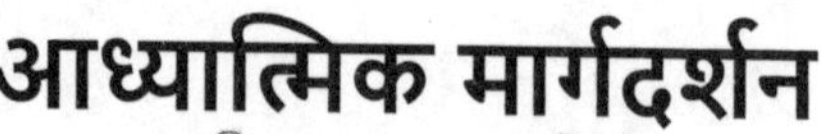

Day-318

संस्कृत

रागी कर्मफलप्रेप्सुर्लुब्धो हिंसात्मकोऽशुचिः।
हर्षशोकान्वितः कर्ता राजसः परिकीर्तितः॥

लिप्यांतरण

rāgī karma-phala-prepsur lubdho hiṁsātmako ’śuciḥ
harṣa-śokānvitaḥ kartā rājasaḥ parikīrtitaḥ

अनुवाद

जो राग से युक्त, कर्मफल प्राप्त करने की इच्छा रखने वाला, लोभी, हिंसात्मक स्वभाव वाला, अशुद्ध, हर्ष शोक आदि में संलिप्त है – वह कर्ता राजस कहा गया है।

व्याख्या

राजसिक कर्ता वह है जो आसक्त, कर्म के फल की इच्छा रखने वाला, लोभी, हिंसक, अशुद्ध और हर्ष-शोक से प्रभावित होता है।

कर्म

आज के दिन किसी मंदिर की सफाई करें। धार्मिक स्थल की सुंदरता बढ़ाएं और उसे स्वच्छ रखें।

आध्यात्मिक मार्गदर्शन

Day-319

संस्कृत

अयुक्तः प्राकृतः स्तब्धः शठो नैष्कृतिकोऽलसः।
विषादी दीर्घसूत्री च कर्ता तामस उच्यते॥

लिप्यांतरण

ayuktaḥ prākṛtaḥ stabdhaḥ śaṭho naiṣkṛtiko 'lasaḥ
viṣādī dīrghasūtrī ca kartā tāmasa ucyate

अनुवाद

जो कर्ता अयोग्य, निपुणता से रहित, स्तब्ध, धूर्त, दूसरों की आजीविका नष्ट करने वाला, आलसी, विषादी, आलसी और दीर्घसूत्री (काम को लम्बा खींचने वाला) है, उसे तामस कहा जाता है।

व्याख्या

इस श्लोक में भगवान श्रीकृष्ण तामसिक कर्ता के गुणों का वर्णन करते हैं। तामसिक कर्ता असंयमी, कठोर, कपटी, और आलसी होता है। वह अनुशासनहीन, सदा दुःखी रहने वाला, काम को टालते रहने वाला, परिश्रम से बचने वाला और लालची होता है। इनमें योग्यता आदि गुणों का और काम में कुशलता का अभाव होता है और यही नहीं, ये तामस कर्ता दूसरों की आजीविका में विघ्न डालने का काम करने को भी उद्यत रहते हैं।

कर्म

आज के दिन किसी लाचार व्यक्ति को सहारा दें। उसकी समस्याओं को सुनें और उसकी मदद करें।

आध्यात्मिक मार्गदर्शन

Day-320

संस्कृत

बुद्धेर्भेदं धृतश्चैव गुणतस्त्रिविधम् शृणु।
प्रोच्यमानमशेषेण पृथकत्वेन धनञ्जय॥

लिप्यांतरण

buddher bhedaṁ dhṛteś caiva guṇatas trividhaṁ śṛṇu
procyamānam aśeṣeṇa pṛthaktvena dhanañjaya

अनुवाद

हे धनञ्जय! अब तू मेरे द्वारा पूरी तरह से कहा जाने वाला बुद्धि और धृति का भी (उनके) गुणों के अनुसार तीन प्रकार का भेद सुन।

व्याख्या

इस श्लोक में भगवान श्रीकृष्ण अर्जुन को बुद्धि और धृति के तीन भेदों के बारे में बताने वाले हैं, जो सात्विक, राजसिक, और तामसिक गुणों पर आधारित होते हैं। यह भेद हमें समझने में मदद करता है कि कैसे हमारी सोच और कर्म हमारे गुणों द्वारा प्रभावित होते हैं और हमारे जीवन को आकार देते हैं।

कर्म

आज के दिन किसी जरूरतमंद की आर्थिक मदद करें। उसकी समस्याओं का समाधान करें और उसे राहत दें।

आध्यात्मिक मार्गदर्शन

Day-321

संस्कृत

प्रवृत्तिं च निवृत्तिं च कार्याकार्ये भयाभये।
बन्धं मोक्षं च या वेत्ति बुद्धिः सा पार्थ सात्त्विकी॥

लिप्यांतरण

pravṛttiṁ ca nivṛttiṁ ca kāryākārye bhayābhaye
bandhaṁ mokṣaṁ ca yā vetti buddhiḥ sā pārtha sāttvikī

अनुवाद

हे पार्थ! जो बुद्धि प्रवृत्ति और निवृत्ति को, कर्तव्य और अकर्तव्य को, भय और अभय को, बन्धन और मोक्ष को समझती है – वह बुद्धि सात्विकी है।

व्याख्या

सात्त्विक बुद्धि वह है जो सही और गलत, कर्तव्य और अकर्तव्य, भय और अभय, बंधन और मोक्ष को सही प्रकार से पहचानती है।

कर्म

आज के दिन किसी अनाथ बच्चे को शिक्षा और स्वावलम्बन के लिए प्रोत्साहित करें। उसे शिक्षा का महत्त्व समझाएँ, और यदि हो सके तो उसकी शिक्षा प्राप्ति में मदद भी करें।

आध्यात्मिक मार्गदर्शन

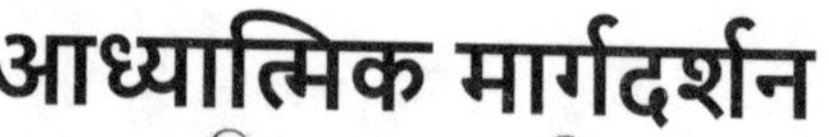

Day-322

संस्कृत

यया धर्ममधर्मं च कार्यं चाकार्यमेव च।
अयथावत्प्रजानाति बुद्धिः सा पार्थ राजसी॥

लिप्यांतरण

yayā dharmam adharmaṁ ca kāryaṁ cākāryam eva ca
ayathāvat prajānāti buddhiḥ sā pārtha rājasī

अनुवाद

हे पार्थ! जिस बुद्धि के द्वारा व्यक्ति धर्म-अधर्म तथा कर्तव्य-अकर्तव्य को यथार्थ रूप से नहीं जान पाता, वह बुद्धि राजसी है।

व्याख्या

इस श्लोक में भगवान श्रीकृष्ण राजसिक बुद्धि का वर्णन करते हैं। राजसिक बुद्धि वह है जो धर्म, अधर्म, और उचित-अनुचित के बीच अंतर को ठीक से नहीं समझ पाती। यह बुद्धि शुद्ध और स्पष्ट नहीं होती, जिससे व्यक्ति गलत निर्णय ले लेता है। सही निर्णय के लिए बुद्धि को सात्विक गुणों से परिपूर्ण होना चाहिए।

कर्म

आज के दिन किसी पशु की देखभाल करें। उसे भोजन और पानी दें और उसकी सुरक्षा सुनिश्चित करें।

आध्यात्मिक मार्गदर्शन

Day-323

संस्कृत

अधर्मं धर्ममिति या मन्यते तमसावृता।
सर्वार्थान्विपरीतांश्च बुद्धिः सा पार्थ तामसी॥

लिप्यांतरण

adharmaṁ dharmam iti yā manyate tamasāvṛtā
sarvārthān viparītāṁś ca buddhiḥ sā pārtha tāmasī

अनुवाद

हे पार्थ! जो तमोगुण से आवृत्त बुद्धि अधर्म को भी धर्म मान लेती है तथा सभी अर्थों को उल्टा ही समझ लेती है वह बुद्धि तामसी है।

व्याख्या

इस श्लोक में भगवान श्रीकृष्ण तामसिक बुद्धि की विशेषताएँ बताते हैं। तामसिक बुद्धि अधर्म को धर्म समझती है और धर्म को अधर्म। यह अज्ञानता के अन्धकार से ढकी हुई बुद्धि सत्य-असत्य, सही-गलत, न्याय-अन्याय आदि द्वन्द्वों में अंतर नहीं समझ पाती| सभी बातों का उल्टा अर्थ लगाने वाली तामस बुद्धि मनुष्य को सही मार्ग पर चलने से रोकती तो है ही, उसे उल्टी दिशा में प्रेरित करके अधर्म के पथ पर ला छोड़ती है।

कर्म

आज के दिन किसी गरीब बच्चे को किताबें दान करें। उसकी पढ़ाई में मदद करें और उसे ज्ञान प्राप्त करने में सहयोग दें।

आध्यात्मिक मार्गदर्शन

Day-324

संस्कृत

धृत्या यया धारयते मनःप्राणेन्द्रियक्रियाः।
योगेनाव्यभिचारिण्या धृतिः सा पार्थ सात्त्विकी॥

लिप्यांतरण

dhṛtyā yayā dhārayate manaḥ-prāṇendriya-kriyāḥ
yogenāvyabhicāriṇyā dhṛtiḥ sā pārtha sāttvikī

अनुवाद

हे पार्थ! जिस अव्यभिचारिणी (इधर उधर न भटकने वाली) धारण शक्ति (धृति) से मनुष्य योग द्वारा मन, प्राण और इन्द्रियों की क्रियाओं को धारण कर पाता है, वह धृति सात्विकी है।

व्याख्या

भगवान ने मानव-मस्तिष्क की धारण शक्ति को धृति कहा है। यह धारण शक्ति या धृति वह है जो ज्ञान की स्मृति को धारण करती है। यदि यह भटकन से रहित हो जाए, अर्थात स्थिर होकर स्थित रहे तो ही मनुष्य योग की क्रियाएँ कर सकता है। ऐसी स्थिर रह सकने वाली धृति को सात्विक कहा गया है।

कर्म

आज के दिन किसी बीमार व्यक्ति के लिए दवाइयों की व्यवस्था करें।

आध्यात्मिक मार्गदर्शन

Day-325

संस्कृत

यया तु धर्मकामार्थान्धृत्या धारयतेऽर्जुन।
प्रसंगेन फलाकांक्षी धृतिः सा पार्थ राजसी॥

लिप्यांतरण

yayā tu dharmakāmārthān dhṛtyā dhārayate 'rjuna
prasaṅgena phalākāṅkṣī dhṛtiḥ sā pārtha rājasī

अनुवाद

किन्तु हे कुन्तीपुत्र! फल की इच्छा रखने वाला व्यक्ति जिस धृति द्वारा आसक्ति से युक्त होकर धर्म, काम और अर्थ आदि को वहन करता है, वह धृति राजसिक है।

व्याख्या

इस श्लोक में भगवान श्रीकृष्ण राजसिक धृति का वर्णन करते हैं। राजसिक धृति वह है जो केवल फल की इच्छा से प्रेरित होती है, न कि कार्य की पवित्रता या उद्देश्य के लिए। इसमें व्यक्ति धर्म, काम, और अर्थ की प्राप्ति के लिए कार्य करता है, उसके मन में लाभ की चाह रहती है। बुद्धि की ऐसी धारण शक्ति निरासक्त व निष्काम नहीं होती।

कर्म

आज के दिन किसी मंदिर में जाकर भगवान की आरती में भाग लें। अपने मन की शांति के लिए प्रार्थना करें।

आध्यात्मिक मार्गदर्शन

Day-326

संस्कृत

यया स्वप्नं भयं शोकं विषादं मदमेव च।
न विमुञ्चति दुर्मेधा धृतिः सा पार्थ तामसी॥

लिप्यांतरण

yayā svapnaṁ bhayaṁ śokaṁ viṣādaṁ madam eva ca
na vimuñcati durmedhā dhṛtiḥ sā pārtha tāmasī

अनुवाद

हे पार्थ! दुष्ट बुद्धि मनुष्य जिस धृति द्वारा निद्रास्वप्न, भय, शोक, विषाद और मद को भी नहीं छोड़ता अर्थात अपनाए रहता है वह धृति तामसी है।

व्याख्या

भगवान श्रीकृष्ण इस श्लोक में तामसिक धृति के लक्षणों को स्पष्ट करते हैं। तामसिक धृति वह है जो स्वप्न, भय, शोक, विषाद, और मद जैसी नकारात्मक विसंगतियों से बंधी रहती है। यह धृति व्यक्ति को निकृष्ट भावनाओं और मानसिक स्थितियों से मुक्त नहीं होने देती। इस प्रकार की धृति वाले लोग मानसिक रूप से अस्थिर और निराश रहते हैं। भगवान श्रीकृष्ण इस श्लोक के माध्यम से हमें स्वयं को इन तामसिक गुणों से मुक्त रखने की सलाह देते हैं, ताकि हम एक उच्च स्तर का आध्यात्मिक जीवन जी सकें।

कर्म

आज के दिन किसी गरीब व्यक्ति को स्वावलम्बी बनने में मदद करें। उसकी आर्थिक स्थिति सुधारें और उसे आत्मनिर्भर बनाएं।

आध्यात्मिक मार्गदर्शन

Day-327

संस्कृत

सुखं त्विदानीं त्रिविधं शृणु मे भरतर्षभ।
अभ्यासाद्रमते यत्र दुःखान्तं च निगच्छति॥

लिप्यांतरण

sukhaṁ tv idānīṁ trividhaṁ śṛṇu me bharatarṣabha
abhyāsād ramate yatra duḥkhāntaṁ ca nigacchati

अनुवाद

हे श्रेष्ठ भरतवंशी अर्जुन! अब तीन प्रकार के सुखों को भी मुझसे सुन। ऐसा सुख जिसमें साधक अभ्यास से पहुँचता है, और जिसरो दुःख के अंत तक पहुँच जाता है।

व्याख्या

भगवान श्रीकृष्ण इस श्लोक में सुख के तीन प्रकार बताते हैं: सात्विक (स्थायी आनंद), राजसिक (अस्थायी तृप्ति), और तामसिक (अज्ञान और आलस्य)। सात्विक सुख अभ्यास से प्राप्त होता है और दुःखों को समाप्त करता है।

कर्म

आज के दिन किसी गरीब परिवार को भोजन सामग्री दें।

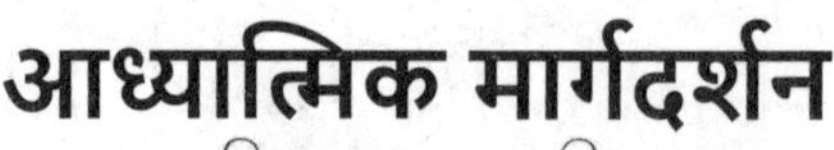

आध्यात्मिक मार्गदर्शन

Day-328

संस्कृत

यत्तदग्रे विषमिव परिणामेऽमृतोपमम्।
तत्सुखं सात्त्विकं प्रोक्तमात्मबुद्धिप्रसादजम्॥

लिप्यांतरण

yat tad agre viṣam iva pariṇāme ’mṛtopamam
tat sukhaṁ sāttvikaṁ proktam ātma-buddhi-prasāda-jam

अनुवाद

ऐसा सुख जो आरम्भ में यद्यपि विष के समान प्रतीत होता है किन्तु परिणाम में अमृत-तुल्य होता है, अपनी (सद)बुद्धि के प्रसाद से उत्पन्न होने वाला वह सुख सात्विक कहा गया है।

व्याख्या

सात्त्विक सुख वह है जो शुरुआत में कष्टप्रद लेकिन अंत में आनंदमय होता है, और जो आत्मज्ञान से उत्पन्न होता है।

कर्म

आज के दिन किसी गरीब महिला को आत्मनिर्भर बनने के लिए प्रोत्साहित करें। उसे स्वावलंबन के साधन सिखाएँ।

आध्यात्मिक मार्गदर्शन

Day-329

संस्कृत

विषयेन्द्रीयसंयोगाद्यत्तदग्रेऽमृतोपमम्।
परिणामे विषमिव तत्सुखं राजसं स्मृतं॥

लिप्यांतरण

viṣayendriya-saṁyogād yat tad agre 'mṛtopamam pariṇāme
viṣam iva tat sukhaṁ rājasaṁ smṛtam

अनुवाद

इन्द्रिय और विषयों के संयोग से उत्पन्न होने वाला सुख पहले-पहल अमृत के तुल्य प्रतीत होने पर भी परिणाम में विष के समान है, उसे राजस सुख कहा गया है।

व्याख्या

भगवान श्रीकृष्ण इस श्लोक में राजसिक सुख का वर्णन करते हैं, जो इंद्रियों और भौतिक सुखों से प्राप्त होता है। यह सुख शुरुआत में आकर्षक और आनंदमय लगता है, परंतु अंत में यह कष्टकारी और दुःखदायी होता है, जैसे विष का असर। यह श्लोक चेतावनी देता है कि हमें अस्थायी सुखों से दूर रहकर स्थायी और सच्चे आनंद की ओर बढ़ना चाहिए।

कर्म

आज के दिन किसी मंदिर में जाकर भगवान के दर्शन करें। धार्मिक भावना को बढ़ाएं और अपने मन की शांति के लिए प्रार्थना करें।

आध्यात्मिक मार्गदर्शन

Day-330

संस्कृत

यदग्रे चानुबन्धे च सुखं मोहनमात्मनः।
निद्रालस्यप्रमादोत्थं तत्तामसमुदाहृतम्॥

लिप्यांतरण

yad agre chānubandhe ca sukhaṁ mohanam ātmanaḥ
nidrālasyapramādotthaṁ tat tāmasam udāhṛtam

अनुवाद

जो सुख पहले भी और पीछे भी आत्मा को मोहित करके बाँध लेता है, निद्रा, आलस्य और प्रमाद से उत्पन्न हुआ ऐसा सुख तामस कहा गया है।

व्याख्या

भगवान श्रीकृष्ण इस श्लोक में तामसिक सुख का वर्णन करते हैं। तामसिक सुख वह है जो प्रारंभ में आकर्षक प्रतीत होता है, लेकिन अंत में यह मोह और भ्रम का कारण बनता है। यह सुख अक्सर निद्रा, आलस्य और प्रमाद से उत्पन्न होता है, जो व्यक्ति को अपने कर्तव्यों से विमुख कर देता है और आत्मिक उन्नति में बाधक होता है। इस प्रकार का सुख अस्थायी और आत्मघाती होता है। भगवान श्रीकृष्ण इस श्लोक के माध्यम से हमें तामसिक सुख से बचने और जीवन में स्थायी, सात्विक सुख की ओर बढ़ने की प्रेरणा देते हैं।

कर्म

आज के दिन किसी गरीब बच्चे की शिक्षा का खर्चा उठाएँ। उसकी पढ़ाई में मदद करें और उसे बेहतर भविष्य के लिए तैयार करें।

आध्यात्मिक मार्गदर्शन

Day-331

संस्कृत

न तदस्ति पृथिव्यां वा दिवि देवेषु वा पुनः।
सत्त्वं प्रकृतिजैर्मुकतम् यदेभिः स्यात्त्रिभिर्गुणैः॥

लिप्यांतरण

na tad asti pṛthivyāṁ vā divi deveṣu vā punaḥ sattvaṁ prakṛtijair muktaṁ yad ebhiḥ syāt tribhir guṇaiḥ

अनुवाद

पृथ्वी, आकाश, अथवा देवताओं में अथवा इनके सिवा भी कहीं भी कोई ऐसा सत्व नहीं है जो प्रकृति से उत्पन्न इन तीन गुणों से रहित हो।

व्याख्या

इस श्लोक में भगवान श्रीकृष्ण स्पष्ट करते हैं कि पृथ्वी, आकाश अथवा अन्य किसी भी लोक में कहीं ऐसा कोई सत्व या प्राणी नहीं है जो प्रकृति के तीन गुणों (सत, रज और तम) से रहित हो। इसका अर्थ यह है कि सम्पूर्ण ब्रह्माण्ड का प्रत्येक जीव या पदार्थ, मूल प्रकृति के इन्हीं तीन गुणों से संश्लिष्ट है।

कर्म

आज के दिन किसी गरीब व्यक्ति को गरम कपड़े दान करें।

आध्यात्मिक मार्गदर्शन

Day-332

संस्कृत

ब्राह्मणक्षत्रियविशां शूद्राणाम् च परन्तप।
कर्माणि प्रविभक्तानि स्वभावप्रभवैर्गुणैः॥

लिप्यांतरण

brāhmaṇa-kṣhatriya-viśāṁ śūdrāṇāṁ ca parantapa
karmāṇi pravibhaktāni svabhāva-prabhavair guṇaiḥ

अनुवाद

हे परन्तप! ब्राह्मण, क्षत्रिय, वैश्य और शूद्रों के कर्म उनके स्वभाव से उत्पन्न गुणों के द्वारा विभाजित किये गए हैं।

व्याख्या

भगवान श्रीकृष्ण इस श्लोक में बताते हैं कि ब्राह्मण, क्षत्रिय, वैश्य, और शूद्र इन सभी के कर्म उनके स्वभाविक गुणों के अनुसार तय होते हैं। ब्राह्मणों का कर्म शिक्षा से संबंधित होता है, क्षत्रिय का कर्म युद्ध और शासन से, वैश्य का व्यापार और कृषि से, और शूद्र का कर्म सेवा और श्रम से। श्रीकृष्ण सिखाते हैं कि हमें अपने स्वभाव को पहचानकर उसी के अनुसार कर्म करना चाहिए ताकि जीवन में संतोष और सफलता प्राप्त हो सके।

कर्म

आज के दिन किसी अनाथ बच्चे को शिक्षा और स्वावलम्बन के लिए प्रोत्साहित करें। उसे शिक्षा का महत्त्व समझाएँ, और यदि हो सके तो उसकी शिक्षा प्राप्ति में मदद भी करें।

आध्यात्मिक मार्गदर्शन

Day-333

संस्कृत

शमो दमस्तपः शौचं क्षान्तिरार्जवमेव च।
ज्ञानं विज्ञानमास्तिक्यं ब्रह्मकर्म स्वभावजम्॥

लिप्यांतरण

śamo damas tapaḥ śaucaṁ kṣāntir ārjavam eva ca
jñānaṁ vijñānam āstikyaṁ brahma-karma svabhāva-jam

अनुवाद

शमन (शान्त कर लेना), दमन, तप, शुचिता, क्षमा, सरलता, सहनशीलता, ज्ञान विज्ञान में आस्थावान होना – ये सब ब्राह्मणों के स्वाभाविक कर्म हैं।

व्याख्या

ब्राह्मण के स्वभावजन्य कर्म हैं - मन की शांति, इंद्रियों का संयम, तपस्या, शुद्धता, सहनशीलता, सरलता, ज्ञान, विज्ञान और धर्म में विश्वास।

कर्म

आज के दिन किसी घायल पशु की मदद करें। उसकी चोटों का इलाज कराएँ और उसे स्वस्थ करें।

आध्यात्मिक मार्गदर्शन

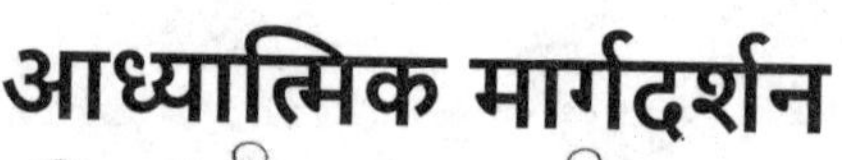

Day-334

संस्कृत

शौर्यं तेजो धृतिर्दाक्ष्यं युद्धे चाप्यपलायनम्।
दानमीश्वरभावश्च क्षात्रं कर्म स्वभावजम्॥

लिप्यांतरण

śauryaṁ tejo dhṛtir dākṣyaṁ yuddhe cāpy apalāyanam
dānam īśvara-bhāvaś ca kṣātraṁ karma svabhāva-jam

अनुवाद

शौर्य, तेजस्विता, धृति, दक्षता, और युद्ध से न भागना, दानशीलता तथा स्वामित्व का भाव रखना – ये सब क्षत्रिय के स्वाभाविक कर्म हैं।

व्याख्या

क्षत्रियों के स्वभावजन्य कर्म हैं - वीरता, तेजस्विता, धैर्य, कुशलता, युद्ध से न भागना, दान देना और नेतृत्व करना।

कर्म

आज के दिन किसी जरूरतमंद के लिए आश्रय की व्यवस्था करें। इस कार्य में आप किसी स्वयंसेवी संस्था का सहयोग भी ले सकते हैं।

आध्यात्मिक मार्गदर्शन

Day-335

संस्कृत

कृषिगौरक्ष्यवाणिज्यं वैश्यकर्म स्वभावजम्।
परिचर्यात्मकं कर्म शूद्रस्यापि स्वभावजम्॥

लिप्यांतरण

kṛṣi-gau-rakṣya-vāṇijyaṁ vaiśya-karma svabhāva-jam
paricaryātmakam karma śūdrasyāpi svabhāva-jam

अनुवाद

खेती करना, गोपालन, व्यापार करना वैश्य का स्वाभाविक कर्म है तथा सेवा का कार्य करना शूद्र का स्वाभाविक कर्म है।

व्याख्या

वैश्यों के स्वभावजन्य कर्म हैं - कृषि, गोरक्षा और व्यापार। शूद्रों के स्वभावजन्य कर्म सेवा के कार्य हैं।

कर्म

आज के दिन किसी गरीब परिवार को सर्दियों के कपड़े दें।

आध्यात्मिक मार्गदर्शन

Day-336

संस्कृत

स्वे स्वे कर्मण्यभिरतः संसिद्धिं लभते नरः।
स्वकर्मनिरतः सिद्धिं यथा विन्दति तच्छृणु॥

लिप्यांतरण

sve sve karmaṇy abhirataḥ saṁsiddhiṁ labhate naraḥ
svakarma-nirataḥ siddhiṁ yathā vindati tac chṛṇu

अनुवाद

अपने अपने स्वाभाविक कर्म में लगा हुआ मनुष्य परम सिद्धि को प्राप्त कर लेता है। अपने स्वाभाविक कर्म में लगा हुआ व्यक्ति किस प्रकार सिद्धि प्राप्त करता है वह सुन।

व्याख्या

भगवान श्रीकृष्ण इस श्लोक में कहते हैं कि जो व्यक्ति अपने स्वाभाविक कर्मों में पूरी निष्ठा से लगा रहता है, वह पूर्णता प्राप्त करता है। स्वकर्म में रत रहकर व्यक्ति सिद्धि प्राप्त करता है। यह श्लोक सिखाता है कि अपने स्वभाव के अनुसार कर्म करते हुए, निष्ठा और समर्पण के साथ काम करने से आत्मिक और सांसारिक सफलता मिलती है।

कर्म

आज के दिन किसी गरीब महिला को सिलाई मशीन दान करें। उसे आत्मनिर्भर बनने में मदद करें।

आध्यात्मिक मार्गदर्शन

Day-337

संस्कृत

यतः प्रवृत्तिर्भूतानां येन सर्वमिदं ततम्।
स्वकर्मणा तमभ्यर्च्य सिद्धिं विन्दति मानवः॥

लिप्यांतरण

yataḥ pravṛttir bhūtānāṁ yena sarvam idaṁ tatam
sva-karmaṇā tam abhyarcya siddhiṁ vindati mānavaḥ

अनुवाद

जिस (परमात्मा) से सभी प्राणियों की उत्पत्ति हुई है, तथा जिससे यह समस्त जगत व्याप्त है, अपने स्वाभाविक कर्मों द्वारा उसका पूजन करके मनुष्य परमसिद्धि को प्राप्त करता है।

व्याख्या

मनुष्य अपने स्वाभाविक कर्मों द्वारा उस परमेश्वर की पूजा करके सिद्धि प्राप्त करता है, जिससे सभी प्राणियों की उत्पत्ति होती है और जो पूरे जगत में व्याप्त है। इसका निहित भाव है कि कर्म ही पूजा है - यही कर्मयोग भगवान श्रीकृष्ण ने गीता के माध्यम से मानव जाति को सिखलाया है।

कर्म

आज के दिन किसी गरीब महिला को सिलाई मशीन दान करें। उसे आत्मनिर्भर बनने में मदद करें।

आध्यात्मिक मार्गदर्शन

Day-338

संस्कृत

श्रेयान्स्वधर्मो विगुणः परधर्मात्स्वनुष्ठितात्।
स्वभावनियतं कर्म कुर्वन्नाप्नोति किल्बिषम्॥

लिप्यांतरण

śreyān sva-dharmo viguṇaḥ para-dharmāt sv-anuṣṭhitāt
svabhāva-niyataṁ karma kurvan nāpnoti kilbiṣam

अनुवाद

भली प्रकार पालन किये गए दूसरे के धर्म से गुणरहित होने पर भी अपना धर्म अधिक श्रेष्ठ है, क्योंकि स्वभाव से नियत किये गए (स्वधर्म रुपी) कर्म को करता हुआ मनुष्य पाप को प्राप्त नहीं होता।

व्याख्या

दूसरों के धर्म को अच्छी तरह से निभाने से अपने धर्म का पालन करना, भले ही उसमें दोष हों, अधिक श्रेष्ठ है। अपने स्वभाव के अनुसार कर्म करने से पाप नहीं लगता।

कर्म

आज के दिन किसी गरीब छात्र को स्कूल की फीस भरें। उसकी शिक्षा को बढ़ावा दें और उसे आगे बढ़ाएं।

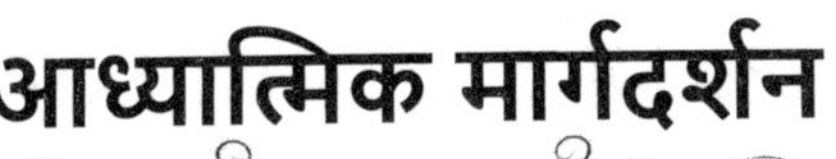

आध्यात्मिक मार्गदर्शन

Day-339

संस्कृत

सहजं कर्म कौन्तेय सदोषमपि न त्यजेत्।
सर्वारम्भा हि दोषेण धूमेनाग्निरिवावृताः॥

लिप्यांतरण

sahajaṁ karma kaunteya sa-doṣam api na tyajet
sarvārambhā hi doṣeṇa dhūmenāgnir ivāvṛtāḥ

अनुवाद

अतः हे कुन्तीपुत्र! दोषयुक्त होने पर भी सहज कर्म को नहीं त्यागना चाहिए, क्योंकि अग्नि पर धुएँ के आवरण के समान सभी कर्म किसी न किसी दोष से युक्त हैं।

व्याख्या

भगवान कहते हैं कि यदि आपका सहज कर्म (जैसे क्षत्रिय का सहज कर्म है युद्ध करना, और अन्याय के विरुद्ध शस्त्र उठाना) ऊपर से देखने पर दोषयुक्त भी लगे, तो भी उसे त्यागना नहीं चाहिए। क्योंकि इस प्रकार ऊपर ऊपर से देखने पर तो हरेक कर्म किसी न किसी दोष या त्रुटि ये युक्त होगा ही। परन्तु मनुष्य के लिए अधिक महत्वपूर्ण है कर्म करते जाना - जो उसके लिए नियत किया गया तथा धर्मयुक्त हो।

कर्म

आज के दिन किसी मंदिर की सफाई करें। धार्मिक स्थल की सुंदरता बढ़ाएं और उसे स्वच्छ रखें।

आध्यात्मिक मार्गदर्शन

Day-340

संस्कृत

असक्तबुद्धिः सर्वत्र जितात्मा विगतस्पृहः।
नैष्कर्म्यसिद्धिं परमां संन्यासेनाधिगच्छति॥

लिप्यांतरण

asakta-buddhiḥ sarvatra jitātmā vigata-spṛhaḥ
naiṣkarmya-siddhiṁ paramāṁ saṁnyāsenādhigacchati

अनुवाद

सर्वत्र आसक्ति रहित बुद्धि वाला, इच्छाओं से मुक्त हुआ जितेन्द्रिय मनुष्य सन्यास योग द्वारा नैष्कर्म्य नामक परम सिद्धि (निष्काम सिद्धि) प्राप्त करता है।

व्याख्या

श्रीकृष्ण कहते हैं कि आसक्ति और इच्छाओं से मुक्ति पाकर जो मनुष्य संयमित चित्त से अपने नियत कर्मों को करता जाता है, वह जितेन्द्रिय सन्यासी ही है। यही सन्यास योग है, यही नैष्कर्म्य नामक दुर्लभ सिद्धि है - और यही निष्काम कर्मयोग है।

कर्म

आज के दिन किसी लाचार व्यक्ति को सहारा दें। उसकी समस्याओं को सुनें और उसकी मदद करें।

आध्यात्मिक मार्गदर्शन

Day-341

संस्कृत

सिद्धिं प्राप्तो यथा ब्रह्म तथाप्नोति निबोध मे।
समासेनैव कौन्तेय निष्ठा ज्ञानस्य या परा॥

लिप्यांतरण

siddhiṁ prāpto yathā brahma tathāpnoti nibodha me
samāsenaiva kaunteya niṣṭhā jñānasya yā parā

अनुवाद

ज्ञानयोग की पराकाष्ठा रुपी उस (नैष्कर्म्य) सिद्धि को प्राप्त करके मनुष्य जिस प्रकार ब्रह्म को प्राप्त हो जाता है, हे कुन्तीपुत्र! तू संक्षेप में यह मुझसे समझ।

व्याख्या

भगवान श्रीकृष्ण इस श्लोक में बताते हैं कि ज्ञान योग की परिणति है नैष्कर्म्य सिद्धि - अर्थात् कर्मों को निष्काम भाव से करते जाने से प्राप्त हुई कर्म-फल से मुक्ति। सच्चे ज्ञान के माध्यम से मिलने वाली इस मुक्ति के अनन्तर आत्मा, परब्रह्म परमात्मा से एकाकार हो जाती है। यही बात अर्जुन को सरलता से समझाने के लिए भगवान कह रहे हैं।

कर्म

आज के दिन किसी जरूरतमंद की आर्थिक मदद करें। उसकी समस्याओं का समाधान करें और उसे राहत दें।

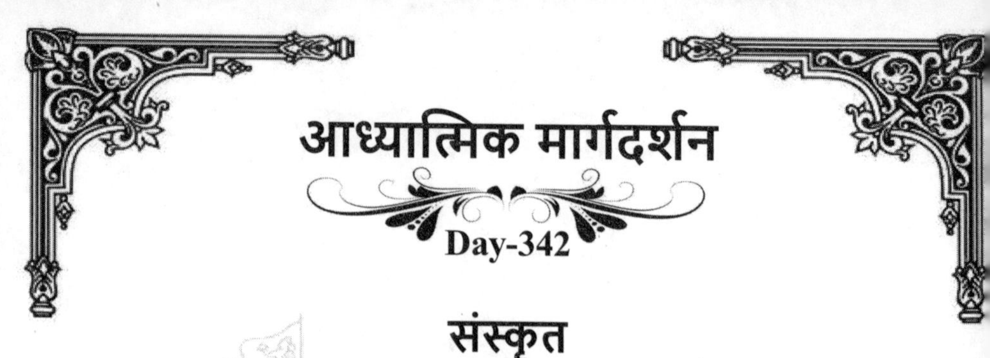

आध्यात्मिक मार्गदर्शन

Day-342

संस्कृत

बुद्ध्या विशुद्धया युक्तो धृत्यात्मानं नियम्य च।
शब्दादीन्विषयांस्त्यक्त्वा रागद्वेषौ व्युदस्य च॥

लिप्यांतरण

buddhyā viśuddhayā yukto dhṛtyātmānaṁ niyamya ca
śabdādīn viṣayāṁs tyaktvā rāga-dveṣau vyudasya ca

अनुवाद

विशुद्ध बुद्धि से युक्त तथा धैर्यपूर्वक स्वयं को नियमस्थ करके, शब्द आदि विषयों को त्याग कर और राग-द्वेष आदि से दूर हुआ।

व्याख्या

मुक्ति के मार्ग को जानने के लिए सच्चा ज्ञान परम आवश्यक है। इस सच्चे ज्ञान की प्राप्ति शुद्ध बुद्धि, धैर्य, संयम, नियम-पालन, तप, त्याग, ध्यान और वैराग्य (अर्थात् लोभ-मोह-मद-ईर्ष्या आदि विकारों से दूरी) इन साधनों से ही संभव होती है। यही बात यहाँ बतलाई गई है, कि यदि मनुष्य को आत्म-कल्याण के मार्ग पर चलना है तो उसे शुद्ध-बुद्धि होना ही चाहिए।

कर्म

आज के दिन किसी अनाथ बच्चे को शिक्षा और स्वावलम्बन के लिए प्रोत्साहित करें। उसे शिक्षा का महत्त्व समझाएँ, और यदि हो सके तो उसकी शिक्षा प्राप्ति में मदद भी करें।

आध्यात्मिक मार्गदर्शन

Day-343

संस्कृत

विविक्तसेवी लघ्वाशी यतवाक्कायमानसः।
ध्यानयोगपरो नित्यं वैराग्यं समुपाश्रितः॥

लिप्यांतरण

vivikta-sevī laghv-āśī yata-vāk-kāya-mānasaḥ
dhyāna-yoga-paro nityaṁ vairāgyaṁ samupāśritaḥ

अनुवाद

एकान्त-सेवन करने वाला, आशा का त्याग करने वाला, वाणी, शरीर और मन का निग्रह करने वाला, ध्यान, योग और नित्य वैराग्य का आश्रय लेने वाला।

व्याख्या

जो व्यक्ति आत्मोत्थान के पथ पर चलना चाहता है, उसके गुण बताते हुए भगवान कहते हैं कि उसे एकांत-सेवी, अर्थात् भीड़ से दूर रह कर चिंतन-मनन करने वाला होना चाहिए। उसे आशा और निराशा रुपी बंधनों से दूर रहना चाहिए - अपने वाणी, शरीर और मन को वश में रखना चाहिए। उसे योग समाधि में ध्यान लगाने वाला और मोह-मद-लोभ-शोक-हर्ष आदि विकारों से सर्वथा दूर होना चाहिए।

कर्म

आज के दिन किसी पशु की देखभाल करें। उसे भोजन और पानी दें और उसकी सुरक्षा सुनिश्चित करें।

आध्यात्मिक मार्गदर्शन

Day-344

संस्कृत

अहङ्कारं बलं दर्पं कामं क्रोधं परिग्रहम्।
विमुच्य निर्ममः शान्तो ब्रह्मभूयाय कल्पते॥

लिप्यांतरण

ahaṅkāraṁ balaṁ darpaṁ kāmaṁ krodhaṁ parigraham
vimucya nirmamaḥ śānto brahma-bhūyāya kalpate

अनुवाद

अहंकार, बल, दर्प, काम, क्रोध को वश में रख, त्याग कर ममत्व से रहित, शान्त होकर ब्रह्म में अभिन्न भाव से स्थिर हो जाने योग्य हो जाता है।

व्याख्या

भगवान कहते हैं कि जो व्यक्ति अहंकार, बल, दर्प, काम, क्रोध - इन सभी दुर्दमनीय विकारों को त्याग कर मोह-ममता से दूर रहता है, उसे ही शान्ति प्राप्त होती है। वही परब्रह्म परमात्मा में एकाकार होने के योग्य होता है। यही दुर्लभ मोक्ष है, जिसके बाद ईश्वर से कोई भिन्नता नहीं रहती, कोई अस्थिरता नहीं होती।

कर्म

आज के दिन किसी गरीब बच्चे को किताबें दान करें। उसकी पढ़ाई में मदद करें और उसे ज्ञान प्राप्त करने में सहयोग दें।

आध्यात्मिक मार्गदर्शन

Day-345

संस्कृत

ब्रह्मभूतः प्रसन्नात्मा न शोचति न काङ्क्षति।
समः सर्वेषु भूतेषु मद्भक्तिं लभते पराम्॥

लिप्यांतरण

brahma-bhūtaḥ prasannātmā na śocati na kāṅkṣati
samaḥ sarveṣu bhūteṣu mad-bhaktiṁ labhate parām

अनुवाद

वह ब्रह्मलीन हो चुका प्रसन्नात्मा न दुःखी होता है न आकांक्षा रखता है, सभी प्राणियों में समभाव रखने वाला वही (योगी) मेरी परा-भक्ति को प्राप्त करता है।

व्याख्या

जो व्यक्ति ब्रह्मभाव को प्राप्त करता है, वह आनंदित और संतुष्ट होता है, शोक और इच्छाओं से मुक्त होता है, सभी प्राणियों के प्रति समान दृष्टि रखता है और भगवान की परम भक्ति को प्राप्त करता है।

कर्म

आज के दिन किसी बीमार व्यक्ति के लिए दवाइयों की व्यवस्था करें।

आध्यात्मिक मार्गदर्शन

Day-346

संस्कृत

भक्त्या मामभिजानाति यावान्यश्चास्मि तत्त्वतः।
ततो मां तत्त्वतो ज्ञात्वा विशते तदनन्तरम्॥

लिप्यांतरण

bhaktyā mām abhijānāti yāvān yaś cāsmi tattvataḥ
tato māṁ tattvato jñātvā viśate tad-anantaram

अनुवाद

उस परा भक्ति के द्वारा वह मुझको, जैसा मैं हूँ वैसा ठीक से तत्वतः जान लेता है तत्पश्चात् वह मुझे तत्व से जान कर मुझी में प्रविष्ट हो जाता है।

व्याख्या

भक्ति के माध्यम से व्यक्ति भगवान के वास्तविक स्वरूप को समझता है और फिर उसे जानकर भगवान में लीन हो जाता है।

कर्म

आज के दिन किसी मंदिर में जाकर भगवान की आरती में भाग लें। अपने मन की शांति के लिए प्रार्थना करें।

आध्यात्मिक मार्गदर्शन

Day-347

संस्कृत

सर्वकर्माण्यपि सदा कुर्वाणो मद्व्यपाश्रयः।
मत्प्रसादादवाप्नोति शाश्वतं पदमव्ययं॥

लिप्यांतरण

sarva-karmāṇy api sadā kurvāṇo mad-vyapāśrayaḥ
mat-prasādād avāpnoti śāśvataṁ padam avyayam

अनुवाद

मेरे आश्रित हुआ (कर्मयोगी) तो सदा, सभी कर्मों को करता हुआ भी मेरे कृपा प्रसाद से अविनाशी परमपद को प्राप्त हो जाता है।

व्याख्या

यहाँ भगवान ने एक बार फिर कर्म करने की अनिवार्यता पर बल देते हुए कहा है कि, ईश्वर को समर्पित करके अपने सभी कर्मों को निःस्पृह भाव से करना चाहिए। सम्पूर्ण कर्म का त्याग संभव भी नहीं है और उचित भी नहीं - इसीलिये कर्मफलों को ईश्वर के अधीन मानकर उनका चिंतन न करना, और स्वयं को कर्ता भाव से मुक्त रखना ही भगवान के आश्रित होकर कर्म करना है। ऐसे मनुष्य को भगवान की कृपा से परमपद की प्राप्ति होती है।

कर्म

आज के दिन किसी गरीब व्यक्ति की स्वरोजगार में मदद करें। उसकी आर्थिक स्थिति सुधारें और उसे आत्मनिर्भर बनाएं।

आध्यात्मिक मार्गदर्शन

Day-348

संस्कृत

चेतसा सर्वकर्माणि मयि संन्यस्य मत्परः।
बुद्धियोगमुपाश्रित्य मच्चित्तः सततं भव॥

लिप्यांतरण

cetasā sarva-karmāṇi mayi saṁnyasya mat-paraḥ
buddhi-yogam upāśritya mac-cittaḥ satataṁ bhava

अनुवाद

अपने हृदय में सभी कर्मों को मुझमें समर्पण करके तथा बुद्धि रुपी योग का आश्रय लेकर निरंतर मेरे परायण चित्त वाला हो जा।

व्याख्या

यहाँ अर्जुन को कहा गया है कि उसे अपने हृदय से कर्ता-भाव को दूर करके, समर्पित होकर मन और बुद्धि को भगवान श्रीकृष्ण के चरणों में लगाना चाहिए। इससे उसके मन के सारे संशय दूर हो जायेंगे तथा वह स्थिर-चित्त होकर अपने कर्तव्य पथ पर निश्चिन्त चल सकेगा।

कर्म

आज के दिन किसी गरीब परिवार को भोजन सामग्री दें।

आध्यात्मिक मार्गदर्शन

Day-349

संस्कृत

मच्चित्तः सर्वदुर्गाणि मत्प्रसादात्तरिष्यसि।
अथ चेत्त्वमहङ्कारान्न श्रोष्यसि विनङ्क्ष्यसि॥

लिप्यांतरण

mac-cittaḥ sarva-durgāṇi mat-prasādāt tariṣyasi
atha cet tvam ahaṅkārān na śroṣyasi vinaṅkṣyasi

अनुवाद

मुझमें चित्त वाला होकर तू मेरी कृपा से सभी संकटों से पार हो जाएगा और यदि अहंकार के कारण तू मेरे वचनों को नहीं सुनेगा तो नष्ट हो जाएगा।

व्याख्या

यहाँ भाव यह है कि यदि मनुष्य ईश्वर के प्रति समर्पित भाव से अपने लिए निर्धारित कर्मों को करता जाए, तो ही उसका कल्याण संभव है। और यदि अर्जुन कर्ता-भाव से यह मान कर युद्ध करने या न करने का निर्णय लेते हैं (मैं युद्ध करूँगा या नहीं करूँगा इत्यादि) तो वे अपने इस अहं भाव के कारण स्वयं नष्ट हो जायेंगे। यही मनुष्य मात्र के लिए गीता का स्पष्ट निर्देश हैं।

कर्म

आज के दिन किसी गरीब महिला को आत्मनिर्भर बनने के लिए प्रोत्साहित करें। उसे स्वावलंबन के साधन सिखाएँ।

आध्यात्मिक मार्गदर्शन

Day-350

संस्कृत

यदहंकारमाश्रित्य न योत्स्य इति मन्यसे।
मिथ्यैष व्यवसायस्ते प्रकृतिस्त्वाम् नियोक्ष्यति॥

लिप्यांतरण

yad ahaṅkāram āśritya na yotsya iti manyase
mithyaiṣa vyavasāyaste prakṛtis tvāṁ niyokṣyati

अनुवाद

अहंकार के आश्रित होकर जो तू यह मान (सोच) रहा है कि 'मैं युद्ध नहीं करूँगा', तो तेरा यह निश्चय मिथ्या है। क्योंकि प्रकृति स्वयं तुझे इसमें लगा रही है।

व्याख्या

भगवान श्रीकृष्ण अर्जुन को समझाते हैं कि अगर तुम अहंकार के कारण सोचते हो कि "मैं युद्ध नहीं करूंगा," तो यह निश्चय गलत है। तुम्हारी स्वाभाविक प्रकृति तुम्हें युद्ध करने के लिए बाध्य करेगी, क्योंकि तुम एक क्षत्रिय हो और तुम्हारा धर्म युद्ध करना है। तुम्हारी स्वाभाविक प्रकृति और कर्तव्य तुम्हें तुम्हारे धर्म का पालन करने के लिए विवश करेंगे, चाहे तुम कितना भी अहंकार या भय से प्रेरित हो। इस श्लोक का संदेश है कि हमें अपने स्वाभाविक कर्तव्यों का पालन करना चाहिए, क्योंकि यही हमें सही मार्ग पर ले जाता है।

कर्म

आज के दिन किसी मंदिर में जाकर भगवान के दर्शन करें। धार्मिक भावना को बढ़ाएं और अपने मन की शांति के लिए प्रार्थना करें।

आध्यात्मिक मार्गदर्शन

Day-351

संस्कृत

स्वभावजेन कौन्तेय निबद्धः स्वेन कर्मणा।
कर्तुं नेच्छासि यन्मोहात्करिष्यस्यवशोऽपि तत्॥

लिप्यांतरण

svabhāvajena kaunteya nibaddhaḥ svena karmaṇā
kartuṁ necchāsi yan mohāt kāriṣyasy avaśo 'pi tat

अनुवाद

हे कुन्तीपुत्र! जिस कर्म को मोहवश तू करना नहीं चाहता, उसे भी अपने (पूर्व) कर्मों से स्वाभाविक रूप से बंधा हुआ तू परवश होकर करेगा।

व्याख्या

भगवान श्रीकृष्ण अर्जुन को बताते हैं कि मोह में फँस कर यदि वे अपने कर्तव्यों का पालन न भी करना चाहें, तो भी उन्हें वह करना ही पड़ेगा जिसके लिए प्रकृति ने उन्हें नियत या नियुक्त किया है। यहाँ भाव यह है कि कोई भी मनुष्य अपने नियत कर्मों से भाग नहीं सकता - हम सभी अपने अपने पूर्व-कर्मों से बन्धे हुए, और आगे के कर्मों को करने के लिए बाध्य होकर जन्म लेते हैं। यदि हम न भी चाहें, तो भो प्रकृति हमसे वह कार्य कराती है जिसके लिए हमारा जन्म हुआ है। इस प्रक्रिया से निस्तरण या मुक्ति पाने का एक ही उपाय है जो भगवान ने गीतोपदेश के माध्यम से बतलाया है - और वह है, निष्काम भाव से अपने लिए नियत कर्मों को करते जाना।

कर्म

आज के दिन किसी गरीब बच्चे की शिक्षा का खर्चा उठाएँ। उसकी पढ़ाई में मदद करें और उसे बेहतर भविष्य के लिए तैयार करें।

आध्यात्मिक मार्गदर्शन

Day-352

संस्कृत

ईश्वरः सर्वभूतानां हृद्देशेऽर्जुन तिष्ठति।
भ्रामयन्सर्वभूतानि यन्त्रारूढानि मायया॥

लिप्यांतरण

īśvaraḥ sarva-bhūtānāṁ hṛd-deśe 'rjuna tiṣṭhati
bhrāmayan sarva-bhūtāni yantrārūḍhāni māyayā

अनुवाद

हे अर्जुन! सभी प्राणियों के हृद्देश में स्थित ईश्वर सबको अपनी माया से भ्रमित करता रहता है जिस प्रकार कोई यंत्र में आरूढ़ होकर घूमता रहता है

व्याख्या

भगवान अर्जुन से कहते हैं कि जिस प्रकार कोई यंत्र में आरूढ़ व्यक्ति यंत्र को अपनी इच्छा से घुमाता रहता है - उसमें यंत्र की अपनी कोई इच्छा नहीं होती बल्कि उसे चलाने वाले की होती है, उसी प्रकार ईश्वर सब प्राणियों के हृदय में विराजमान होकर उन्हें अपनी माया रुपी यंत्र से चलाता है। तो चलने वाला जीव है, चालाने वाला ईश्वर है, और यंत्र (या तकनीक) उसकी माया है।

कर्म

आज के दिन किसी गरीब व्यक्ति को गरम कपड़े दान करें।

आध्यात्मिक मार्गदर्शन

Day-353

संस्कृत

तमेव शरणं गच्छ सर्वभावेन भारत।
तत्प्रसादात्परां शान्तिं स्थानं प्राप्स्यसि शाश्वतम्॥

लिप्यांतरण

tam eva śaraṇaṁ gaccha sarva-bhāvena bhārata
tat-prasādāt parāṁ śāntiṁ sthānaṁ prāpsyasi śāśvatam

अनुवाद

हे भरतवंशी अर्जुन! तू निःशेष भाव से उसी (परमात्मा) की शरण में जा। उसकी कृपा से ही तू शाश्वत शान्ति के परम धाम को प्राप्त होगा

व्याख्या

भगवान श्रीकृष्ण अर्जुन को यह सलाह देते हैं कि वह पूर्ण समर्पण के साथ परमात्मा की शरण में जाए। उन सर्वेश्वर सर्वशक्तिमान परमात्मा की ही कृपा से मनुष्य को शाश्वत शान्ति और स्थिरता प्राप्त होती है - वह जन्म मरण और सुख-दुःख से मुक्ति पा जाता है।

कर्म

आज के दिन किसी अनाथ बच्चे को शिक्षा और स्वावलम्बन के लिए प्रोत्साहित करें। उसे शिक्षा का महत्त्व समझाएँ, और यदि हो सके तो उसकी शिक्षा प्राप्ति में मदद भी करें।

आध्यात्मिक मार्गदर्शन

Day-354

संस्कृत

इति ते ज्ञानमाख्यातं गुह्याद्गुह्यतरम् मया।
विमृश्यैतद् अशेषेण यथेच्छसि तथा कुरु॥

लिप्यांतरण

iti te jñānam ākhyātaṁ guhyād guhyataraṁ mayā
vimṛśyaitad aśeṣeṇa yathecchasi tathā kuru

अनुवाद

मैंने तुम्हें यह सबसे गोपनीय ज्ञान बता दिया है। इसे अच्छी तरह से विचार कर लो और फिर अपनी इच्छा के अनुसार कार्य करो।

व्याख्या

भगवान श्रीकृष्ण अर्जुन से कहते हैं कि उन्होंने उसे सबसे गुप्त और महत्वपूर्ण ज्ञान दे दिया है। इस ज्ञान पर पूरी तरह से विचार करके, अर्जुन अपनी इच्छा के अनुसार निर्णय ले सकता है और कार्य कर सकता है। यह श्लोक बताता है कि सच्चा ज्ञान हमें स्वतंत्रता और समझ प्रदान करता है, जिससे हम अपने निर्णय खुद ले सकते हैं।

कर्म

आज के दिन किसी घायल पशु की मदद करें। उसकी चोटों का इलाज कराएँ और उसे स्वस्थ करें।

आध्यात्मिक मार्गदर्शन

Day-355

संस्कृत

सर्वगुह्यतमं भूयः शृणु मे परमम् वचः।
इष्टोऽसि मे दृढमिति ततो वक्ष्यामि ते हितं॥

लिप्यांतरण

sarva-guhyatamaṁ bhūyaḥ śṛṇu me paramaṁ vacaḥ
iṣṭo 'si me dṛḍham iti tato vakṣyāmi te hitam

अनुवाद

सभी गोपनीय रहस्यों में अति गोपनीय मेरे परम (रहस्ययुक्त) वचन पुनः सुन। तू मेरा अतिशय प्रिय है, अतः तेरे हित के लिए मैं तुझसे वह कहता हूँ।

व्याख्या

भगवान श्रीकृष्ण अर्जुन से कहते हैं कि वह उसे पुनः सबसे गुप्त और सर्वोच्च ज्ञान कहेंगे क्योंकि अर्जुन उन्हें अत्यंत प्रिय है। यह ज्ञान अर्जुन के हित के लिए होगा, और इसे सुनना उसके लिए लाभकारी होगा। इस श्लोक में भगवान श्रीकृष्ण प्रेम और विश्वास के साथ अर्जुन को महत्वपूर्ण मार्गदर्शन देने की बात करते हैं।

कर्म

आज के दिन किसी जरूरतमंद के लिए आश्रय की व्यवस्था करने का प्रयास करें। इस कार्य में आप किसी स्वयंसेवी संस्था की मदद भी ले सकते हैं।

आध्यात्मिक मार्गदर्शन

Day-356

संस्कृत

मन्मना भव मद्भक्तो मद्याजी मां नमस्कुरु।
मामेवैष्यसि सत्यं ते प्रतिजाने प्रियोऽसि मे॥

लिप्यांतरण

man-manā bhava mad-bhakto mad-yājī māṁ namaskuru
mām evaiṣyasi satyaṁ te pratijāne priyo 'si me

अनुवाद

तू मुझमें मन वाला, मेरा भक्त, मेरा पूजन करने वाला होकर मुझे नमन कर। (इस प्रकार) तू मुझे ही प्राप्त होगा, मैं तुझसे सत्य कहता हूँ, क्योंकि तू मेरा अत्यन्त प्रिय है।

व्याख्या

गीतोपदेश के आरम्भ में अर्जुन की अवस्था संशय, मोह, दुःख, पीड़ा और शोक-सम्पन्न थी। भगवान ने अर्जुन को यथार्थ ज्ञान का उपदेश देकर अंत में फिर कहा है कि मन के सारे संशयों को दूर करके उसे उन परमात्मा पर विश्वास करना चाहिए। अपने मन को, बुद्धि को, प्राणों को ईश्वर के चरणों में स्थापित करके उसे कर्म पथ पर आगे बढ़ना चाहिए। ऐसा करने वाला भक्त भगवान को प्रिय होता है और उसके कल्याण की चिंता ईश्वर स्वयं करते हैं।

कर्म

आज के दिन किसी गरीब परिवार को सर्दियों के कपड़े दें।

आध्यात्मिक मार्गदर्शन

Day-357

संस्कृत

सर्वधर्मान्परित्यज्य मामेकं शरणं व्रज।
अहं त्वा सर्वपापेभ्यो मोक्षयिष्यामि मा शुचः॥

लिप्यांतरण

sarva-dharmān parityajya mām ekaṁ śaraṇaṁ vraja
ahaṁ tvā sarva-pāpebhyo mokṣayiṣyāmi mā śucaḥ

अनुवाद

(अन्य) सभी धर्मों को त्याग करके एकस्थ भाव से मेरी शरण हो जा, मैं तुझे सभी पापों से बचा लूँगा – तू (इस विषय में) शोक मत कर।

व्याख्या

यहाँ भाव यह है कि राज धर्म, क्षत्रिय धर्म, परिवार या मित्र धर्म, मनुष्य धर्म - इत्यादि अन्य सभी धर्मों की चिंता छोड़कर व्यक्ति को केवल भगवान की शरण ग्रहण करनी चाहिए। इस प्रकार के एकस्थ समर्पण से ईश्वर प्रसन्न होते हैं और सभी पापों से प्राणी की रक्षा करते हैं।

कर्म

आज के दिन किसी गरीब महिला को सिलाई मशीन दान करें। उसे आत्मनिर्भर बनने में मदद करें।

आध्यात्मिक मार्गदर्शन

Day-358

संस्कृत

इदं ते नातपस्काय नाभक्ताय कदाचन।
न चाशुश्रूषवे वाच्यं न च मां योऽभ्यसूयति॥

लिप्यांतरण

idaṁ te nātapaskāya nābhaktāya kadācana
na cāśuśrūṣave vācyaṁ na ca māṁ yo 'bhyasūyati

अनुवाद

तुझे यह (गीता रुपी उपदेश) कभी भी तप-रहित मनुष्य से, भक्ति-रहित, सुनने की इच्छा न रखने वाले, तथा मुझमें दोष-दृष्टि रखने वाले मनुष्य से नहीं कहना चाहिए।

व्याख्या

भगवान श्रीकृष्ण अर्जुन से कहते हैं कि उन्होंने जो ज्ञान प्रदान किया है, उसे केवल योग्य लोगों को ही देना चाहिए। यह ज्ञान तपस्वी, भक्त, सुनने की इच्छा रखने वाले, और भगवान श्रीकृष्ण के प्रति समर्पित व्यक्तियों के लिए है। भक्तिहीन, श्रद्धा-विहीन, संयम-हीन और ईश-निंदा करने वालों को यह ज्ञान नहीं देना चाहिए, क्योंकि उनके लिए इसका कोई महत्त्व नहीं। यह सिखाता है कि ज्ञान का आदान-प्रदान विवेकपूर्वक और सही पात्रों के साथ करना चाहिए।

कर्म

आज के दिन किसी मंदिर में जाकर भजन-कीर्तन में भाग लें। धार्मिक और आध्यात्मिक अनुभव प्राप्त करें।

आध्यात्मिक मार्गदर्शन

Day-359

संस्कृत

य इमं परमं गुह्यं मद्भक्तेष्वभिधास्यति।
भक्तिं मयि परां कृत्वा मामेवैष्यत्यसंशयः॥

लिप्यांतरण

ya imaṁ paramaṁ guhyaṁ mad-bhakṣeṣv abhidhāsyati
bhaktiṁ mayi parāṁ kṛtvā mām evaiṣyaty asaṁśayaḥ

अनुवाद

जो इस परम गोपनीय (गीता शास्त्र) को मेरे भक्तों में कहेगा, वह मेरी परा-भक्ति प्राप्त करके मुझको ही प्राप्त होगा, इसमें तनिक भी सन्देह नहीं है।

व्याख्या

भगवान श्रीकृष्ण ने सभी शास्त्रों का मन्थन करके उनके सार-स्वरुप ज्ञानमय गीता रुपी अमृत अर्जुन को दिया है। स्वयं परमात्मा के मुख से निकली यह अत्यन्त गूढ़, दुर्लभ और सूक्ष्म ज्ञान गंगा एक परम-प्रभावशाली और समयातीत प्रवाह है। इसे समझ कर पढ़ने और आत्मसात् करने वाला स्थिर बुद्धि मनुष्य तो कोई भगवान का परम प्रिय भक्त ही हो सकता है - जो उनके वचनों में दृढ़ता से विशवास करे और उन्हें अपने जीवन में उतारे। इसीलिये भगवान् कहते हैं कि जो ऐसा करेगा, उसे भक्ति और मुक्ति - दोनों की प्राप्ति होंगी।

कर्म

आज के दिन किसी गरीब छात्र को स्कूल की फीस भरें। उसकी शिक्षा को बढ़ावा दें और उसे आगे बढाएं।

आध्यात्मिक मार्गदर्शन

Day-360

संस्कृत

न च तस्मान्मनुष्येषु कश्चिन्मे प्रियकृत्तमः
भविता न च मे तस्मादन्यः प्रियतरो भुवि॥

लिप्यांतरण

na ca tasmān manuṣyeṣu kaścin me priya-kṛttamaḥ
bhavitā na ca me tasmād anyaḥ priyataro bhuvi

अनुवाद

और उस से अधिक मेरा प्रिय करने वाला मनुष्यों में अन्य कोई नहीं है, तथा पूरी पृथ्वी पर उससे अधिक मेरा प्रिय कोई होगा भी नहीं।

व्याख्या

भगवान श्रीकृष्ण कहते हैं कि जो व्यक्ति इस दुर्लभ अमृतमय ज्ञान को स्वयं समझ कर दूसरों को भी समझाएगा, वही उनका सबसे प्रिय होगा। इसका तात्पर्य यह है कि भगवान ने मनुष्यों के उद्धार के लिए अर्जुन को गीता के रूप में जो अमूल्य उपदेश दिया है, वह केवल एक व्यक्ति (अर्जुन) के कल्याण के लिए नहीं है। वह तो अखिल ब्रह्माण्ड के सभी जीवधारियों के लिए ज्ञेय, श्रद्धेय व मान्य है। ऐसे सदुपदेश का प्रचार और दुर्लभ ज्ञान का प्रसार विश्व भर में करने से बहुत से अन्य लोगों का भी उद्धार संभव है। इसीलिये भगवान कहते हैं कि जो ऐसा करेगा, वह उन्हें सबसे अधिक प्रिय होगा।

कर्म

आज के दिन किसी मंदिर की सफाई करें। धार्मिक स्थल की सुंदरता बढ़ाएं और उसे स्वच्छ रखें।

आध्यात्मिक मार्गदर्शन

Day-361

संस्कृत

अध्येष्यते च य इमं धर्म्यं संवादमावयो:
ज्ञानयज्ञेन तेनाहमिष्ट: स्यामिति मे मतिः॥

लिप्यांतरण

adhyeṣyate ca ya imaṁ dharmyaṁ saṁvādam āvayoḥ
jñāna-yajñena tenāham iṣṭaḥ syām iti me matiḥ

अनुवाद

जो हमारे इस धर्ममय संवाद (रुपी शास्त्र) को पढ़ेगा, उसके द्वारा भी मैं ज्ञान-यज्ञ द्वारा पूजित किया जाऊँगा – ऐसा मेरा मत है।

व्याख्या

गीता भगवान श्रीकृष्ण और अर्जुन के बीच में हो रहे संवाद का प्रकरण है। यह श्रेष्ठतम ज्ञान की एक अविरल गंगा है जो धर्म-अधर्म, कर्तव्य-अकर्तव्य और पाप-पुण्य के कठिन द्वन्द्वों का भेद सही तरह से समझाती है। इस पर भगवान स्वयं कहते हैं कि जो इसे समझ कर पढ़ेगा, उसे भी वही परमगति और ज्ञान प्राप्त होगा जो मैंने अर्जुन को दिया है। अत: इसे समझ कर पढ़ने और पढ़ाने वालों का भी उसी प्रकार आत्मिक कल्याण होगा जैसा भगवान ने अर्जुन के प्रति कहा है।

कर्म

आज के दिन किसी लाचार व्यक्ति को सहारा दें। उसकी समस्याओं को सुनें और उसकी मदद करें।

आध्यात्मिक मार्गदर्शन

Day-362

संस्कृत

श्रद्धावाननसूयश्च श्रुणुयादपि यो नरः।
सोऽपि मुक्तः शुभान्ल्लोकान्प्राप्नुयात्पुण्यकर्मणाम्॥

लिप्यांतरण

śraddhāvān anasūyaśca śṛṇuyād api yo naraḥ
so'pi muktaḥ śubhān lokān prāpnuvanti puṇya-karmāṇaḥ

अनुवाद

जो मनुष्य श्रद्धाभाव से, तथा पाप रहित होकर इस शास्त्र (गीता) का श्रवण करेगा, वह भी मुक्त होकर उत्तम कर्म करने वालों के श्रेष्ठ लोकों को प्राप्त होगा।

व्याख्या

भगवान कहते हैं कि ज्ञान को श्रद्धाभाव से, निर्मल मन और स्थिर चित्त होकर ग्रहण करना चाहिए। यदि इस प्रकार से गीता-ज्ञान को कोई मनुष्य सावधानी से सुनकर, सच्चे अर्थों में अपने जीवन में उतार सकेगा, तो वह भी अपने कर्मफलों से शीघ्र मुक्ति प्राप्त करके परम निर्वाण रुपी शुभ लोकों में (जहाँ से लौटना नहीं पड़ता - जैसे ब्रह्मपद) स्थान प्राप्त करेगा।

कर्म

आज के दिन किसी जरूरतमंद की आर्थिक मदद करें। उसकी समस्याओं का समाधान करें और उसे राहत दें।

आध्यात्मिक मार्गदर्शन

Day-363

संस्कृत

कच्चिदेतच्छ्रुतं पार्थ त्वयैकाग्रेण चेतसा।
कच्चिदज्ञानसम्मोहः प्रनष्टस्ते धनञ्जय॥

लिप्यांतरण

kaccid etac chrutaṁ pārtha tvayaikāgreṇa cetasā
kaccid ajñāna-sammohaḥ pranaṣṭas te dhanañjaya

अनुवाद

हे पार्थ! क्या तूने (इस गीता शास्त्र को) एकाग्रचित्त से सुना? हे धनञ्जय! क्या तेरा अज्ञान-जनित मोह नष्ट हुआ?

व्याख्या

भगवान श्रीकृष्ण ने अर्जुन के चित्त के विक्षोभ, डर और चिंताओं को दूर करने के लिए गीता का महनीय उपदेश दिया है। अब उपदेश के अंत में वे अर्जुन से पूछते हैं कि क्या उसकी सारी चिंताएँ, डर या शंकाएँ नष्ट हुई अथवा नहीं। क्योंकि एक बहुत भयंकर और महत्वपूर्ण युद्ध में प्रवेश करने से पहले यह अर्जुन के लिए अति आवश्यक था कि उनके मन में कोई संशय, दयाभाव, चिंता न रहे - इसलिए भगवान ने एक सुहृद, मित्र, गुरु और अभिभावक की भांति अर्जुन से फिर पूछा कि अब उनकी मन: स्थिति कैसी है - वे युद्ध के लिए पूरी तरह तैयार हैं अथवा नहीं। यह अर्जुन पर प्रभु की कृपा दृष्टि को दर्शाता है।

कर्म

आज के दिन किसी अनाथ बच्चे को शिक्षा और स्वावलम्बन के लिए प्रोत्साहित करें। उसे शिक्षा का महत्व समझाएँ, और यदि हो सके तो उसकी शिक्षा प्राप्ति में मदद भी करें।

आध्यात्मिक मार्गदर्शन

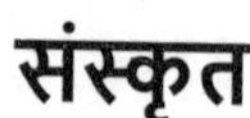

Day-364

संस्कृत

नष्टो मोहः स्मृतिर्लब्धा त्वत्प्रसादान्मयाच्युत।
स्थितोऽस्मि गतसंदेहः करिष्ये वचनं तव॥

लिप्यांतरण

naṣṭo mohaḥ smṛtir labdhā tvat-prasādān mayācyuta
sthito 'smi gata-sandehaḥ kariṣye vacanaṁ tava

अनुवाद

हे अच्युत! आपकी कृपा-प्रसाद से मेरा मोह नष्ट हो गया है और मैंने अपनी स्मृति पुनः प्राप्त कर ली है। अब मैं संशयरहित होकर स्थित हूँ अतः आपकी आज्ञा का पालन करूँगा।

व्याख्या

अर्जुन भगवान श्रीकृष्ण से कहता है कि उनकी कृपा से उसका मोह और भ्रम समाप्त हो गया है। अब वह स्थिर और संशयरहित है, और उसने श्रीकृष्ण के निर्देशों का पालन करने का निर्णय लिया है।

कर्म

आज के दिन किसी पशु की देखभाल करें। उसे भोजन और पानी दें और उसकी सुरक्षा सुनिश्चित करें।

आध्यात्मिक मार्गदर्शन

Day-365

संस्कृत

यत्र योगेश्वरः कृष्णो यत्र पार्थो धनुर्धरः।
तत्र श्रीर्विजयो भूतिर्ध्रुवा नीतिर्मतिर्मम॥

लिप्यांतरण

yatra yogeśvaraḥ kṛṣṇo yatra pārtho dhanur-dharaḥ
tatra śrīr vijayo bhūtir dhruvā nītir matir mama

अनुवाद

जहाँ योगेश्वर श्रीकृष्ण हैं और जहाँ धनुर्धारी अर्जुन है, वही पर श्री, विजय और नीति हैं – ऐसा मेरा मत है।

व्याख्या

महाभारत युद्ध का वृतान्त संजय राजा धृतराष्ट्र को सुना रहे हैं। उन्होंने राजा को बताया कि युद्ध से पहले अर्जुन को मोह हुआ, तो भगवान श्रीकृष्ण ने गीता का उपदेश दिया जो महर्षि व्यास की कृपा से संजय ने भी सुना। वही उपदेश राजा धृतराष्ट्र को सुनाकर अंत में संजय कहते हैं कि जहाँ योगेश्वर परम प्रभु श्रीकृष्ण स्वयं हैं, और जहाँ सर्वश्रेष्ठ धनुर्धारी वीर अर्जुन है, वहीं विजय और शोभा है। ऐसा कहकर संजय एक प्रकार से धृतराष्ट्र को 'अब भी युद्ध रुकवा दीजिए' ऐसा सन्देश देना चाहते हैं।

कर्म

आज के दिन किसी गरीब बच्चे को किताबें दान करें। उसकी पढ़ाई में मदद करें और उसे ज्ञान प्राप्त करने में सहयोग दें।

श्री गौ गौरी गोपाल सेवा संस्था समिति